Orgeldenkmalpflege

# Orgeldenkmalpflege

## Nachhaltigkeit als Zukunftsstrategie
## für eine vielfältige Orgelkultur

Herausgeber:
Michael Christian Müller, Svenja Heuer
Forum „Bewahrung und Entwicklung des Orgelkulturerbes“ e. V.

Redaktion:
Eva Dotterweich, Svenja Heuer, Michael Christian Müller

SCHNELL + STEINER

Wir danken unseren Förderern für die großzügige Unterstützung.

Lucerne University of
Applied Sciences and Arts
HOCHSCHULE
LUZERN
Musik
FH Zentralschweiz

Sparkassen-Kulturstiftung
Hessen-Thüringen

**Bibliografische Information der Deutschen Nationalbibliothek**
Die Deutsche Nationalbibliothek verzeichnet diese Publikation in der Deutschen Nationalbibliografie; detaillierte bibliografische Daten sind im Internet über <http://dnb.d-nb.de> abrufbar.

1. Auflage 2013

Satz: Vollnhals Fotosatz, Neustadt a. d. Donau
Umschlaggestaltung: Anna Braungart, Tübingen, unter Verwendung einer Vorlage von Peter Josef Koch, hartmann//koch, kommunikation & design GmbH, Höhr-Grenzhausen
Druck: Hubert & Co., Göttingen

ISBN 978-3-7954-2674-3



Weitere Informationen zum Verlagsprogramm erhalten Sie unter:
www.schnell-und-steiner.de

# Inhalt

**Anhang**

# Vorwort der Herausgeber

„Einen Schlüssel vermuten wir in der Hinwendung auf das allgemeine Phänomen ‚System', das über die Klärung von Wirkungsgeflechten den Verbund der Handelnden und damit das Gemeinsame in den Vordergrund hebt" (Segers-Glocke 2004, S. 57).

Zehn Jahre sind vergangen, seitdem die damalige Präsidentin des Niedersächsischen Landesamtes für Denkmalpflege, Christiane Segers-Glocke, mit diesen Worten in das Thema der Jahrestagung der Landesdenkmalpfleger 2003 einführte: „System Denkmalpflege. Netzwerke für die Zukunft". Sie begründete auch, weshalb man sich für dieses zunächst eher abstrakt wirkende Thema entschieden hatte. Ausgangspunkt war der Befund, dass nicht wenige derjenigen Probleme, mit denen sich die Denkmalpflege, mit denen sich aber umgekehrt auch die Gesellschaft durch die Denkmalpflege konfrontiert sieht, struktureller Art sind: Mit welchem Selbstverständnis und welcher Zielsetzung handeln die unterschiedlichen Interessenvertreter? Arbeiten wir mit- oder bisweilen doch eher gegeneinander? Wie sind die Kommunikationsstrukturen und -prozesse beschaffen? Und: Laufen wir nicht Gefahr, dass das „Gemeinsame", das letztlich doch unbestrittene Interesse an der Zukunft des kulturellen Erbes, in den Hintergrund tritt?

Rund zehn Jahre sind also vergangen, seitdem diese Fragen gestellt wurden. Sie wurden diskutiert in unterschiedlichen Arbeitsgruppen, von denen sich eine dem Thema „Sakrale Räume im Wandel – Perspektiven der Orgeldenkmalpflege" widmete. Schon 2003 wurde damit die Zukunft von Gotteshäusern behandelt, deren ursprünglich intendierter Zweck, nämlich Ort der Gottesbegegnung zu sein, immer seltener mit der Realität übereinstimmt. Die Situation der Kirchen in einer sich wandelnden Gesellschaft war deshalb genauso zu diskutieren, wie die Effekte für die Gebäude und deren Ausstattung. Die konkreten Probleme, die sich im Zuge dieses gesellschaftlich-kulturellen Strukturwandels für den künftigen Umgang mit dem Kulturerbe ergeben, wurde am Beispiel der Orgel thematisiert: im Bereich der Inventarisierung (Bestandserfassung und -bewertung), in der Planung und Durchführung erhaltender oder restauratorischer Maßnahmen oder auch in der Denkmalvermittlung bzw. Förderung der Orgelkultur.

Kernergebnis der Sektionsarbeit, an der neben den Denkmalpflegern u. a. Historiker, Informatiker, Kirchenmusiker, Orgelbauer, Orgelsachverständige, Soziologen und Theologen mitwirkten, war, „dass es zur Bewältigung dieser Aufgaben nötiger denn je ist, im offenen Diskurs und über gewohnte Zuständigkeiten hinweg, die Wertigkeiten [des Kulturerbes; d. Verf.] zu benennen und kreative Erhaltungsstrategien zu entwickeln" (Müller 2004, S. 121). Neben dieses Kernergebnis trat aber auch die Erkenntnis, dass die ‚Vision' eines Aktionsbündnisses für die Zukunft des Orgelkulturerbes eine konkrete Chance sei, die unbedingt wahrgenommen werden müsse.

Die Gründe sind offenkundig: Die Orgel ist aufgrund ihrer Funktion einerseits in vielfacher Hinsicht von der Dynamik kultureller, musikalischer, liturgischer aber z. B. auch wirtschaftlicher Veränderungsprozesse betroffen. Andererseits ist sie als (liturgisch relevantes) Musikinstrument ‚und' räumlich wirksame Ausstattungsarchitektur ‚und' technische

Anlage selbst ein komplexes System, das zudem vielfach in einem gewachsenen Zustand überliefert ist. Das Spektrum der Anforderungen, das aufgrund dessen auf jenen lastet, die über den Umgang mit einer Orgel zu entscheiden haben, wurde im Rahmen der Arbeitsgruppen-Exkursion an Praxisbeispielen fassbar. Es wurde aber auch deutlich, dass der Dialog zwischen den Akteuren konstruktiv und ergebnisfördernd verläuft, wenn er offen und integrativ angelegt ist.

Eine solche Dialogqualität zu fördern, dem Dialog eine Plattform zu bieten, Interessen, Erwartungen und Standpunkte zu hören, zu verstehen und zu erörtern, ist im konkreten Praxisfall unumgänglich. Aber auch für die grundlegenden Standortbestimmungen, Ziele und Methoden der Orgeldenkmalpflege ist ein – regelmäßiger – Austausch zwingend erforderlich. Die Fachtagung am 09. und 10.12.2011 in Fulda, deren Dokumentation das Forum „Bewahrung und Entwicklung des Orgelkulturerbes“ e. V. hiermit vorlegt, hatte genau dieses Ziel. Sie sollte 10 Jahre nach der impulsgebenden Jahrestagung in Hannover eine Standortbestimmung aus interdisziplinärer Perspektive vornehmen, eine fach- und professionsübergreifende Diskussion anstoßen und idealer Weise Handlungsansätze erarbeiten. Diese Zielsetzung findet ihren Ausdruck im Tagungsthema „Nachhaltigkeit als Zukunftsstrategie für eine vielfältige Orgelkultur“.

Den Blick in die Zukunft richten zu wollen, heißt zunächst einmal, den ‚status quo‘ zu erkennen – manchmal auch: anzuerkennen. In unserem Fall hieß dies, die Augen nicht vor den aktuellen Problemen des Orgelwesens zu verschließen, die bereits seit einiger Zeit diskutiert werden. Eine entsprechende Standortbestimmung, aber auch ein effektives Handlungsprogramm, war Gegenstand zweier Symposien, die im Vorfeld der Fachtagung stattfanden. Die Ergebnisse fanden ihren Niederschlag in zwei Resolutionen: erstens „Einheit durch Vielfalt. Resolution zur Kirchenmusik in Deutschland“, beschlossen am 17.11.2010 im Rahmen des gleichnamigen, vom Deutschen Musikrat veranstalteten Kongresses, sowie zweitens „ORGEL ORGUE ORGANO ORGAN 2011“, beschlossen am 09.09.2011 im Rahmen des gleichnamigen Symposiums vom 08.–11.09.2011 in Zürich. Damit war die dankbare, aber nicht weniger anspruchsvolle Situation gegeben, eine erste kritische und zugleich konstruktiv-praxisbezogene Auseinandersetzung mit den Resolutionen vorzunehmen, um im besten Fall eine Konsensbasis zu erarbeiten und erste praxistaugliche Impulse zu geben.

Grundgedanke unserer Fachtagung war es daher, die Funktion der Orgelkultur(en) und der Orgeldenkmalpflege im Kontext einer kulturell pluralistischen Gesellschaft aus einer fachübergreifenden Perspektive zu betrachten. Unsere Prämisse war, dass die Orgel an der kulturellen Vielfalt in Deutschland einen wesentlichen Anteil hat, sei es im kulturellen Leben, sei es als integrales Element des kulturellen Erbes – dieser Aspekt wurde im einführenden Vortrag erläutert und begründet *(vgl. S. 21)*. Vor allem aber hatten wir uns zum Ziel gesetzt, die besondere, Brücken bauende Komplexität der Orgel zu berücksichtigen: Die Orgel ist als materielles Kulturerbe notwendige Voraussetzung dafür, die Orgelmusik, also das immaterielle Kulturerbe, erlebbar zu machen. Die schöpferischen Leistungen der Orgelkultur der Vergangenheit, für die Namen wie Bach, Mendelsohn-Bartholdi, Reger, Distler oder Fortner stehen, werden erst über die Interpretation auf geeigneten Instrumenten zu einem Teil des kulturellen bzw. gesellschaftlichen Lebens.

Die Vielgestaltigkeit des materiellen Orgelkulturerbes und die Vielfalt der musikalischen Ausdrucksformen gestern und heute stehen somit in enger Korrespondenz miteinander – das eine ist notwendige Ressource für das andere. Diese wechselseitige Abhängigkeit gilt gerade auch dann, wenn die Ausbildung künftiger Kirchenmusiker/innen in den Blick rückt. Deren Aufgabe wird es schließlich sein, die Vielfalt dieses musikalischen Kulturerbes historisch-wissenschaftlich reflektiert, aber eben auch künstlerisch-inspiriert immer wieder neu zu interpretieren. Der Begriff der Nachhaltigkeit, der als Leitmotiv und strategisches Schlüsselprinzip in den Tagungsdiskurs eingeführt wurde, sollte vor diesem Hintergrund die Wirkungsfacetten der Thematik verdeutlichen und Impulse für die Handlungsfelder und -strategien der Orgeldenkmalpflege geben.

Wenn die UNESCO also betont, „dass die Vielfalt kultureller Ausdrucksformen ein gemeinsames Erbe“ sei, das „zum Nutzen aller geachtet und erhalten werden soll“, wird die Dimension dieses Auftrags und die Verantwortung, die im Fall des Orgelkulturerbes mit ihm verbunden ist, besonders deutlich (Übereinkommen 2005, S. 1). Dass diese Verantwortung von vielen Schultern auf je eigene Weise zu tragen ist, wurde 2003 während der Jahrestagung „System Denkmalpflege“ betont und fand 2011 seinen beeindruckenden Niederschlag in all jenen Förderern, Kooperationspartnern und vor allem Mitwirkenden, die die Durchführung und den Erfolg der Fachtagung ermöglicht haben.

An dieser Stelle haben wir nun all jenen zu danken, die in unterschiedlicher Weise zum Zustandekommen dieses Tagungsbandes beigetragen haben: An erster Stelle danken wir dem Sekretariat der Deutschen Bischofskonferenz, der Evangelischen Kirche in Deutschland, der Hochschule Luzern – Musik und der Sparkassen-Kulturstiftung Hessen-Thüringen für die großzügige finanzielle Unterstützung. Wir danken besonders den Referentinnen und Referenten der Fachtagung, die ihren Beitrag für den Tagungsband zur Verfügung gestellt und überarbeitet haben. Dabei wurde bewusst der spezielle Charakter der Beiträge beibehalten, und nur geringfügige Überarbeitungen wurden vorgenommen. Wir danken schließlich dem Verlag Schnell & Steiner, namentlich Herrn Dr. Weiland und Frau Petersen, der Lektorin, für die konstruktive und freundliche Betreuung.

Die Fachtagung „Orgeldenkmalpflege“ sollte die Vernetzung und den Austausch fördern. Ein breiter thematischer Bogen, insbesondere aber eine Brücke zwischen den Professionen, zwischen Wissenschaft und Praxis und zwischen all jenen sollte dafür geschlagen werden, die sich um die Zukunft des Orgelkulturerbes sorgen. Vielfalt bzw. Heterogenität mag bisweilen anstrengend sein, weil unterschiedliche Standpunkte geradezu zwangsläufig die Auseinandersetzung mit dem Gegenüber und nicht zuletzt mit den eigenen Positionen herausfordern. Genau hierin liegt aber vielfach der Schlüssel zu kreativen Ergebnissen. Dialog reflektiert, inspiriert – bewegt. Mit dieser Dokumentation soll der Tagungsdialog weitergetragen und einem Diskurs zugänglich gemacht werden, der von der gemeinsamen Verantwortung für das vielgestaltige Orgelkulturerbe geprägt ist. Auch das ist Orgelkultur.

*Michael Christian Müller und Svenja Heuer*
Herausgeber – Forum „Bewahrung und Entwicklung des Orgelkulturerbes“ e. V.

## Literatur

Übereinkommen (2005) = Übereinkommen über den Schutz und die Förderung der Vielfalt kultureller Ausdrucksformen, Generalkonferenz der Organisation der Vereinten Nationen für Bildung, Wissenschaft und Kultur, Paris 2005.

Müller, Michael Christian (2004): Resümee und Ausblick, in: Segers-Glocke, Christiane (Hrsg.): System Denkmalpflege. Netzwerke für die Zukunft der Denkmalpflege. Bürgerschaftliches Engagement in der Denkmalpflege, Hannover: Niedersächsisches Landesamt für Denkmalpflege (Arbeitshefte, 31), S. 121.

Segers-Glocke, Christiane (2004): Einführung in das Tagungsthema „System Denkmalpflege – Netzwerke für die Zukunft", in: Segers-Glocke, Christiane (Hrsg.): System Denkmalpflege. Netzwerke für die Zukunft der Denkmalpflege. Bürgerschaftliches Engagement in der Denkmalpflege, Hannover: Niedersächsisches Landesamt für Denkmalpflege (Arbeitshefte, 31), S. 56–58.

Grußwort

# Für die Welt von heute – Kultur, Bildung, Dialog

Das Bonifatiushaus in Fulda trägt als Ort der Bildung und des Dialogs mit seinen Angeboten zur Bildung des Menschen in umfassender Weise bei. Außer Faktenwissen zählt hierzu auch die Vermittlung von Orientierung und Urteilsfähigkeit auf Grundlage der Botschaft Jesu Christi und unserer christlichen Werteordnung. Akademiearbeit erfüllt für uns eine wichtige Brückenfunktion zwischen Kirche und Gesellschaft.

Einerseits geht es darum, Zeugnis abzulegen, wenn man uns nach dem Grund unserer Hoffnung fragt, und anderseits auch darum, sich mit den eigenen christlichen Wertvorstellungen in die Gesellschaft einzumischen. Wir wollen mit unserer Arbeit kontroverse Meinungen an einen Tisch bringen und dabei Unterschiede und Gemeinsamkeiten herausarbeiten und mit unserer Arbeit den gesellschaftlichen Zusammenhalt fördern.

Der kulturellen Bildung kommt hierbei eine besondere Bedeutung zu. Deutlich werden dabei immer unsere eigenen Anliegen, die auf christlichen Wertvorstellungen basieren. Dazu gehört auch eine wache Sicht auf die eigene Perspektive. In diesem Sinne steht das Bonifatiushaus auch in Zukunft als Plattform des Dialogs der ‚Einheit in Vielfalt' zur Verfügung.

Insofern habe ich mich sehr gefreut, dass die Fachtagung Orgeldenkmalpflege des Forum „Bewahrung und Entwicklung des Orgelkulturerbes" e. V. in unserem Haus stattgefunden hat und ich ein Grußwort zur Dokumentation beitragen darf. In unserem umfangreichen Aus- und Fortbildungsangebot hat auch der kirchenmusikalische Nachwuchs des Bistums Fulda seinen Platz. Konkrete Angebote, die wir zumeist mit dem Kirchenmusikinstitut anbieten, sind die C-Ausbildung zum/zur nebenberuflichen Kirchenmusiker/in sowie Fortbildungen zu verschiedenen Themen: Singen mit Kindern, Stimmbildung, Musik von der Gregorianik bis zum Neuen Geistlichen Lied.

Wir sehen in der musikalischen Gestaltung des Gottesdienstes mehr, als gepflegt Musik zu machen, sondern vielmehr ein unmittelbares Wirkungsfeld von Kirche. Ausgehend vom Zweiten Vatikanischen Konzil lösen wir als katholische Akademie mit Freude den Bildungsauftrag „in der Welt von heute" ein, der uns nicht zuletzt durch den Aufbruch des Konzils selbst, durch den vielbeschworenen ‚Sprung nach vorne' zugekommen ist.

*Gunter Geiger*
Direktor des Bonifatiushaus – Haus der Weiterbildung der Diözese Fulda

Grußwort

# Musik und Orgelmusik aus theologischer Sicht

Ich freue mich, dass wir heute hier in Fulda, zu dieser Fachtagung „Orgeldenkmalpflege" zusammenkommen. Zu Beginn möchte ich herzlichen Dank sagen an die Organisatoren, die zu einem Art Netzwerktreffen eingeladen haben und dabei praktisch alle in den Blick genommen haben, die mit Orgeldenkmalpflege, Orgelmusik, Orgelbau, Orgelspiel zu tun haben.

Wir sind hier, weil wir ein gemeinsames Interesse haben: Die Orgelkultur zu stärken. Aber wir blicken auf die Orgel aus unterschiedlichen Richtungen und auch mit unterschiedlichen Interessen. Die Perspektiven sind verschieden, ob ich am Orgeltisch sitze, im Inneren einer Orgel die Zungen stimme, ob ich am Altar stehe oder im Kirchenraum sitze, ob ich die Denkmalpflege in den Vordergrund stelle oder es mir mehr auf die Bedürfnisse der Gemeinde ankommt. Ich wünsche mir, dass diese unterschiedlichen Interessen auf dieser Tagung deutlich werden und wir uns an der einen oder anderen Stelle trefflich streiten. Um das zu tun, beziehe ich schon einmal Position als der für Gottesdienst und Kirchenmusik zuständige Referent der Evangelischen Kirche in Deutschland.

## Reformation und Musik

Für Martin Luther war alle Musik ein wahres Gottesgeschenk. Er hat die Bedeutung der Musik schöpfungstheologisch und soteriologisch begründet.

Luthers schöpfungstheologische Begründung der Musik wird deutlich in einem Brief an Ludwig Senfl aus dem Jahre 1530: „diese Kunst [ist] von anfang der Welt allen und jeglichen Creaturen von Gott gegeben…, denn da ist nichten nichts in der Welt, das nicht ein Schall und Laut von sich gebe." Musik ist also von Anfang an von Gott in Vielfalt geschaffen. Das bedeutet für mich – und hier positioniere ich mich – für ein weites Kirchenmusikverständnis einzutreten, das von der Orgel- über die Vokalmusik bis hin zu Popularmusik reicht.

Luther begründet die Musik und das fröhliche Singen zweitens soteriologisch als Ausdruck der Rechtfertigung des Sünders. Wer sich von Gott angenommen und geliebt weiß, der muss darum unwillkürlich singen. Exemplarisch wird dies deutlich an Luthers erstem Kirchenlied „Nun freut euch, lieben Christen g'mein und lasst uns fröhlich springen". Wir dürfen, so fordert Luther in seinem Lied (EG 341), mit Lust und Liebe von der guten Nachricht singen, dass Gott uns von Sünde und dunklen Mächten befreit hat.

Für Luther steuert die Musik die menschlichen Gefühle und Affekte. Darum hat er sie eine „Herrin und Regiererin der menschlichen Gefühle" genannt. Sie kann den Traurigen fröhlich und den Fröhlichen traurig machen (Brief an Senfl).

## Die Bedeutung der Orgelmusik

„Ich möchte nicht in einer Welt ohne Kathedralen leben. Ich brauche den Glanz ihrer Fenster, ihre kühle Stille, ihr gebieterisches Schweigen. Ich brauche die Fluten der Orgel und die heilige Andacht betender Menschen. Ich brauche die Heiligkeit von Worten, die Erhabenheit großer Poesie. All das brauche ich."

In diesem Zitat aus dem Roman „Nachtzug nach Lissabon" von Peter Bieri, besser bekannt unter seinem Pseudonym „Pascal Mercier" kommt vieles von dem zusammen, was wir mit der Orgelmusik und Orgelkultur verbinden: die Welt der Kathedralen, also herausgehobener und architektonisch bedeutsamer Kirchenbauten – die Atmosphäre des schützenden Kirchenraumes – das „Andere", das den Alltag Unterbrechende, was der Dichter mit den Stichworten „kühle Stille" und „gebieterischem Schweigen" skizziert – die Andacht, die aus der Betrachtung betender Menschen entsteht – die Heiligkeit und Erhabenheit von Worten, die durch ihre poetische Kraft, aber zugleich auch durch ihre Vertrautheit und ihr Eingebundensein in einen liturgischen Gebrauch geradezu lebenswichtig erscheinen.

Genau in diesen Rahmen hinein setzt der Dichter den Klang, die Fluten der Orgel. Und genau hierhin gehört die Orgelmusik auch in erster Linie. Die Königin der Instrumente gehört in den Kontext der Unterbrechung des Alltags, wie es durch Kirchenbauten, durch Gottesdienste, durch das öffentliche oder stille Gebet geschieht und durch die Lesung der heiligen Worte. Und diese Unterbrechung des Alltags brauchen wir in unserer heutigen schnelllebigen Zeit mehr denn je. Ohne solche Unterbrechungen wird das Leben arm und oberflächlich.

Das macht die Orgel und die Orgelmusik ein Stückweit immun gegenüber den mehr oder weniger notwendigen Reformen in Liturgie und Gottesdienst. Der Orgelklang ist gerade deshalb so wichtig, weil er der Unterbrechung des Alltags dienen kann. Wir können deshalb die Entwicklungen in der Kirchenmusik mit einer gewissen Gelassenheit betrachten.

Eine der Herausforderungen an die Orgeldenkmalpflege sehen wir in der Evangelischen Kirche in Deutschland in den hohen Aufwendungen, die für die Renovierung und Restaurierung von Orgeln notwendig sind. Sie hat daher die „Stiftung Orgelklang" ins Leben gerufen, die Mittel einwirbt und bereit stellt, um auch in Zukunft bei knapper werdenden Ressourcen möglichst viele Orgeln in einem guten Zustand zu erhalten. In den vergangenen drei Jahren konnten bereits 50 Förderzusagen gemacht werden.

## Orgelmusik und die andere Musik

Dass es neben der Orgelmusik noch andere Musik gibt, ist eine Selbstverständlichkeit. In der sich immer weiter ausdifferenzierenden Postmoderne wird die Pluralität im Bereich der Musik noch weiter zunehmen. Neben der bereits längst im kirchlichen Raum etablierten Musik, der Vokalmusik und den Blechbläsern, kommt gegenwärtig der sogenannten Popularmusik eine wachsende Bedeutung zu. Sie bedient sich einer Stilistik, die das Alltagsgeschehen hineinnimmt in einen gottesdienstlichen Kontext. Und das hat auch seine Berechtigung. Denn ein Gottesdienst muss neben der bereits geschilderten wohltuenden Unterbrechung des Alltags auch einen Alltagsbezug haben.

Gottesdienstformate, die diesen Alltagsbezug explizit machen, sind häufig die alternativen Gottesdienste. Darum ist es auch kein Zufall, dass diese Gottesdienste häufig auf die Popularmusik zurückgreifen, auf das Neue Geistliche Liedgut, auf Gospelmusik, Taizé-Singsprüche, manchmal auch auf sogenannte Worship-Elemente. Natürlich kommen hier neben der Orgel auch andere Instrumente für die Begleitung infrage. Aber es muss sicher immer wieder betont werden, dass die Orgel auch für diese neueren Stilrichtungen offen ist und hochmodern genutzt werden kann.

Als Vertreter der EKD ist es mir wichtig, diese Vielfalt der Kirchenmusik zu würdigen und nicht die eine Musik gegen die andere Musik oder das eine Instrument gegen die anderen auszuspielen. Deshalb stehe ich für eine Wertschätzung der Orgelmusik bei Offenheit gegenüber anderen Formen der Kirchenmusik.

*Dr. Stephan Goldschmidt*
Oberkirchenrat der Evangelischen Kirche in Deutschland (EKD)

Grußwort

# „Die Pfeifenorgel soll … in hohen Ehren gehalten werden"

„Wir sollen unsere Ehre darin suchen, die Schätze der Vergangenheit möglichst unverkürzt der Zukunft zu überliefern, nicht, ihnen den Stempel irgendeiner heutigen, dem Irrtum unterworfenen Deutung aufzudrücken" (Dehio, Georg: Was wird aus dem Heidelberger Schloß werden, Straßburg 1901, in: Dehio, Georg [1914]: Kunsthistorische Aufsätze, München/Berlin: Verlag Oldenbourg, S. 253). Dieses Diktum von Georg Dehio, dem Begründer der modernen Denkmalpflege, eignet sich hervorragend als Leitfaden nachhaltiger Orgeldenkmalpflege: Es darf nicht darum gehen, Denkmalorgeln durch in die Substanz eingreifende Umbauten und Restaurierungen den Stempel heutiger Ästhetik und situativer praktischer Bedürfnisse aufzudrücken. Sondern es geht darum, das Originäre, das Besondere der Denkmalorgeln wie einen kostbaren Schatz zu heben und es als einen Mehrwert – der über die Orgel als Realie weit hinausgeht – für die Menschen im Hier und Heute möglichst ‚unverkürzt' erlebbar zu machen.

Es ist unfreiwillige Ironie, dass ausgerechnet im „Dehio", Georg Dehios Lebenswerk in Form des großen Handbuchs der Deutschen Kunstdenkmäler, nur ein Bruchteil dessen gewürdigt wird, was die Orgel in ihrer Gesamtheit ausmacht: In dem Handbuch werden Orgelprospekte künstlerisch-ikonographisch beschrieben, aber das Musikinstrument mit Spielanlage, Windladen, Trakturen, Pfeifenmaterial, bauartlichen Besonderheiten etc. kommt nicht vor, geschweige denn, dass Aussagen über klangliche Charakteristika oder spezifische musikliturgische Kontexte gemacht würden.

Am Beispiel Dehio lässt sich ein Grundproblem der herkömmlichen modernen Denkmalpflege aufzeigen: Der musikalische Erlebniswert ebenso wie der spezifische musikliturgische Kontext der Denkmalorgel werden nicht angemessen wahrgenommen. Umgekehrt nehmen die Kirchenmusik und die kirchliche Orgelkunde bislang die denkmalfachlichen Fragestellungen nur unzureichend wahr; für sie ist die Orgel in erster Linie Musikinstrument und Teil der gottesdienstlichen Gestaltung. Ausnahmen, bei denen es bereits zu interdisziplinären Annäherungen kommt, bestätigen die Regel.

Mit dieser Problemanzeige befinden wir uns auch schon *medias in res*: Die Orgel ist Klangkörper, technische Apparatur, gottesdienstliches Gestaltungselement und architektonisch-künstlerisches Ausstattungselement in einem. Diese Einheit aus Klang-, Kunst- und Technikdenkmal ist der Orgel wesensimmanent. Aber sie ist in dieser ihrer Komplexität nur schwer in ein ausgewogenes Gesamtkonzept zu bringen.

Folglich ist es indispensabel, dass Kirchenmusiker, Orgelbauer, Konservatoren, Inventarisatoren, Liturgen und Liturgiewissenschaftler, Kirchenverwalter und Verantwortliche des Bau- und Denkmalwesens in konstruktivem Austausch stehen.

Vertreterinnen und Vertretern der vorgenannten Berufsgruppen bietet die Fachtagung am 9. und 10. Dezember 2011 in Fulda eine Plattform, um gemeinsam eine grundsätzliche

Standortbestimmung der Orgelkultur vorzunehmen, in einen Austausch über die Arbeitsziele und -methoden zukunftsfähiger Orgeldenkmalpflege zu treten und sich auf anwendungstaugliche Strategien für den Schutz und die Förderung unserer vielfältigen Orgelkultur zu verständigen – ein ebenso ambitioniertes wie ehrgeiziges Programm, das keine ‚Wellness‘ mit sich bringt, aber ein wichtiger Beitrag für die interdisziplinäre Vernetzung auf dem Gebiet der Orgelkultur ist.

„Die Pfeifenorgel soll in der lateinischen Kirche als traditionelles Musikinstrument in hohen Ehren gehalten werden […]“ (Zweites Vatikanisches Konzil, Liturgiekonstitution „Sacrosanctum Concilium“ 1963, Art. 120), sagten die Väter des Zweiten Vatikanischen Konzils vor nunmehr fast 50 Jahren. Die Orgelmusik ist nicht nur ornamentales Beiwerk der Liturgie, sondern deren integraler Bestandteil. Aber die Orgel unterliegt denselben Gesetzmäßigkeiten von Schwerkraft und Korrosion wie jede andere Materie auch. Kultus und Kultur, Transzendentalie und Realie verbinden sich in ihr. Das macht sie so besonders. Und deshalb bedarf die Orgel breit gefächerter Fachkompetenz.

Dank gebührt dem „Forum Bewahrung und Entwicklung des Orgelkulturerbes“ e. V. ebenso wie den kooperierenden Hochschulen in Deutschland und der Schweiz für die Ausrichtung des Symposiums. Die Deutsche Bischofskonferenz leistet gerne eine Unterstützung dieser in ihrem interdisziplinären Ansatz modellhaften und nachahmenswerten Veranstaltung.

Eine Tagung, die an der Grablegungsstätte des heiligen Bonifatius, des ‚Gründers‘ und Patrons der Deutschen Bischofskonferenz stattfindet, darf sich des inspirierenden *Genius loci* gewiss sein. Mögen von dieser Tagung viele fruchtbare Impulse ausgehen!

*Dr. Jakob Johannes Koch*
Kulturreferent im Sekretariat der Deutschen Bischofskonferenz

Grußwort

# Orgeldenkmalpflege – Strategien an der Nahtstelle zwischen Geistes- und Naturwissenschaft

Der Begriff der Nachhaltigkeit hat Konjunktur. Er hat umso mehr Konjunktur, als uns allen zunehmend bewusst wird, dass die natürlichen Ressourcen als Existenzgrundlagen für Mensch, Wirtschaft und Gesellschaft einem globalem Raubbau an der Natur durch die Menschen ausgeliefert sind. Die harte Definition der Nachhaltigkeit bezieht sich auf ein ökologisches Leitbild, das bei Nichtbeachtung die Zukunft der Menschheit generell in Frage stellt.

Die heutige Fachtagung zum Thema „Nachhaltigkeit als Zukunftsstrategie für eine vielfältige Orgelkultur", veranstaltet vom Forum „Bewahrung und Entwicklung des Orgelkulturerbes" e. V., steht in meiner Wahrnehmung in der Funktion eines Brückenschlages zur Deutung der Nachhaltigkeit als universellem Leitbild, als Rahmen eines Such- und Aushandlungsprozesses für alle innerhalb der Orgeldenkmalpflege zu beteiligenden Disziplinen und Denkhaltungen.

Dem Landesamt als Denkmalfachbehörde sind in diesem Prozess die Aufgaben durch das Denkmalschutzgesetz vorgegeben und zugleich eingegrenzt. Unter Berücksichtigung des weit gefassten Aufgabenspektrums und unterschiedlicher Zuständigkeiten sind die Kolleginnen und Kollegen der Landesämter Beteiligte in einem Netzwerk, das einen ganzheitlichen Ansatz der Planung und Ausführung einer Orgelrestaurierung auf der Grundlage des Denkmalschutzgesetzes im Einzelfall sicherstellen soll.

Fundament der fachlichen Arbeit ist und bleibt das Wissen um die Dinge, dessen Hebung oftmals viel Zeit in Anspruch nimmt und die Einbindung von Fachleuten unterschiedlichster Disziplinen und den Wissenstransfer im kommunikativen Miteinander verlangt. Wissen schafft Bewusstsein für den notwendigen Abwägungsprozess. Jenseits aller nüchternen Denkmalpflegetheorie und Fragen kultureller Bildungsstandards steht auch die persönliche Erfahrung, dass Menschen sich durch die historischen Kunst- und Klangdenkmale emotional anrühren und begeistern lassen. Sie heißt es mitzunehmen!

Konzeptionelle Steuerung und Ausführung von Maßnahmen an Denkmalorgeln müssen jedoch auf der Basis denkmalpflegerischer Grundsätze erfolgen; Postulate wie Eingriffsminimierung, Erhalt eines gewachsenen Zustands, Materialkontinuität, sorgfältige Bestandsanalyse und Quellenrecherche, Reversibilität von Eingriffen und Dokumentation der Maßnahmen bürgen für mehr Unversehrtheit der denkmalgepflegten Instrumente.

Diesen in den letzten Jahrzehnten verfeinerten Grundsätzen stehen freilich soziokulturelle und auch ökonomische Rahmenbedingungen gegenüber, die im ständigen Wandel begriffen sind. Durch sie werden Ansprüche an den Umgang mit den historischen Instrumenten evident, die zeitgebunden sind und sein werden und die Restaurierungsgeschichte der Orgeln determinieren. Wenn wir heute über mögliche Strategien an der Nahtstelle zwischen Geistes- und

Naturwissenschaft zum Erhalt einer vielfältigen Orgelkultur für morgen diskutieren, haben die Diskussionsergebnisse den Charakter von Prognosen, die sich erst in der retrospektiven Bewertung der Denkmalpflegepraxis als gut oder weniger gelungen erweisen werden und die wiederum in den Wissenszyklus eingebracht werden müssen.

*Dr. Roswitha Kaiser*
Landeskonservatorin am Landesamt für Denkmalpflege, Hessen

Michael Christian Müller

# Orgeln, Kulturen und Gesellschaft – Vielfalt als Zukunftsprinzip. Einführende Überlegungen zur Orgeldenkmalpflege vor dem Hintergrund der UNESCO-Verlautbarungen zu Schutz kultureller Vielfalt, Bildung und Nachhaltigkeit

## Befunde

„So verschiebt sich der Schwerpunkt von der Erhaltung der [Welterbe]Stätten immer mehr zu einem Bildungsauftrag." Nicht zuletzt der gesellschaftliche Wandel erfordere, so Eva Maria Seng, langfristige „Strategien und Konzepte, um das kulturelle Erbe zu erhalten, zu präsentieren, zu vermitteln und weiterzugeben. Dazu ist es besonders wichtig, auch über die Zusammenhänge aufzuklären, über die Relevanz des kulturellen Erbes zu diskutieren und Bildungsmaßnahmen durchzuführen" (Seng 2011, S. 80).

Die Fachtagung „Orgeldenkmalpflege. Nachhaltigkeit als Zukunftsstrategie für eine vielfältige Orgelkultur" hatte das Ziel, die Zukunftsperspektiven des Orgelkulturerbes zu beleuchten und entsprechende Strategien bzw. Handlungsansätze zu diskutieren. Im Rahmen des einführenden Vortrags, der hier in überarbeiteter Fassung vorliegt, war daher im Sinne Eva Maria Sengs zunächst die grundlegende Frage nach der „Relevanz" des Orgelkulturerbes zu stellen. Dies erfolgte zudem aus konkretem Anlass. Die bereits seit längerem verbreitete Sorge über die Zukunft der Orgelkultur artikuliert sich zum Zeitpunkt der Fachtagung ganz aktuell in der Zürcher Resolution „Orgel 2011". Dort wird festgestellt, die Orgelkultur laufe in Europa Gefahr, „die ihr gebührende Aufmerksamkeit und Wertschätzung zu verlieren". Unter anderem wird auf die schwindende „Vertrautheit des Musikpublikums mit der Orgel", eine Fehlwahrnehmung bzw. Verdrängung der Orgel aus dem Gottesdienst sowie die mangelnde Präsenz der Orgel in Konzertprogrammen und in den Medien hingewiesen. Es sei Anliegen der in Zürich Versammelten, „die Bedeutung für die Gesellschaft heute und in der Zukunft zu unterstreichen" (Orgel 2011).

Darin folgt das Zürcher Papier der „Resolution zur Kirchenmusik in Deutschland. Einheit durch Vielfalt". In dieser Resolution aus dem Jahr 2010 bringen der Deutsche Musikrat und die beiden großen Kirchen in Deutschland zum Ausdruck, dass es ihnen in „einer Zeit kultureller Verunsicherung und Entwurzelung […] ein Anliegen [sei], die Bedeutung der Kirchenmusik für die Gesellschaft heute und in der Zukunft zu unterstreichen und so das Bewusstsein für den Wert ästhetischer Erfahrungen, kreativen Schaffens und geistigen Eigentums zu schärfen und zu fördern“ (Einheit durch Vielfalt 2010). Beide Resolutionen beziehen sich explizit auf die UNESCO-Konvention zum Schutz und zur Förderung kultureller Vielfalt. In deren Sinne bewahre – so der Wortlaut der Zürcher Resolution – „die funktionstüchtige Orgel und das künstlerische Orgelspiel kulturelles Erbe, fördert musikalische Ausdrucksformen der Gegenwart und pflegt den Dialog mit anderen Kulturen. Die Orgel stärkt damit die kulturelle Identität des Menschen“ (Orgel 2011).

Inwieweit aber stärkt die Orgel gegenwärtig die „kulturelle Identität des Menschen“ tatsächlich? Inwieweit begreift ‚der‘ Mensch die Orgelkultur als Teil der eigenen Lebenswirklichkeit und hinterlegt dieses Kulturgut mit einer selbstbezogenen Bedeutung, einem subjektiven Sinn? Wie ist es somit insbesondere um die, mit Eva-Maria Seng gesprochen, „Relevanz“ der Orgelkultur, ihrer Bedeutsamkeit bestellt? Welcher Bedeutungsgehalt wird der Orgelkultur in der Gesellschaft heute zugeschrieben? Und morgen? „Orgel und Orgelmusik sind aus wohlbekannten Gründen heute vielen jungen Menschen genau so unvertraut wie die Räume, in denen Orgeln in der Regel stehen. Kinderwelt und Orgelwelt haben sich weit voneinander entfernt“, stellt Sibylle Schwantag fest (Schwantag 2009, S. 147).

Ziel einer Fachtagung, die sich mit „Zukunftsstrategien“ auseinandersetzen will, musste es daher in der Tat sein, über die „Relevanz“ des Orgelkulturerbes zu diskutieren – und darüber, was für die Orgeldenkmalpflege daraus folgt. Dazu waren an erster Stelle die gesellschaftlichen und kulturellen Rahmenbedingungen zu beleuchten und die Frage zu diskutieren, welche Funktion die Orgelkultur für eine Gesellschaft hat oder haben kann, deren wesentliches Merkmal kultureller Pluralismus ist – oder, wie es die UNESCO in globaler Weite fasst: die „Vielfalt kultureller Ausdrucksformen“ (Vielfalt 2007). In einem zweiten Schritt wurden daraus die für die Fachtagung wesentlichen Fragen abgeleitet: Was folgt für den Umgang mit dem Orgelkulturerbe, für dessen Erforschung, dessen Entwicklung und dessen Vermittlung? Eine Lösungsoption war in einem dritten Schritt zu entfalten, indem das Prinzip der Nachhaltigkeit als Schlüsselstrategie skizziert und daraus Thesen für eine zukunftsorientierte Aufstellung der Orgeldenkmalpflege abgeleitet wurden. Diese Thesen dienten als Ausgangsbasis für den Tagungsdiskurs. Die Kernaussagen der Impulsreferate sind am Ende dieses Beitrags zusammengefasst.

## Hintergründe

Die skizzierten Befunde zur Verfassung und die Szenarien zur Zukunft der Orgelkultur thematisieren durchgängig den Bezug zum gesellschaftlichen bzw. kulturellen Kontext, dem insofern eine Schlüsselfunktion zum Verständnis der Problemlage und – im besten Fall – für die Entwicklung von Handlungsansätzen zukommt. Welche sind also die Kennzeichen jener gesellschaftlichen Realität, die es zu berücksichtigen gilt? Einen hilfreichen Zugang eröffnet der Blick auf das Leben in unseren Städten: Dort bilde sich – sagt die empirische Stadtforschung – „eine Vielzahl von fein differenzierten Milieus heraus, die auf unterschiedlichen Lebensstilen und Selbststilisierungen beruhen. […] Vom gleichen Beruf und gleichen Einkommen läßt sich heute kaum mehr auf eine ähnliche Lebensführung, ähnliche Konsumstile und ähnliche Einstellungen zu Politik und Gesellschaft schließen“ (Häußermann/Läpple/Siebel 2008, S. 183).

Einen nicht so feinmaschig differenzierten, dafür aber anschaulichen Eindruck von der Vielgestaltigkeit der Milieus vermitteln die sogenannten „Sinus-Milieus". Das Marktforschungsunternehmen Sinus Sociovision untersucht dafür seit über 25 Jahren das Konsumverhalten der Menschen, ihre Aktivitäten und Interessen wie auch die Werte, die für sie jeweils relevant sind. Das Ziel ist die möglichst prägnante Herausarbeitung von „Gruppen ‚Gleichgesinnter'", deren Gemeinsamkeit nicht zuletzt ähnliche „Wertorientierungen" sind (Schipperges 2007, S. 12). So finden sich in den Zielgruppen Menschen wieder, die sich in ihrer „Lebensauffassung und Lebensweise ähneln […]." Ein anderes, das „Semiometrie-Modell" von TNS Infratest, fokussiert in ähnlicher Weise die Einstellungen der Menschen, deren „grundlegende […] Wertehaltungen". Dabei wird davon ausgegangen, dass Marken als „Bedeutungsträger" aufgefasst werden, mit denen sich Menschen identifizieren können – oder sollen (Kalka/Allgayer 2007, S. 90).

Bedeutungen, Werte, Einstellungen – diese Begriffe verweisen auf den entscheidenden Zusammenhang: Das Konsum- und Freizeitverhalten, zu dem die Aktivitäten im Bereich Kirchenmusik zählen, kann nicht losgelöst von den Überzeugungen und Werten der Menschen betrachtet werden – mit anderen Worten: dem tieferen Sinn, mit dem sie der Welt, ihrem Leben Bedeutung und Orientierung geben. Diese Orientierung hat insbesondere eine soziale Dimension. Identifizieren wir uns mit einer Gruppe, teilen mit ihr Werte, Überzeugungen und Praktiken (Riten), dann teilen wir mir ihr eine gemeinsame Kultur. Wir sind dann in ein gemeinsames „Bedeutungsgewebe aus […] Deutungs- und Orientierungsmustern sowie [in] kollektive […] Praktiken eingebunden" (Straub 2007, S. 15).

‚Kultur' – das ist in diesem Sinne und als Arbeitsdefinition jenes „Zeichen-, Wissens- und Orientierungssystem" (Straub 2007, S. 15), das die Basis für das Selbstverständnis einer gesellschaftlichen Gruppe ist. Der eingangs zitierte Befund der Stadtforschung ist nun aber, dass wir es mit einer Vielzahl von Milieus oder Gruppen zu tun haben und dass sich viele Menschen wesentlich mehr als nur einer gesellschaftlichen Gruppe zugehörig fühlen. Wenn eine Person aber vielfältige soziale Identitäten lebt, dann ist sie auch mit vielgestaltigen „Bedeutungsgeweben" vernetzt, die ihr unterschiedlichste Deutungs- und Orientierungsmuster offerieren. Joachim Renn weist angesichts dessen darauf hin, dass nicht allein die Gesellschaft als Ganze multikulturell sei, „sondern multikulturell sind Lebensformen, kollektive und individuelle Identitäten und schließlich der Kulturbegriff selbst" (Renn 2007, S. 466).

Aus diesen Befunden und theoretischen Flankierungen folgt ein wesentlicher Aspekt, dass nämlich die Vielfalt individueller kultureller Selbstkonzepte und Sinnstiftungen auf einer tieferen, grundsätzlichen Ebene mit der „Heterogenität von normativen Deutungen des Ganzen" korrespondiert (Renn 2007, S. 465). Daraus resultiert für den Diskurs über die Orgeldenkmalpflege und deren kulturelle Dimension ein weiterer grundsätzlicher Aspekt, der von vornherein eine selbstkritische, relativierende Haltung anmahnt. Nach Renn konkurrieren nämlich gesellschaftliche Gruppen, die für sich ein mehr oder weniger ausgeprägtes kulturelles Selbstverständnis, also einen bestimmten Sinn in Anspruch nehmen, „nicht nur um Anerkennung ihrer eigenen Identität und ihrer ‚privaten' Sitten und Rituale", sondern „um Deutungen der ‚Gesamtordnung' auf einem unklaren, weil nicht durch neutrale Regeln geordneten Terrain" (Renn 2007, S. 468). Mit anderen Worten: Über Orgelkulturerbe und -denkmalpflege zu diskutieren, impliziert unweigerlich, die kulturellen Werte der Gesellschaft bzw. spezifischer Gruppen zu verhandeln.

Daher stand am Beginn der Fachtagung die Prämisse, dass es nicht darum gehen dürfe, ‚die' oder eine bestimmte Orgelkultur als selbstverständliches Element eines kulturellen Grundverständnisses vorauszusetzen oder festschreiben zu wollen. Vielmehr ging es darum, die ambivalenten Aspekte kultureller Vielfalt und des Kulturbegriffs an sich zu thematisieren und eine „kohärente Sicht der kulturellen Vielfalt zu entwickeln" (Weltbericht 2009, S. 1).

Als theoretische und politische Herausforderung identifiziert die UNESCO insbesondere das Prozesshafte, die Dynamik alles Kulturellen und Sozialen, kurz das „Verhältnis von Kultur zu Wandel" (Weltbericht 2009, S. 4). Betrachtet man beispielsweise das prozentuale Verhältnis der Sinus-Milieus zueinander über die Zeit hinweg, lässt sich feststellen, dass der Anteil der eher traditionell orientierten Milieus stetig schrumpft, jener der „modernen" aber wächst. So verschieben sich die Anteile der entsprechenden Werte und Überzeugungen im Gesamtspektrum, und die ehemals traditionellen Bindungen an Institutionen werden lockerer oder lösen sich ganz auf. Michael Hirsch spricht gar von einer „neuen kulturellen Grundnorm", nämlich der „Norm des Pluralismus". Er erkennt in der gegenwärtigen Lage „Zeichen einer allgemeinen Identitätskrise, die Staaten, Kirchen, Gemeinschaften und Familien erfasst" (Hirsch 2011, S. 135).

Damit wird die entscheidende Brücke zu unserem Tagungsthema geschlagen und dessen Problematik vollends entfaltet: Entgegen einem vormals eher statischen Verständnis von Kultur im Sinne unveräußerlicher Werte, Normen, Güter oder Praktiken muss „Kultur zunehmend als Prozess verstanden" werden, „durch den sich Gesellschaften auf die für sie typische Art und Weise entwickeln" (Weltbericht 2009, S. 4). Diese Prozesse gehen – so auch die UNESCO – einher mit einer besonderen Herausforderung, nämlich der mit „ständigen kulturellen Veränderungen einhergehende[n] Infragestellung von Identitäten". Mit dem Effekt, dass sich selbst die Denkmalpflege nach Ansicht von Hans-Rudolf Meier und Ingrid Scheurmann damit auseinandersetzen muss, „dass in einer zunehmend ausdifferenzierten und partikularisierten Gesellschaft auch die Praxis der Denkmalpflege durch eine Einbuße an Verbindlichkeiten gekennzeichnet ist" (Meier/Scheurmann 2010a, S. 17).

Was folgt nun daraus für den Diskurs über die Zukunft des Orgelkulturerbes und die Orgeldenkmalpflege? Es wird darauf ankommen, eine Kultur der Offenheit, der Wertschätzung und der Anteilnahme zu fördern. Die geeignete Basis dafür ist das Bewusstsein für die Dynamik und Komplexität der Kulturen. Dieses Bewusstsein zeichnet sich insbesondere durch die Fähigkeit aus, „die Anerkennung und den Schutz von sowie den Respekt für kulturelle Eigenheiten mit dem Bekenntnis zu den universellen gemeinsamen Werten, die aus dem Zusammenspiel dieser kulturellen Besonderheiten entspringen, und deren Förderung zu verbinden" (Weltbericht 2009, S. 9). Diese Fähigkeit ist eine interkulturelle Kernkompetenz, deren Vermittlung das Ziel politisch-kultureller und – das sei nachdrücklich betont – musisch-ästhetischer Bildung ist. Ein integraler Bestandteil dieser Kompetenz ist das individuelle Geschichtsbewusstsein einer Person, das durch historisch-kulturelle Bildung geschult ist: „Geschichtsbewusstsein und das Verstehen kultureller Codes sind auf dem Weg zu interkulturellem Dialog ausschlaggebend für die Überwindung kultureller Stereotype" (Weltbericht

2009, S. 9). Auf Basis dieser These, die am Ende der Reflexion über den gesellschaftspolitischen Kontext der Orgelkultur steht, sind nun die Fragen zu den Zielen und Handlungsansätzen der (Orgel-)Denkmalpflege zu stellen.

## Fragen

Der Diskurs über die Zukunft der Orgeldenkmalpflege ist mit dem grundlegenden Diskurs über den Sinn von Denkmalschutz und Denkmalpflege eng verwoben. Der Spezialfall „Denkmalorgel" kann aber durchaus förderliche Impulse geben, die von ihrer Eigenschaft ausgehen, Klang-, Kunst- und Technikdenkmal in einem zu sein (vgl. u. a. Brülls 2007; Bruhin 1999; Busch 2007; Busch 2011; Kaufmann 2001; Könner 2003; Meyer 1999; Müller 2003, 39–41; Müller 2007; Müller 2008; Rehn 2001; Reichling 2001; Richtlinien 1991; Weilheimer Regulativ 1970). Woran soll im Fall der Orgelkultur und ihrer Geschichte erinnert werden? Und woran soll die Erinnerung fest gemacht werden – am Prospekt, an der Technik oder etwa am Klang?

Karl-Jürgen Krause stellt die These auf, dass der „Klang einer Orgel nicht Gegenstand des Denkmalschutzes sein" könne. Der Klang einer Orgel sei keine Sache, kein körperlicher Gegenstand, der Begriff der Sache im Sinne des BGB aber von „konstituierender Bedeutung im Denkmalschutz" (Krause 2011, S. 286). Indem der Klang bzw. der Ton, den eine Pfeife erzeugt, seine spezifischen Eigenschaften jedoch aus deren Beschaffenheit erhält, gründen der Zeugnis- bzw. Erlebniswert der Orgel auf ihrer Materialität. Auch im Fall der Orgel ist die Substanz Gegenstand von Denkmalschutz und Denkmalpflege. Gerade der Begriff der Substanz aber steht in mehrfacher Hinsicht in der Diskussion: hinsichtlich der aktuellen Rekonstruktionswelle und der sogenannten gewachsenen Zustände.

Das eine Problemfeld konkretisiert sich in der „Debatte um die Frage, ob Rekonstruktion legitim, wünschenswert oder gar erforderlich sei" (Tauber 2011, S. 135). Diese Debatte beschäftigt die Denkmalpflege insgesamt in einem Ausmaß, dass Christine Tauber von einem neuen Universalienstreit sprechen lässt (Tauber 2011, S. 135; vgl. auch: Braum/Baus 2009; Buttlar 2010; Hassler/Nerdinger 2010; Nerdinger 2010; Welzbacher 2010). Die Tendenz zu Rekonstruktionen bzw. Neubauten in Anlehnung an historische Vorbilder macht sich in besonders ausgeprägter Weise auch im Bereich der Orgel bemerkbar (vgl. Kares 2010; Karg 2002; Müller 2007, S. 340–345; Schwartz 2001). Finden sie im Bestand statt, ist damit zwangsläufig der Verlust von Substanz und von musikalisch-künstlerischen Ressourcen dieses Instruments verbunden. Diese Problematik betrifft in besonderer Weise die Instrumente der Orgelbewegung bzw. der ‚neobarocken' Jahrzehnte nach dem Zweiten Weltkrieg: Was folgt daraus für die Interpretation der Orgelmusik des 20. Jahrhunderts, z. B. von David, Distler und Hindemith oder von Ahrens, Reda oder Fortner?

In der Praxis stoßen die Akteure daher sogleich auf das zweite Problemfeld, nämlich Instrumente, die mehrfach verändert worden sind. Diese sogenannten gewachsenen Zustände kennzeichnen ebenfalls nicht nur Orgeln. Das Gesicht von Kirchenräumen, Städten oder Kulturlandschaften ist in der Regel nicht ‚stilrein', sondern Effekt eines kontinuierlichen Gestaltungsprozesses, der Ausdruck der eben angesprochenen kulturellen Veränderungsdynamik ist (vgl. aber Vinken 2010 zur planmäßigen formalen bzw. stilistischen Homogenisierung). Der Orgelbau ist in diese Dynamiken eingebunden, weil er ein Bestandteil kultureller Aushandlungsprozesse ist. Seinen Ausdruck findet dies gleich in mehrfacher Hinsicht: bezogen auf das Musikinstrument, bezogen auf die Orgel als Körper im Raum und bezogen auf die Orgel als technische Apparatur. Die Orgel ist insofern liturgischer bzw. konzertanter Gebrauchsgegenstand und zugleich Materialisierung der kulturellen, sozialen Bedingungen, Handlungsmöglichkeiten und Aushandlungsprozesse, die ihren Bau mitbedingt haben und in der Substanz real greifbar sind – auch wenn es die gewachsene, von Veränderungen geprägte Substanz ist.

In der Tat lassen sich die historischen Schichten eines Kulturdenkmals mit Oskar Negt als „Wirklichkeitsschichten" begreifen (Negt 2004, S. 64): Für den Organisten, der mit dem Instrument arbeitet, sich mit seinen Eigenheiten auseinandersetzt, und für den Zuhörer und Betrachter, für den es realer Gegenstand des Erlebens ist. In diesem Zusammenfallen von musikalischer und erinnernder Funktion liegt indessen genau jenes Konfliktpotential, das Michael Gerhard Kaufmann thematisiert: Er warnt vor den Gefahren eines Fundamentalismus, der sich in dem „Substanzfetischismus" zeige (Kaufmann 2011, S. 193), der von der Baudenkmalpflege auf die Orgel übertragen werde. Dieser fordere nämlich „eine Konservierung jedes Instruments in seinem gewachsenen Zustand" – auch auf die Gefahr hin, dass damit „die künstlerische Aussagekraft des Instrumentes verdeckt und sogar verhindert" werde (Kaufmann 2011, S. 193). Dem gegenüber habe die Klangdenkmalpflege den „ästhetischen Gesamtzusammenhang [...]" zu berücksichtigen, der Veränderungen eben einschließen könne – „notfalls endend in einer Neuintonation des Instrumentes als die letztlich künstlerisch in sich stimmigere Lösung" (Kaufmann 2011, S. 193).

Wie sind vor diesem Hintergrund die Thesen von Gabi Dolff-Bonekämper zu bewerten, die unseren Blick auf das lenken möchte, „was den Denkmalen tatsächlich eigen ist, nämlich ihre Form, ihre Substanz und ihr Ort in Raum und Zeit". In diesen Eigenschaften vermittle sich das kulturelle Selbstverständnis der jeweiligen Zeit – die Bedeutung, die der Bau, der Umbau oder die Restaurierung einer Sache hatte. „Die geltende denkmalpflegerische Doktrin trägt dem Rechnung und will das Denkmal im heute vorgefundenen, nicht idealen, nicht homogenen Zustand und spätere Veränderungen, Umbauten und Spuren früherer Restaurierungen als historischen Bestand respektieren" (Dolff-Bonekämper 2010, S. 38).

Aber lässt sich diese Doktrin auf die Orgel übertragen? Die Thesen von Gabi Dolff-Bonekämper und Michael Gerhard Kaufmann mögen stellvertretend stehen für jene Grundpositionen, welche sicherlich die meisten Aushandlungsprozesse im Falle konkreter Maßnahmen kennzeichnen – insbesondere, wenn es um solche gewachsenen Zustände geht. In diesen Aushandlungsprozessen sollte sich die Denkmalpflege vor dem Hintergrund der UNESCO-Konvention – so die Kernthese – als Anwalt kultureller Nachhaltigkeit verstehen. Was bedeutet dies aber für die Denkmalpflege als Akteurin, speziell die Orgeldenkmalpflege, wenn wir sie als die traditionell berufene Instanz zur Verwirklichung des Nachhaltigkeitsprinzips betrachten? Im Folgenden soll der Frage nachgegangen werden, ob und in welcher Weise das Nachhaltigkeitsprinzip einen theoretisch-methodischen Schlüssel bereithält: für die Bewahrung des Orgelkulturerbes, für seine pädagogische Vermittlung, für seine künftige Entwicklung als ein Teil kulturellen Lebens.

## Thesen

Die Arbeitsthese für den Tagungsdiskurs lautete, dass aus dem Prinzip der Nachhaltigkeit die strategischen Ansätze dafür abgeleitet werden können, was das Handlungsfeld Orgeldenkmalpflege in Zukunft auszeichnen sollte. Dabei sind Dynamik und Langfristperspektive, Ganzheitlichkeit und Interdisziplinarität sowie Bildung und Beteiligung jene Attribute, die den Begriff der Nachhaltigkeit konkretisieren und dessen eigentliche, „dynamische Bedeutung" (Dürr 2011, S. 91) aufzeigen.

Den entsprechenden Grundkonsens darüber, was Nachhaltigkeit kennzeichnet, formulierte bereits 1987 die Brundtland-Kommission: „Nachhaltige Entwicklung ist eine Entwicklung, die die Lebensqualität der gegenwärtigen Generation sichert und gleichzeitig zukünftigen Generationen die Wahlmöglichkeit zur Gestaltung ihres Lebens erhält" (Weltbericht 2009, S. 7). In dieser Definition ist eine Wirkungsdimension nachhaltigen Handelns enthalten, die ihren humanen Sinnhorizont zum Ausdruck bringt. Hans-Peter Dürr umschreibt es dergestalt, dass der Mensch sich „in der Gesellschaft als Individuum in seiner Eigenart entfalten kann und als verantwortlicher Träger der Gemeinschaft seinen angemessenen Platz in dieser findet" (Dürr 2011, S. 93). Personalität, Sozialität und Produktivität definieren somit die psychosozialen Dimensionen von Nachhaltigkeit.

Nachhaltigkeit als Strategie ist in diesem Sinne grundsätzlich integrativ definiert. Nachhaltigkeit hat die systemischen Wirkungszusammenhänge eines Gestaltungsprozesses im Blick, der zwingend auf Ganzheitlichkeit angelegt und daher grundsätzlich interdisziplinär zu denken, zu konzipieren und zu verwirklichen ist. Dieses Grundverständnis von Nachhaltigkeit findet seine Entsprechung in dem bereits zitierten Weltbericht der UNESCO, der das Prozesshafte der Kultur betont und damit den Wandel als wesentliches Merkmal des Kulturellen anerkennt (Weltbericht 2009, S. 4, 6). Zugleich wird die systemische Relevanz der kulturellen Dimension der Nachhaltigkeit herausgestellt: „Die Anerkennung kultureller Vielfalt verleiht Nachhaltigkeitsstrategien […] eine weitere wesentliche Dimension. So kann kulturelle Vielfalt als eine wesentliche Querschnittskomponente nachhaltiger Entwicklung betrachtet werden" (Weltbericht 2009, S. 25).

Nachhaltige Entwicklung im Allgemeinen und kulturelle Nachhaltigkeit im Speziellen als Wert und als Handlungsmotivation zu verankern, erfordert indessen eine Langfristperspektive. Die UNESCO rechnet mit einem andauernden und die Gesellschaften insgesamt in Anspruch nehmenden „Wandlungs- und Gestaltungsprozess" (Weltbericht 2009, S. 7). In der „Hamburger Erklärung" wird die Komplexität des damit umschriebenen kulturellen Transformationsprozesses entfaltet, es bedürfe nämlich der „Veränderung von Einstellungen, Denkstilen und Verhaltensweisen der gesamten Bevölkerung. […] Dabei müssen die Wechselwirkungen zwischen ökologischen, ökonomischen, sozialen und kulturellen Prozessen beachtet werden" (Aktionsplan 2011, S.19).

Der Weg zur Nachhaltigkeit führt daher „nicht zuletzt über die Bildung. Es ist eine Bildungsaufgabe, die Menschen in die Lage zu versetzen, ihre persönliche, die gesellschaftliche und globale Entwicklung zukunftsfähig zu gestalten" (Aktionsplan 2011, S. 9). Kernziel dieser Bildungskampagne ist „Gestaltungskompetenz", die auf Wissen und Bewusstsein beruht, denn das „Bewusstsein um kulturelle Praktiken und Kunstformen und das Wissen darüber stärken persönliche und kollektive Identitäten und Werte und tragen zum Schutz und zur Förderung kultureller Vielfalt bei" – so die Road-Map der UNESCO-Weltkonferenz 2006 in Lissabon (Weissbuch 2009, S. 27).

Hier schließt sich der Kreis zur eingangs aufgeworfenen Frage, inwieweit die Orgel kulturelle Identität stärken könne, und mündet in die These: Der unvoreingenommene, am besten aktiv-musikalische Kontakt der Menschen mit der Orgel sollte für den Wert und den Sinn dieser, der anderen und im Idealfall aller kulturellen Ausdrucksformen sensibilisieren. In einem solchen offenen und dialogorientierten Prozess der Bewusstwerdung kann dann auch Identifizierung wachsen: als Baustein einer komplexen und dynamischen kulturellen Identität, deren Mitte das Wissen um und das Bewusstsein für die humane Dimension von kultureller Teilhabe und Vielfalt ist. In einem solchen Prozess sollte die Orgelkultur in ihrer gewachsenen Vielgestaltigkeit und ihrem kreativen Potenzial ein integraler Bestandteil sein. Ein Bestandteil, der über sich hinausweist und wesentliche Aspekte von Kultur, Gesellschaft und Geschichte erlebbar macht.

Aus diesem Grundverständnis von Nachhaltigkeit leitet sich ab, was wir unter ‚Orgeldenkmalpflege' diskutieren wollen: Orgeldenkmalpflege versteht sich zugleich als gesellschaftlicher Belang, als Handlungsstrategie und als Lebenswelt gestaltender Faktor in all den Bereichen, die sich mit der nachhaltigen Entwicklung der Orgelkultur befassen. Orgeldenkmalpflege erschöpft sich daher nicht im inventarisatorischen und konservatorischen Wirken der Denkmalbehörden. Wir möchten Orgeldenkmalpflege als integriertes Aufgabenfeld diskutieren, in dem Inventarisierung und praktische Denkmalpflege, wissenschaftliche Forschung, vor allem aber kulturelle Bildung und Pädagogik eine strategische Einheit bilden, sich die jeweiligen Ziele und Methoden also voneinander ableiten bzw. aufeinander aufbauen.

Das Prinzip ‚Nachhaltigkeit' ist angesichts dieser Definition ein übergeordneter Orientierungsrahmen. Orgeldenkmalpflege wirkt dann am besten, wenn sie Teil eines Nachhaltigkeitsmanagements ist, mit dem die einzelnen Bausteine – Forschung, Bildung, Bewahrung, Pflege, Nutzung – aufeinander abgestimmt werden. Die Zielsetzungen und die darauf aufbauenden Strategien müssen dabei ineinandergreifen, d. h. ein Wirkungssystem darstellen. Ansonsten verpuffen noch so innovative Aktionen, weil sie nicht in einen umfassenderen Wirkungszusammenhang eingeordnet sind.

Daraus folgt insbesondere, dass (kulturelle) Bildung das Kernelement dieser Nachhaltigkeitsstrategie ist, denn sie eröffnet der Erhaltung und Pflege der Kulturdenkmäler erst den notwendigen und realistischen Sinnhorizont. Der Kongress zur Denkmalvermittlung, der 2011 in Dresden stattfand, ist Ausdruck des wachsenden Bewusstseins für die Schlüsselstellung der kulturellen Bildung für die Gesellschaft. Will man insbesondere das Geschichtsbewusstsein als Kernelement kultureller Kompetenzen für nachhaltige Entwicklung fördern, sind die greifbaren, hörbaren, ja spielbaren Relikte in ihrer Vielgestaltigkeit und ihrer Singularität unverzichtbar – gestalthafte kulturelle Ausdrucksform und als solche uns für die Zukunft anvertraut.

Flankiert werden sollte die Schulung des Geschichtsbewusstseins durch einen weiteren entscheidenden Baustein der kulturellen Bildung, nämlich die musisch-ästhetische Bildung. Hierzu sagt die UNESCO: „Unterricht in den Künsten trägt dazu bei, wissenschaftliche und emotionale Prozesse wieder mit der Intuition zu verbinden – eine wesentliche Voraussetzung für die Herausbildung von interkulturelle Offenheit begünstigenden Einstellungen" (Weltbericht 2009, S. 17). Orgeldenkmalpflege sollte sich hier als Impulsgeber verstehen und aktiv darauf hinwirken, dass allgemeinbildende Schulen, Musikschulen und kirchenmusikalische Ausbildungsstätten die Orgel verstärkt ins Bewusstsein rücken. Entsprechende Projekte und „Konzepte zur Vermittlung an Kinder und Jugendliche" thematisierte die Konferenz ‚Wege zur Orgel' im Oktober 2012.

Die Orgel bietet sich schließlich als denkmalkundlicher Impulsgeber an, denn an ihrem Beispiel können Potentiale und Optionen von Zeugniswert und Erlebniswert untersucht und entwickelt werden. Neben die Bildwerte treten hier die Klangwerte, das musikalisch-akustische Gedächtnis (vgl. den Beitrag von Bernhard Buchstab) und damit verbunden nicht zuletzt die sinnlich-affektive Dimension der Interaktion zwischen Mensch und Kulturerbe. Das Orgelkulturerbe kann plausibel machen, dass das Engagement für das Kulturerbe nicht zuletzt mit den individuell kodierten Gefühlswerten korreliert – als entscheidender Komponente für Identifizierung und Motivation. Diese Gefühlswerte und ihre soziale Relevanz kommen im Zuge musisch-ästhetischer Bildung besonders zum Tragen und machen ihrerseits die ganzheitliche Dimension einer vielgestaltigen und lebendigen Orgelkultur im Spektrum der kulturellen Ausdrucksformen deutlich.

## Aspekte

Die einzelnen Beiträge der Fachtagung sollten diese und weitere Thesen, Aspekte und Fragen vertiefen und einer Diskussion zuführen. Ausgangspunkt für die Beiträge war daher die Prämisse und das Kernelement kultureller Bildung, dass die Kulturen und insofern auch die Bedeutung der Orgel und ihre Relevanz für die Gesellschaft ständigen Wandlungen unterworfen sind. Andererseits resultiert gerade daraus die über Jahrhunderte gewachsene Komplexität des Bedeutungsgehalts der Orgel. Auf die heute geläufigste dieser Bedeutungen ging aus theologischer Perspektive *Albert Gerhards* ein, um die eigentliche Tiefe dieser Bedeutungstradition verständlich zu machen: Die Orgel sei als Instrument des christlichen Gottesdienstes – wie die Kirchenmusik überhaupt – Medium und Symbol für die dialogische Beziehung zwischen Mensch und Gott. Auf immer wieder neue Weise würden Kirchen- bzw. Orgelmusik insbesondere in der Liturgie einen „symbolischen Raum" schaffen. Die Orgeln seien zudem akustisches Gedächtnis der Gemeinden, woraus eine besondere Verantwortung für deren Bewahrung erwachse.

*Stephan Reinke* machte deutlich, dass Orgeln von Menschen gebaut werden, deren Überzeugungen, Einstellungen und soziale Zugehörigkeiten sich im gebauten Instrument materialisieren. Die so gegebene „Spiegelkraft" der Orgeln beschränke sich eben nicht auf Kirchenorgeln, sondern gelte auch für die Orgeln in Stadthallen oder Kinoorgeln etc. Gerade diese verwiesen darauf, dass es Blütezeiten der Orgel immer dann gegeben habe, wenn sie Gegenstand „öffentlicher Kultur" gewesen sei. Gegenwärtig aber repräsentiere die Orgel vor allem und eher exklusiv das „Außeralltägliche" – eine Bedeutungszuschreibung, die eine Engführung der Wahrnehmung der Orgel bewirken könne. Der frühere Facettenreichtum sei in Vergessenheit geraten, und die Orgel laufe Gefahr, „den Anschluss an die musikalische Entwicklung zu verlieren". Die Zukunftschance liege in der „Besinnung auf das innovative Potential der Orgel".

Dass der Bau einer Orgel immer ein „kulturelles Statement“ (Stephan Reinke) sei, zeigte auch der Blick von *Svenja Heuer* auf das Leben und Wirken Albert Schweitzers. Seine Suche nach dem „Wesen der Orgel“ mündete in die Herausstellung ihres sakralen Charakters in die Propagierung des barocken Orgelbaus und letztlich in die Elsässisch-Neudeutsche Orgelreform. Der Blick auf die Erziehung, Ausbildung und berufliche Laufbahn Schweitzers zeige, welchen Effekt Bildung bzw. Sozialisation sowie das breite, interdisziplinäre Interessenspektrum auf die Entwicklung seiner Vorstellungswelt und seine Kreativität gehabt hätten. Ganzheitliches Denken könne insofern zu neuartigen Erkenntnissen führen und (reformerische) Impulse freisetzen, die Gefahren einer Ideologisierung dürften aber nicht vernachlässigt werden.

Ideologisierung widerspricht dem Prinzip kultureller Vielfalt als Ausdruck des menschlichen Grundbedürfnisses nach individueller Gestaltung der eigenen Lebenswelt. Vor diesem Hintergrund versteht sich die Notwendigkeit einer nachhaltigkeitsbezogenen Gestaltungskompetenz in sozialer und kultureller Hinsicht. Einen wesentlichen, d. h. unverzichtbaren Beitrag hierzu liefere die musisch-ästhetische Bildung. *Peter Bubmann* entfaltete deren Wirkungsspektrum als Element einer religiösen Bildungstheorie. Musisch-ästhetische Bildung entwickle einen „Möglichkeitssinn“, fördere die Wahrnehmung neuer Ausdrucksformen und soziale Schlüsselkompetenzen, wie z. B. Empathiefähigkeit. Diese Art der Bildung sei deshalb aber angewiesen auf die Vielfalt kultureller Ausdrucksweisen als Lern- und Experimentierfeld. Die Orgel biete ein solches Lernfeld – als typisches Instrument der Kirche, das aber in den verschiedensten Modi erlebt und bespielt werden könne.

Mit den am Freitag erarbeiteten Eckpunkten zur komplexen und dynamischen Bedeutungsvielfalt der Orgel und den Impulsen zur Relevanz kultureller bzw. musisch-ästhetischer Bildung stellte sich am zweiten Tagungstag die Frage, welche Konsequenzen daraus für den Umgang mit den Instrumenten zu ziehen sind. *Ursula Schädler-Saub* richtete ihren Blick auf die Geschichte der Restaurierungstheorien, um die heutige bzw. eigene Position im relativierenden Kontext des historischen Prozesses zu sehen. Sie stellte fest, dass die Orgel, die sich in einer Kirche befände, „integraler Bestandteil“ dieses Raumes sei. Translozierungen von Orgeln würden daher ein eigenes Problemfeld darstellen, das der Klärung bedürfe. Prof. Schädler-Saub machte anhand eines Rückblicks auf die Theorien von Viollet-le-Duc, Ruskin, Dehio und Riegl insbesondere deutlich, wie sehr Theorien und Methoden zeit- und kulturgebunden sind. Heute sehe die Denkmalpflege ihre Hauptaufgabe darin, Geschichtsbewusstsein zu fördern, wobei immaterielles und materielles Kulturerbe als Wirkungseinheit zu verstehen sei. Das gelte in besonderem Maße für das Musikinstrument und Klangdenkmal „Orgel“.

Wesentlich sei insofern die Erkenntnis, dass im Fall der Orgel Klang und musikalische Ausdrucksfähigkeit sowie deren Materialisierung in der gewachsenen Substanz zusammen gehörten: Substanzschutz sei kein Selbstzweck, sondern diene der Bewahrung des kulturellen Gedächtnisses und seiner spezifischen Erlebnisqualität. *Bernhard Buchstab* illustrierte dies am Beispiel der Orgel der Universitätskirche in Marburg. Klangdenkmalpflege umfasse folgerichtig all jene Bestandteile, die Einfluss auf die Klangbildung haben – insbesondere die Intonation. Auch umfasse sie nicht nur die Instrumente der vergangenen Jahrhunderte, sondern auch jene der Zwischenkriegszeit sowie der 1950er–70er Jahre. Denn die Orgel schlage quasi eine Brücke zwischen der Musik als „Zeitkunst“ und der Architektur mit ihrer Dauerhaftigkeit. Die „Zeitgenossenschaft“

der Orgel verweise auf die Kulturen und Lebenswirklichkeiten der jeweiligen Zeit. Das akustische Gedächtnis der Orgel erschließe insofern weite Teile des kulturellen Gedächtnisses.

*Andreas Sieling* machte anhand der Ausbildung der künftigen Kirchenmusiker/innen deutlich, dass jede Zeit „ihre Orgel" finde – und „ungeliebte Orgeln" ein Schattendasein führen. Letzteres gefährde ihre Erhaltung, weil sie keine öffentliche Wertschätzung genießen. Neben einem eklatanten Mangel an Studierenden der Kirchenmusik sei daher auch die Vernachlässigung der bereits von Dr. Buchstab angesprochenen Phase der Orgelkultur zu beklagen: von den 1930er bis in die 1960er Jahre. Es bedürfe daher der besonderen Begabung und Begeisterung der Kirchenmusiker/innen, sich als „Übersetzer" zu verstehen, die die musikalischen Potenziale der Instrumente dieser Zeit auf geschickte Weise vermitteln können. Eine Schlüsselkompetenz sei sicherlich, diese Begeisterung gerade bei den Kindern in den Gemeinden zu entfachen – sinnvollerweise im Verbund mit anderen Akteuren und Einrichtungen der musisch-ästhetischen bzw. kulturellen Bildung.

Der Orgelbauer *Philipp Klais* verdeutlichte, dass analog zur „Renaissance" der deutschen Orgelromantik zwar auch mit einer Neurezeption dieser derzeit „ungeliebten" Phase des Orgelbaus zu rechnen sei. Die Instrumente dieser Phase seien unverzichtbar, um die Ausdrucks- bzw. Gefühlswerte der entsprechenden Orgelmusik erfahrbar und vermittelbar zu machen. Ob die Vielgestaltigkeit der Orgelkultur dieser Zeit gerettet werden könne, sei derzeit jedoch fraglich. Als Diskussionsbeispiel diente ihm die Orgel der Christuskirche in Karlsruhe. Er warnte am Beispiel der damaligen technischen Systeme und Materialien, die derzeit massiv in der Kritik stünden, vor einer Ideologisierung, die sich in der generellen Abwertung der Instrumente und dem Befund der „Minderwertigkeit" ausdrücke. Diesem „Nichtverständnis" sei der Respekt jedem Instrument gegenüber zu fordern. Jede Orgel verdiene es, sich „sorgfältig mit ihr auseinanderzusetzen".

*Marco Brandazza* berichtete schließlich über das Symposium „Orgel 2011". Er stellte die einzelnen Arbeitsfelder vor und ging auf die dort beschlossene Resolution ein, deren Verwirklichung in der Tat davon abhängen wird, ob sich ein Großteil der Akteure der Orgelwelt auf deren Zielsetzungen einlassen wird. Das Podiumsgespräch sollte es vor diesem Hintergrund ermöglichen, die Gesprächsfäden zu verknüpfen und zu kommentieren. Aber nicht nur das Podium, sondern die gesamte Tagung sollte ein Beitrag sein zur unverzichtbaren „kontinuierliche[n] Diskussion über Werte und Bedeutungen von Denkmalen, über Erinnern und Vergessen, über öffentliches Interesse und darüber, wie sich das immer wieder neu definiert [...]" (Scheurmann 2010, S. 72).

Einen Impuls hierzu setzte Kulturstaatsminister Neumann, indem er im Rahmen des ersten Kirchen-Kultur-Kongresses der EKD 2011 äußerte, dass die beiden Kirchen „maßgebliche Kulturträger" in Deutschland seien. Staat und Kirchen seien „gute Partner" – insbesondere in der Erhaltung des kulturellen Erbes. Denkmalpflege heiße „jedoch nicht Musealisierung! Kirchen müssen lebendige Stätten bleiben. Sie stehen für den Glauben und für die Werte, auf denen unsere Gesellschaft beruht. Sie sind aber auch Stätten lebendigen kulturellen Austauschs" (Neumann 2011, S. 1f.). Die Orgelkultur hat das Potenzial, eine solche Brücke zu schlagen. Die Fachtagung sollte ein erster Baustein hierzu sein, denn diese Brücke könnte für die Orgelkultur selbst ein Weg in die Zukunft sein.

## Literatur

Aktionsplan 2011 = Nationalkomitee der UN-Dekade „Bildung für nachhaltige Entwicklung" im Auftrag von Deutsche UNESCO-Kommission e.V. (Hrsg.) (2011): UN-Dekade „Bildung für nachhaltige Entwicklung" 2005–2014. Nationaler Aktionsplan für Deutschland, Bonn: Deutsche UNESCO-Kommission e. V.

Braum, Michael/Baus, Ursula (Hrsg.) (2009): Rekonstruktion in Deutschland. Positionen zu einem umstrittenen Thema, Berlin: Birkhäuser.

Brülls, Holger (2007): Compenius, Hildebrandt, Ladegast und die anderen – Zukunftsaufgaben und Leitvorstellungen für die Orgeldenkmalpflege in Sachsen-Anhalt, in: Denkmalpflege in Sachsen-Anhalt, 2, S. 87–109.

Bruhin, Rudolf (1999): Denkmalpflege und Orgelbau, in: NIKE Bulletin, 1, S. 4–8.

Busch, Hermann Josef (2007): „Klangdenkmale" pflegen – welche, warum, wie? Gedanken zu aktuellen Fragen der Orgeldenkmalpflege in der Bundesrepublik Deutschland, in: Das Orgelforum, 10, S. 44–54.

Busch, Hermann Josef (2011): Orgeldenkmalpflege, in: Busch, Hermann Josef/Geuting, Matthias (Hrsg.): Lexikon der Orgel, Laaber: Laaber-Verlag, S. 536–538.

Buttlar, Adrian et. al. (2010): Denkmalpflege statt Attrappenkult. Gegen die Rekonstruktion von Baudenkmälern. Eine Anthologie, Berlin: Birkhäuser (Bauwelt Fundamente, 146).

Dolff-Bonekämper, Gabi (2010): Gegenwartswerte. Für eine Erneuerung von Alois Riegels Denkmalwerttheorie, in: Meier/Scheurmann (2010), S. 27–40.

Dürr, Hans-Peter (2011): Das Lebende lebendiger werden lassen. Wie uns neues Denken aus der Krise führt, München: oekom, S. 91.

Einheit durch Vielfalt (2010) = Resolution „Einheit durch Vielfalt. Resolution zur Kirchenmusik in Deutschland", beschlossen am 17.11.2010 im Rahmen des gleichnamigen Kongresses, veranstaltet vom Deutschen Musikrat.

Hassler, Uta/Nerdinger, Winfried (2010): Das Prinzip Rekonstruktion, Zürich: ETH.

Häussermann, Hartmut/Läpple, Dieter/Siebel, Walter (2008): Stadtpolitik, Frankfurt am Main: Suhrkamp.

Hirsch, Michael (2011): Unrepräsentierbare Gemeinschaft. Politische und religiöse Gemeinschaften jenseits des Prinzips der Identität, in: Noller, Angelika/Volkenandt, Matthias/Gollan, Rut-Maria/Frick, Eckhard (Hrsg.): Kirchenbauten in der Gegenwart. Architektur zwischen Sakralität und sozialer Wirklichkeit, Regensburg: Pustet, S. 151–157.

Kalka, Jochen/Allgayer, Florian (Hrsg.) (2007): Zielgruppen. Wie sie leben, was sie kaufen, woran sie glauben […], Landsberg am Lech: mi-Fachverlag.

Kares, Martin (2010): Spielpluralismus statt Stilpluralismus? Fragen bei der Re-Restaurierung der Voit-Orgel in Eppingen, in: Ars Organi 58, 3, S. 175–179.

Karg, Detlef (2002): Vom Werden und Vergehen. Grundsätzliche Anmerkungen zur Rekonstruktion und zum Nachbau in der Denkmalpflege, in: Organ. Journal für die Orgel, 4/5, S. 30–36.

Kaufmann, Michael Gerhard (2001): Herausforderung ungeliebte Orgel, in: Kaufmann, Michael Gerhard/Kares, Martin (Hrsg.): Die Orgelstadt Karlsruhe innerhalb der Orgellandschaft am Oberrhein […], Karlsruhe: Badische Landesbibliothek, S. 65–68.

Kaufmann, Michael Gerhard (2011): Historische Orgeln für die Zukunft restaurieren. Versuch einer Standortbestimmung, in: Musik und Kirche, 3, S. 188–194.

Keupp, Heiner (2009): Fragmente oder Einheit? Wie heute Identität geschaffen wird. – Vortrag bei der Tagung „Identitätsentwicklung in der multioptionalen Gesellschaft, 25.04.2009, Link: www.ipp-muenchen.de/texte/fragmente_oder_einheit.pdf.

Könner, Klaus (2003): Die Orgel als Klang-, Technik- und Kunstdenkmal. Eine besondere Herausforderung in der konservatorischen Praxis, in: Denkmalpflege in Baden-Württemberg, 32, 1, S. 98–104.

Krause, Karl Jürgen (2011): Lexikon Denkmalschutz + Denkmalpflege (Hrsg. Fachgruppe Städtebauliche Denkmalpflege, Fakultät Raumplanung an der TU Dortmund), Essen: Klartext.

Meier, Hans-Rudolf/Scheurmann, Ingrid (2010a): Theorie und Aktualität der Denkmalpflege an der Schwelle vom 20. zum 21. Jahrhundert. Eine Einführung, in: Meier/Scheurmann 2010, S. 15–23.

Meier, Hans-Rudolf/Scheurmann, Ingrid (2010): Denk Mal Werte. Beiträge zur Theorie und Aktualität der Denkmalpflege, Berlin/München: Deutscher Kunstverlag.

Meyer, Rudolf (1999): Umgang mit unzeitgemäßen Orgeln, Berlin: Pape.

Müller, Michael Christian (2007): Für die Bewahrung und Entwicklung der Orgelkultur in Deutschland. Denkmalpflege an Orgeln als gesellschaftlicher Auftrag und konservatorische Herausforderung, in: das münster, Sonderheft, S. 329–349.

Müller, Michael Christian (2011): Gebaute Stadt – Geschichtsbewusstsein – interkulturelle Bildung. Städtebauliche Denkmalpflege als integratives Projekt nachhaltiger Stadtentwicklung, in: Leyser-Droste, Magdalena/Ollenik, Walter/Reicher, Christa et. al. (Hrsg.): Zukunft braucht Herkunft. Beiträge zur Städtebaulichen Denkmalpflege, Essen: Klartext, S. 36–45.

Muller, Michael Christian (2008): Inventarisatorische und konservatorische Grundlagen der Orgeldenkmalpflege, in: Sekretariat der Deutschen Bischofskonferenz (Hrsg.): Inventarisation und Pflege des kirchlichen Kunstgutes. Verlautbarungen und Dokumente, Bonn (Arbeitshilfen, 228), S. 95–101.

Müller, Michael Christian (2003): Orgeldenkmalpflege. Grundlagen und Methoden am Beispiel des Landkreises Nienburg/Weser, Hannover: Niedersächsisches Landesamt für Denkmalpflege (Hrsg.) (Arbeitshefte, 29).

Negt, Oskar (2004): Maßverhältnisse des Politischen, in: Segers-Glocke, Christiane (Hrsg.): System Denkmalpflege. Netzwerke für die Zukunft der Denkmalpflege. Bürgerschaftliches Engagement in der Denkmalpflege, Hannover: Niedersächsisches Landesamt für Denkmalpflege (Arbeitshefte, 31), S. 59–65.

Nerdinger, Winfried (2010): Geschichte der Rekonstruktion – Konstruktion der Geschichte, München: Prestel.

Neumann, Bernd (2011) = http://www.ekd-kkk.de/media/downloads/KKK_Eroeffnung_Rede_Bernd_Neumann.pdf, S. 1f. (Link zuletzt geprüft am 24.06.2012).

Orgel (2011) = Resolution «ORGEL ORGUE ORGANO ORGAN 2011», beschlossen am 09.09.2011 im Rahmen des gleichnamigen Symposiums vom 08.–11.09.2011 in Zürich.

Rehn, Wolfgang (2001): Gedanken zu Fragen der Orgelrestaurierung im neuen Jahrhundert. Pflichte, Rechte und Möglichkeiten des Restaurators, in: Acta Organologica, 17, S. 179–186.

Reichling, Alfred (2001): Orgeldenkmalpflege, in: Reichling, Alfred (Hrsg.): Orgel, Kassel: Bärenreiter und Stuttgart: Metzler (181. Veröffentlichung der Gesellschaft der Orgelfreunde).

Renn, Joachim (2007): Multikulturelle Gesellschaft, in: Straub/Weidemann/Weidemann 2007, S. 462–469.

Richtlinien 1991 = Richtlinien für Denkmalorgeln. Erläuterungen und Hinweise für die Arbeit an und mit Denkmalorgeln für Kirchenvorstände, Organisten und Orgelbauer, hrsg. vom Amt für Kirchenmusik der Evangelischen Kirche in Hessen und Nassau, in: Ars Organi 39, 4, S. 216–224.

Rosa, Hartmut (2007): Identität, in: Straub/Weidemann/Weidemann 2007, S. 47–56.

Scheurmann, Ingrid (2010): Mehr Substanz – Bemerkungen zum Geschichtsbild der modernen Denkmalpflege oder: Warum sind Baudenkmale unbequem? in: Meier/Scheurmann 2010, S. 59–76.

Schipperges, Michael (2007): Milieus als Gruppen »Gleichgesinnter«, in: Kalka, Jochen/Allgayer, Florian (Hrsg.): Zielgruppen. Wie sie leben, was sie kaufen, woran sie glauben [...], Landsberg am Lech: mi-Fachverlag, S. 12f.

Schwantag, Sibylle (2009): Kinder – Orgel – Medien, in: Musik und Gottesdienst, 63, S. 146–170.

Schwartz, Manfred (2001): Restaurierung – Rekonstruktion. Wie alt darf es sein ...? Vom Umgang mit veränderter historischer Substanz im Orgelbau, in: Klais, Philipp (Hrsg.): Beiträge zur Geschichte und Ästhetik der Orgel. Band 2, Freiburg, S. 121–139.

Seng, Eva Maria (2011): UNESCO-Weltkulturerbe und der Gedanke der Nachhaltigkeit, in: UNESCO heute, 2, S. 77–80.

Straub, Jürgen (2007): Kultur, in: Straub/Weidemann/Weidemann 2007, S. 7–24.

Straub, Jürgen/Weidemann, Arne/Weidemann, Doris (Hrsg.) (2007): Handbuch interkulturelle Kommunikation und Kompetenz. Grundbegriffe – Theorien – Anwendungsfelder, Stuttgart/Weimar: J. B. Metzler.

Tauber, Christine (2011): Konservieren oder Restaurieren? Neue Beiträge zu einer alten Debatte. Geschichte der Rekonstruktion. Konstruktion der Geschichte. Architekturmuseum, Pinakothek der Moderne, München, 22.7.–31.10.2010; Adrian von Buttlar (u. a.), Denkmalpflege statt Attrappenkult. Gegen die Rekonstruktion von Baudenkmälern – eine Anthologie, in: Kunstchronik, 3, S. 135–142.

Vielfalt 2007 = 33. Generalkonferenz des UNESCO 2005: Übereinkommen über den Schutz und die Förderung der Vielfalt kultureller Ausdrucksformen; zitiert nach BGBl. III, ausgegeben am 21.03.2007, Nr. 34.

Vinken, Gerhard (2010): Zone Heimat. Altstadt im modernen Städtebau, Berlin/München: Deutscher Kunstverlag.

Weilheimer Regulativ (1970) = Richtlinien zum Schutz denkmalwerter Orgeln. Weilheimer Regulativ, Neufassung, in: Ars Organi, 36, S. 1424–1427.

Weissbuch (2009) = Deutsche UNESCO-Kommission e. V. (DUK) (Hrsg.) (2009): Kulturelle Vielfalt gestalten. Handlungsempfehlungen aus der Zivilgesellschaft zur Umsetzung des UNESCO-Übereinkommens zur Vielfalt kultureller Ausdrucksformen in und durch Deutschland. Weißbuch Version 1.0, Bonn: Deutsche UNESCO-Kommission e. V.

Weltbericht (2009) = Deutsche UNESCO-Kommission e.V. (DUK) (Hrsg.) (2009): UNESCO-Weltbericht In Kulturelle Vielfalt und interkulturellen Dialog investieren. Deutsche Kurzfassung, Bonn: Deutsche UNESCO-Kommission e. V.

Welzbacher, Christian (2010): Durchs wilde Rekonstruktistan. Über gebaute Geschichtsbilder, Berlin: Parthas.

Albert Gerhards

# Liturgie – Kirchenmusik – Orgelkultur

Wie klingt christlicher Glaube? Traditionell verbindet sich mit dem Christentum das Singen – werden doch schon die frühchristlichen Gemeinden dazu aufgefordert: „Lasst in eurer Mitte Psalmen, Hymnen und Lieder erklingen, wie der Geist sie eingibt. Singt und jubelt aus vollem Herzen zum Lob des Herrn!" (Eph. 5,19; vgl. Kol. 3,16). Eine Besonderheit jüdischer und christlicher Religiosität ist der geordnete Gottesdienst in Gemeinschaft mit einem differenzierten Rollenspiel. Gottesdienstliche Spuren aus der Zeit des ersten Tempels finden sich z. B. in den Psalmen. Der Synagogengottesdienst zumindest in späterer Zeit kennt solistisches und gemeinsames Singen. Wie im christlichen Gottesdienst geht es hier zunächst um die Verlautung des heiligen Textes der Schrift, dann aber auch um freie Hymnik.

In der christlichen Liturgie legte sich das chorische Singen nahe aufgrund der verbreiteten monastischen bzw. klerikalen Gemeinschaften. Hieraus entstand mit der Zeit eine kunstvolle Chormusik, die sich jedoch als Kunstform zunehmend von der liturgischen Umklammerung zu befreien trachtete. Faktisch führte die Entwicklung zu einem Verstummen der Gemeinde. Die Reformation setzte dagegen stark auf den Gemeindegesang, neben den die Orgel als selbständiges Organ trat. Diese starke Stellung konnte sie im katholischen Gottesdienst nie erreichen, wo Instrumentalmusik eher argwöhnisch betrachtet und immer wieder marginalisiert wurde. Dies änderte sich zwar aufgrund der Beschlüsse des Zweiten Vatikanischen Konzils, jedoch wird der Orgel nach wie vor eine eher dienende Funktion gegenüber Liturgie und Gesang zugewiesen.

Der Vortrag, der hier in überarbeiteter Fassung vorgelegt wird, will anhand der Schlüsselkategorien ‚Vielfalt' und ‚Nachhaltigkeit' Überlegungen zum Thema Orgeldenkmalpflege vorlegen, die das damit skizzierte Spannungsfeld theologisch ausloten. Wie der Kirchenraum in seiner gewachsenen Identität verkörpert auch die Orgel auf der einen Seite das Individuelle, unverwechselbar Konkrete. Viele historische Orgeln sind in der Heterogenität ihres klingenden Materials mit all seinen Vorzügen und Schwächen sicht- und hörbarer Ausdruck der Vielgestaltigkeit christlicher Gemeinden und Gemeinschaften sowie ihrer Vitalität. Sie verkörpern die künstlerische Dimension, die der Liturgie als Selbstausdruck der Kirche von Natur aus innewohnt. Auf der anderen Seite sind die Orgeln zusammen mit dem Geläut akustisches Gedächtnis der Gemeinden. Sie stehen für Nachhaltigkeit, insofern sie über Generationen hinweg eine klangliche Brücke bilden. Dies impliziert für die aktuelle Gemeinde eine besondere Verantwortung hinsichtlich der Pflege und Erhaltung ihres Instruments und ein kluges Abwägen selbst dann, wenn Mittel für einen Neubau vorhanden sind.

Aktuell sind wir aber mit einem weiteren und folgenreichen Befund konfrontiert: Die Pfeifenorgeln haben Beine bekommen. Infolge des Aufgebens vieler Kirchenräume vagabundieren die musikalischen Immobilien und suchen ein neues Zuhause. Wenn es gut geht, landen sie in einer anderen Kirche des Seelsorgebezirks, viele aber werden je nach Qualität an einen mehr oder weniger zahlungskräftigen Abnehmer im In- und Ausland verkauft. Um die Nachhaltigkeit ist es also zunehmend schlecht bestellt. Wie sieht es aber in Bezug auf die Vielfalt aus? Gottlob werden noch zahlreiche Orgeln neu gebaut, aber die Konkurrenz an elektronischen Surrogaten schläft nicht. Als neustes werden Orgamaten in den Gemeinden angepriesen, die die Organisten (zumindest die weniger guten) ersetzen. Der dringende Rat der Fachleute, sie bistumsweit zu verbieten, konnte sich im Bistum Aachen 2012 nicht umsetzen lassen. So ist auch die Vielfalt von Instrumenten und Interpreten durchaus gefährdet.

Es soll hier freilich nicht um ein Klagelied gehen. Wenn man aber über Orgelkultur spricht, müssen die Antipoden in den Blick genommen werden. Es geht dabei um theologische und liturgisch-praktische Argumente, die das Desiderat Vielfalt und Nachhaltigkeit so begründen, dass es nicht nur für Orgelfreaks relevant ist. Dazu sind einige grundsätzliche Überlegungen zum Thema Liturgie und Kirchenmusik vonnöten.

## Liturgie und Kirchenmusik, insbesondere Orgelmusik

In einem ersten Schritt geht es darum, das Verhältnis von Liturgie als einem der drei Grundvollzüge der Kirche neben Martyrie und Diakonie näher zu bestimmen (die folgenden Ausführungen sind eine überarbeitete Fassung von Gerhards 2004a, S. 39–51).

Ausgangspunkt ist die folgende Kernaussage der Liturgiekonstitution: „Die überlieferte Musik der Gesamtkirche stellt einen Reichtum von unschätzbarem Wert dar, ausgezeichnet unter allen übrigen künstlerischen Ausdrucksformen vor allem deshalb, weil sie als der mit dem Wort verbundene gottesdienstliche Gesang einen notwendigen und integrierenden Bestandteil der feierlichen Liturgie ausmacht. In der Tat haben sowohl die Heilige Schrift wie die heiligen Väter den gottesdienstlichen Gesängen hohes Lob gespendet; desgleichen die römischen Päpste, die in der neueren Zeit im Gefolge des heiligen Pius X. die dienende Aufgabe der Kirchenmusik im Gottesdienst mit größerer Eindringlichkeit herausgestellt haben. So wird denn die Kirchenmusik um so heiliger sein, je enger sie mit der liturgischen Handlung verbunden ist, sei es, dass sie das Gebet inniger zum Ausdruck bringt oder die Einmütigkeit fördert, sei es, dass sie die heiligen Riten mit größerer Feierlichkeit umgibt. Dabei billigt die Kirche alle Formen wahrer Kunst, welche die erforderlichen Eigenschaften besitzen, und lässt sie zur Liturgie zu […]“ (SC 112).

Die Liturgiekonstitution weist der Kirchenmusik einen hohen Stellenwert zu, allerdings nicht aus sich heraus, sondern aufgrund ihrer engen Beziehung zur Liturgie und dem darin enthaltenen Wort Gottes. Insofern steht die Kirchenmusik im Dienst der Liturgie in ihren beiden Grunddimensionen Verkündigung und Gebet. Über die Pfeifenorgel wird gesagt: „Die Pfeifenorgel soll in der lateinischen Kirche als traditionelles Musikinstrument in hohen Ehren gehalten werden; denn ihr Klang vermag den Glanz der kirchlichen Zeremonien wunderbar zu steigern und die Herzen mächtig zu Gott und zum Himmel emporzuheben. Andere Instrumente aber dürfen nach dem Ermessen und mit Zustimmung der für die einzelnen Gebiete zuständigen Autorität nach Maßgabe der Art. 22. § 2,37 und 40 zur Liturgie zugelassen werden, sofern sie sich für den heiligen Gebrauch eignen oder für ihn geeignet gemacht werden können, der Würde des Gotteshauses angemessen sind und die Erbauung der Gläubigen wirklich fördern“ (SC 120).

Die Steigerung der ästhetischen Qualität der feierlichen liturgischen Handlungen und die „Erhebung" der Herzen der Gläubigen, also die psychologisch-emotionale Wirkung der Musik ist die in den kirchlichen Dokumenten stets benannte Wirkung der Kirchenmusik. Während die Redeweise vom „Glanz der kirchlichen Zeremonien" den Verdacht aufkommen lässt, als gehe es um eine rein äußerliche barocke Prachtentfaltung, zielt der Satz von der „Erhebung der Herzen" durchaus auf die Mitte des Gottesdienstes, auf den Ruf *sursum corda* zu Beginn der Präfation. Die Formulierung ist fast wörtlich der Kirchenmusikenzyklika Papst Pius' XII. von 1955 entnommen (vgl. den Kommentar zu diesem Artikel: Jaschinski 1990, S. 193–201).

Mit dem Begriff der *participatio plena, conscia et activa* (SC 14 u.ö.) hat die Liturgiekonstitution ein Kriterium für die angemessene ‚Rolle' der Gläubigen in der Liturgie ins Spiel gebracht, das auch für die Kirchenmusik gilt. Orgelmusik hat demnach eine unmittelbare Funktion bei der Hinführung der Gläubigen zur „vollen, bewussten und tätigen Teilnahme" an der Liturgie. Dass mit diesem Prinzip (vgl. Gregur 2002, S. 768–770) kein äußerer Aktionismus gemeint sein kann, zeigt bereits die Präambel der Liturgiekonstitution, wo es heißt: „In der Liturgie, besonders im heiligen Opfer der Eucharistie, ‚vollzieht sich' ‚das Werk unserer Erlösung', und so trägt sie in höchstem Maße dazu bei, dass das Leben der Gläubigen Ausdruck und Offenbarung des Mysteriums Christi und des eigentlichen Wesens der wahren Kirche wird, der es eigen ist, zugleich göttlich und menschlich zu sein, sichtbar und mit unsichtbaren Gütern ausgestattet, voll Eifer der Tätigkeit hingegeben und doch frei für die Beschauung, in der Welt zugegen und doch unterwegs; und zwar so, dass dabei das Menschliche auf das Göttliche hingeordnet und ihm untergeordnet ist, das Sichtbare auf das Unsichtbare, die Tätigkeit auf die Beschauung, das Gegenwärtige auf die künftige Stadt, die wir suchen" (SC 2).

Liturgie ist nach dem Verständnis des Konzils gott-menschliches Zusammenwirken, wobei die äußere Gestalt Wesensausdruck des inneren Gehalts – des Glaubens der Kirche – ist. Dessen Mitte, das Paschamysterium von Tod und Auferstehung Jesu, wird in der feiernden Versammlung heilsmächtige Gegenwart: Es vollzieht sich das Werk der Erlösung.

Die Kirchenmusikinstruktion *Musicam sacram* von 1967 sollte die Anweisungen der Liturgiekonstitution umsetzen (vgl. Dokumente der Kirchenmusik unter besonderer Berücksichtigung des deutschen Sprachgebietes 1981, S. 154–177; vgl. Jaschinski 1990, S. 241–294). Die Instruktion geht in Bezug auf die Orgel über die Aussagen der Liturgiekonstitution nicht hinaus, wertet demgegenüber aber die anderen Instrumente auf. Die Orgel wird hier auf derselben Ebene wie „jedes rechtmäßig zugelassene Musikinstrument" behandelt. Sie dient der Begleitung des Gesangs und kann bei der Messe zu Beginn, zur Gabenbereitung, zur Kommunion und am Schluss solistisch eingesetzt werden (Nr. 65).

Allerdings wird der Einsatz der Instrumentalmusik begrenzt: „In der Adventszeit, in der Fastenzeit, im Triduum sacrum, im Totenoffizium und in der Eucharistiefeier für Verstorbene ist Instrumentalmusik nicht statthaft" (Nr. 66). Hier schlägt die traditionelle Einschätzung der Instrumentalmusik als etwas dem Ernst des christlichen Kultes im Innersten Widersprechendes von neuem durch. Instrumentalmusik hat nur eine Funktion im Rahmen der äußeren Inszenierung durch Prachtentfaltung, nicht aber aufgrund einer inneren Affinität zum gottesdienstlichen Geschehen. Damit zeigt sich ein gravierendes Defizit in der theologischen Bewertung der Musik. Im Unterschied zur Kunst, wo die Auseinandersetzung im großen Bilderstreit zu einer positiven Würdigung und zur Integration in Gottesdienst und Verkündigung führte, steht die Austragung eines konstruktiven „Tönestreits“ zumindest in Bezug auf Instrumentalmusik noch aus.

Im Folgenden sollen einige Hinweise zu einer theologischen Bestimmung insbesondere der Orgelmusik im Gottesdienst und dessen Umfeld gegeben werden (vgl. dazu Gerhards/Kohlhaas 1998, Sp. 546–550).

## Zur theologischen Bestimmung der Musik

Unter den klassischen Künsten hat sich die Musik am konsequentesten der theologischen Bestimmung entzogen. Während das (geschriebene) Wort und das Bild Materialität besitzen, im gewissen Sinne auch das Drama, ist wortungebundene Musik reine Spiritualität. Mit ihrem transzendierenden Charakter steht die Musik einerseits in größter Nähe zur Religion, verweigert sich aufgrund ihrer Abstraktion andererseits aber bekenntnishafter Fixierung. Daraus erklärt sich, dass der Musik von kirchlicher Seite eher reserviert begegnet wurde und eine Theologie der Musik bislang nur ansatzweise formuliert worden ist.

Die mittelalterliche Musiktheorie war im Wesentlichen nur die Tradierung antiker Musikanschauung ohne Bezug auf die faktisch ausgeführte Musik. Eine intensivere Beschäftigung mit der Musik hat vor allem in der reformatorischen Theologie stattgefunden und in neuerer Zeit zu systematischen Ansätzen, etwa einer trinitarischen Begründung der Musik (Oskar Söhngen), geführt. Im katholischen Bereich hat die anthropologische Wende der Theologie (Karl Rahner) eine theologische Bestimmung der Musik angeregt (Winfried Kurzschenkel). Neue Impulse ergeben sich im Zuge der Wiederentdeckung der jüdisch-christlichen Gemeinsamkeiten aus der Befassung mit Franz Rosenzweig (Thomas Eicker) (vgl. Söhngen 1967; Kurzschenkel 1971; Bubmann 1993; De la Motte-Haber 1995; Lehmann/Maier 1995; Eicker 2004).

Die Beziehung von Kirche und Musik ist – wie die von Kunst und Kirche allgemein – in der Gegenwart wesentlich komplexer geworden. Die Gründe dafür liegen traditionell in der generellen Verdächtigung des Künstlerischen. Bei der Musik kommen die direkte emotionale Wirkung hinzu, die Nähe zur Ekstase (wie auch beim Tanz) (vgl. Gerhards 2002a, S. 138–147) sowie die Unausweichlichkeit nicht zuletzt aufgrund der Unmöglichkeit, die Ohren zu verschließen.

Eine theologische Bestimmung muss aufgrund der Pluriformität der Musik und ihrer vielfältigen Funktionalisierung innerhalb der Erlebnisgesellschaft rudimentär bleiben. Einige der Faktoren, die zu berücksichtigen sind, seien genannt: Die Allgegenwart der Musik im „Zeitalter der technischen Reproduzierbarkeit“ (Walter Benjamin) führt zu missbräuchlichen Umgangsformen (Konsum, Instrumentalisierung durch Werbung) und damit leicht zur Entleerung. Im Zuge der Ästhetisierung der Lebenswelten und des zunehmenden Eklektizismus zerfließen die klassischen Grenzen, z. B. zwischen sakral und profan. Dies betrifft die Genera neuer Musik wie den Gebrauch alter und neuer Musik gleichermaßen. Insgesamt ist eine Resakralisierung der Musikszene sowohl im Bereich der „ernsten“, wie der „Unterhaltungs“-Musik festzustellen. Spielen religiöse und auch liturgische Titel und Texte bei neuen Kompositionen eine immer größere Rolle, werden Musikshows zunehmend als „Liturgie“ inszeniert. Wo das sakrale

Moment nur noch Erlebniswert hat, wird es jedoch bald verschlissen sein. Dem entspricht im religiösen Bereich der zunehmende Pluralismus und Indifferentismus. Besonders die sakrale Musik weist oft eine Nähe zur Esoterik auf. Es fragt sich, ob diese Art von synkretistischer Sakralität (als Funktion der Erlebnisgesellschaft) religionsproduktiv ist.

Das Spezifisch-Christliche der Musik ist noch schwerer zu benennen als das der bildenden Kunst. Die Frage ist, welche Kriterien für einen möglichen Dialog zu finden sind. Die gegenwärtige Kirchenmusik bewegt sich auf dem schmalen Grat zwischen populistischem Kitsch und elitärer Avantgarde, die ihrerseits auch in der Musikszene eher eine Randerscheinung bildet. Insgesamt besteht eine wachsende Aufgeschlossenheit, die möglicherweise eine Ursache in der Erkenntnis hat, dass Autonomie ohne Bindung ins Leere geht. Der Anerkennung der Autonomie durch die Kirche muss die Bereitschaft zum Dialog über Form (Rezeption, Vermittlung) und Inhalte entsprechen. Was nimmt man über die Musik in den christlichen Raum hinein? Auf musikpsychologischer wie theologischer Betrachtungsebene ist zu klären, ob es sich im konkreten Fall etwa um ein Identifikationsangebot oder um esoterische Vereinnahmung handelt. Dabei stellt der Erfolg der „spirituellen" Musik insofern eine Anfrage an die Theologie dar, als durch sie Dimensionen des Humanum angesprochen werden, die die Kirche offensichtlich nicht mehr erreicht.

Damit ist wiederum die Notwendigkeit einer theologischen Bestimmung der Musik im Kontext der Religion gegeben. Die Ansätze liegen durchaus bei den klassischen Anknüpfungspunkten, so beim Gedanken der Einheit der Schöpfungs- und Erlösungsordnung. Kosmogonie und Eschatologie sind religionsphänomenologisch und möglicherweise archetypisch mit der musikalischen Dimension eng verknüpft. Im Kult bildet die Musik durch ihre kairologische Struktur einen wesentlichen Bestandteil der festiven Verdichtung raum-zeitlicher Erfahrung. In der christlichen Liturgie hat sie eine analoge Funktion, nun aber in Zuordnung zum vergegenwärtigten Offenbarungswort.

Eine theologische Bestimmung der Musik hat jedoch davon auszugehen, dass Musik eine vom Kult emanzipierte Kunst und damit eine weltliche Wirklichkeit darstellt. Produktiv für den Dialog mit Theologie und Kirche kann Musik nur dann sein, wenn sie in ihrer Eigen- und Widerständigkeit anerkannt wird. Doch bildet sie aufgrund ihres zugleich körperhaften wie geistigen Charakters eine Nähe zur christlichen Religion in ihrer inkarnatorischen und transzendentalen Dimension. Als Hörendem vermittelt sich die Musik dem Menschen in sinnenhafter Ungegenständlichkeit und verweist auf das – auch tönend – Unsagbare (vgl. Sonnemans 1987, S. 438f.). Diese apophatische Dimension verbindet die Musik wiederum mit Elementen liturgischer Gott-Rede, z. B. dem Alleluja-Jubilus. Unter dem Gesichtspunkt neuer katechumenaler Wege bietet die Musik Möglichkeiten freier schöpferischer Begegnung im ‚Vorhof' der christlichen Gemeinde und ihrer Verkündigung (vgl. Gerhards 2001, S. 55–57).

## Liturgietheologische Einordnung der Fragestellung

Liturgie besteht nicht einfach aus Texten, sondern aus Textvollzug, das heißt dem gesprochenen und dem gesungenen Wort, sowie aus Zeichenhandlungen und Symbolen. Infolgedessen treten mit der Liturgie auch jene Dimensionen der Ästhetik in den Blickpunkt der Theologie und kirchlichen Praxis, die bislang eher ein Randdasein gefristet haben: der Klang und damit die Musik, Mimik, Gestik und Tanz und damit die darstellende Kunst, die gestaltete Materie und damit die bildende Kunst. Die Liturgie wird auf diese Weise zum Erscheinungsort von Kirche, insofern in ihr all das sinnenhaft erfahrbar wird, was Kirche von sich glaubt: ihre Gegenwart vor Gott, ihre Herkunft aus Gott und ihre Zukunft in Gott.

Die Ästhetik der Liturgie ist also eine Ästhetik der Anamnesis, der Vergegenwärtigung (vgl. Gerhards 2002b, S. 169–186). Sie bleibt in allen ihren Dimensionen auf das Wort bezogen, das Gott seit Urzeit zu den Menschen gesprochen hat und das in Jesus Christus Fleisch geworden ist. Der Modus des Wortes in der Liturgie ist ein dreifacher, festzumachen an den Vollzügen der (erzählenden) Anamnese, der (bittenden) Epiklese und der (preisenden) Doxologie. In all diesen Bereichen hat die Musik eine Schlüsselstellung, insofern sie dem Wort einen ‚Klangleib' verleiht, es in Raum und Zeit gleichsam neu inkarniert, verleiblicht. Das gilt für den liturgiegebundenen Gesang wie Rezitationston, Litanei oder Alleluja-Jubilus genauso wie für Chor- und Instrumentalmusik im Gottesdienst.

Durch die theologische Aufwertung der Kirchenmusik über das Dekorative hinaus als Wesensausdruck der Liturgie sind manche alten Positionen hinfällig geworden. Einerseits ist die Kirchenmusik funktionsgebunden, also nicht beliebig austauschbar, andererseits haben die anderen Partner, auch der Priester, dem Eigengewicht der Musik als Bestandteil der Liturgie Rechnung zu tragen (z. B. durch eine Haltung bewussten Hörens bis zum Ende des Stückes). Die Anforderungen an eine liturgiegemäße Kirchenmusik sind also erheblich gestiegen. Diese hat mit dafür Sorge zu tragen, dass die Gemeinde nicht nur stumme Zeugin, sondern Mitspielerin im Heiligen Spiel wird.

Dabei geht es keineswegs um jenen Aktionismus, der in heutigen Gottesdiensten so oft beklagt wird. Vielmehr handelt es sich um die Wiederentdeckung der Tiefendimensionen der Musik und die Befähigung zu ihrer Wahrnehmung und ihrem Vollzug, um dem Sprachlosen eine Stimme und dem Unsagbaren Klang zu geben. Theologie ist stets nur der Versuch, über die Grenze zum Unsagbaren hinaus zu gehen. Ihre verlässliche Stütze ist dabei die Selbstoffenbarung Gottes in seinem ‚Wort'. Daran hat die menschliche Antwort Maß zu nehmen. Daher gründet jede Form menschlicher Antwort – auch die reflektierende Theologie und ihre Anwendung in Predigt, Bekenntnis und Gebet – letztlich in der Doxologie, in der preisenden Anerkennung der Souveränität Gottes, der sich in Freiheit den Menschen mitteilt.

Die Kirchenmusik bildet im Gottesdienst als Ort der Doxologie jenen Klangraum, in dem die Antwort in Freiheit erfolgen kann, als ‚Heiliges Spiel'. In dieser Eigenschaft, gleichsam die akustische Seite des symbolischen Raums gott-menschlicher Kommunikation zu bilden, liegt der hohe Rang der Musik im Gottesdienst, ja ihre Unverzichtbarkeit. Dabei ist für die westliche Gesellschaft nach der Aufklärung das Spannungsverhältnis zwischen Funktionsgebundenheit und Autonomie eine Gegebenheit. Musik im Gottesdienst ist Anwältin des Subjektiven, nicht um das ‚Objektive' der göttlichen Vorgabe zu relativieren, sondern um es zu vergegenwärtigen und so seine personale Dimension offenzulegen. Kirchenmusik ist also ein wesentlicher Faktor des Gottesdienstes als Ereignis gott-menschlicher Begegnung.

## Zur Positionsbestimmung der Musik im Gottesdienst

Das Liturgieverständnis vieler Kirchenmusiker ist bis heute geprägt von der Restauration im 19. Jahrhundert, die auf den Cäcilianismus eingewirkt hat und einerseits durchaus fruchtbare Auswirkungen hatte, andererseits aber auch ideologische Verfestigungen aufwies. Auf der anderen Seite beklagen viele Musikschaffende heute nicht zu Unrecht einen Subjektivismus und Populismus, der in Beliebigkeit umschlägt und dem der größte Teil unseres kirchenmusikalischen Erbes zum Opfer zu fallen droht. Damit ist die Frage aufgeworfen, was die eigentliche ‚Funktion' der Liturgie und damit auch der Kirchenmusik als einer ihrer integrierenden Bestandteile ausmacht.

Die Funktion kann wohl nur im Spannungsfeld zwischen dem Objektiven und dem Subjektiven festgemacht werden. Dies ergibt sich aus dem kommunitären und dialogischen Charakter christlichen Gottesdienstes, der als ein Reflex des jüdisch-christlichen Glaubens zu verstehen ist. Dieser geht von einer Gotteserfahrung aus, in der Gott einerseits der Unbegreifliche bleibt, andererseits aber zum Menschen spricht und sich ihm gegenüber zum Du macht.

Für eine liturgietheologische Bestimmung der Musik im Gottesdienst ist Bezug zu nehmen auf die Grundlagen menschlicher Kommunikation, den Selbstausdruck. Dabei ist von einem Personbegriff auszugehen, der sich aus der Ich-Du-Beziehung erschließt und im trinitarischen Gottesverständnis gründet. Diese Relation konstituiert ein drittes, das Wir. Dieses ‚Wir' drückt sich in Formen der Interaktion und des gemeinsamen Tuns aus. Christlicher Gottesdienst kennt im Grunde nur das Wir. Dieses aus Individuen zusammengesetzte Gebilde verschmilzt im gemeinsamen Tun, dessen vornehmster Ausdruck die Doxologie, der Lobpreis Gottes ist. Dieser findet im chorischen Singen seine angemessene Gestalt (vgl. Fratallone 1984; vgl. auch Eicker 2004, S. 150–156).

Während die Vergangenheit das objektive Element einer vorgegebenen, universalkirchlich reglementierten Liturgie stark betont hat, tritt seit der Wende zur Neuzeit, insbesondere aber seit der Aufklärung und innerkirchlich seit dem Zweiten Vatikanischen Konzil, die Gemeinde als Subjekt mit ihren unterschiedlichen Gruppen und Individuen stärker in den Vordergrund. Dies führt zu einem neuen Rollenverständnis und damit auch zu einer neuen Verhältnisbestimmung von Vorgegebenheit und Freiheit in Bezug auf das kirchenmusikalische Repertoire (vgl. Gerhards 1995, S. 157–292).

Innerhalb dieses skizzierten Wechselspiels von Vorgegebenheit und Freiheit, Objektivität und Subjektivität, das stets ein „gefährliches Spiel" darstellt, hat die Kunst eine indispensable Aufgabe. Unter Aufgabe darf hier nicht verstanden werden, als würde Kunst gleichsam funktionalisiert; vielmehr kann Kunst diese Aufgabe nur wahrnehmen, wenn sie ihre (relative) Autonomie bewahrt. Kunst, im Gottesdienst vor allem eben auch die Kirchenmusik, ist der Garant für die bleibende Anwesenheit des ‚Anderen', und das in mehrfacher Hinsicht, zum einen in Bezug auf den anwesenden und zugleich abwesenden Gott, der stets der Unverständliche, der jeweils Größere bleibt. Diese Grundkategorie kommt im jüdischen Gedanken der „Heiligung des Namens" (vgl. Lenzen 1995) zum Ausdruck, wie sie im Vaterunser stets proklamiert wird und für den recht vollzogenen christlichen Gottesdienst maßgeblich bleibt. Kirchenmusik ist, gerade in ihrer letztlichen Unverfügbarkeit, Reflex dieser Grundeinstellung.

Auf Seiten des Menschen garantiert die Kunst, dass der Mensch sich mit seiner ganzen schöpferischen Fähigkeit einbringt, wirklich das Beste aufbietet, um Gott die Ehre zu geben. Hier ist das Beste gerade gut genug, gleich, ob es sich um einstimmige Psalmodie, mehrstimmigen Chorgesang, Instrumentalmusik oder Gemeindelieder der unterschiedlichsten Gattungen handelt. Grundsätzlich gilt für alle Sparten das Gleiche, wenn auch die Kriterien jeweils anders festzulegen sind. Kriterium für die Eignung ist die Frage, ob die jeweils gewählte musikalische Gestalt dem Ganzen dient, der Darstellung der Christusgestalt in der feiernden Gemeinde, der Vergegenwärtigung des Pascha-Mysteriums Jesu Christi (vgl. Hahne 1989).

Die theologische Bestimmung der Kirchenmusik ist letztlich in einem ‚Dazwischen' zu finden (Gerhards 1993a, S. 509–513; vgl. Eicker 2004, S. 316–322). Dies bedeutet, dass die Eigenart und Wirkung der Kirchenmusik gegensätzlich ist. Sie umfasst einerseits Beschwichtigung, andererseits soll sie aufrütteln. Sie bringt das Lob, aber auch die Klage zum Ausdruck (vgl. Bretschneider/Gerhards 1992, S. 445–452). Für einen Kirchenmusiker ist also geradezu ein „elliptisches Denken" erforderlich, das seine Kunst stets in Gegensätzen positioniert, die freilich nicht als ausschließende Komponenten gesehen werden dürfen, sondern als Pole, die miteinander in einem spannungsvollen Wechselspiel stehen (vgl. Gerhards 1993b, S. 140–153).

## Zur liturgietheologischen Bestimmung der Orgel – „Einsäen der Ewigkeit ins Lebendige" (Franz Rosenzweig)

Vieles von dem, was über den liturgischen Gesang gesagt wurde, lässt sich auch auf Instrumentalmusik und insbesondere auf die Orgel übertragen. Generell gilt für die Instrumentalmusik Rilkes Wort von der „Sprache, wo Sprachen enden". An den Grenzen der Sprachfähigkeit und vor dem Verstummen gibt es immer noch die wortlose Verlautung im Jubilus wie in der Klage.

Das Besondere der Orgel wird jedoch primär in einer anderen Beziehung gesehen. Zwar ist die moderne Orgel erst durch elektrisches Gebläse und Registrierhilfen zu einem Ein-Personen-Instrument geworden, doch bestand ihr *fascinosum* seit jeher darin, dass eine einzige Person polyphone oder orchestrale Klanggebilde damit erzeugen konnte. Es lag nahe, die Orgel als Symbol des klingenden Kosmos und den Organisten gleichsam als Demiurgen anzusehen (vgl. Kurzschenkel 1971, S. 563).

Oft wird die durch das Instrument erzeugte Harmonie mit der eschatologischen Vollendung in Beziehung gesetzt. Edmund Schlink warnte jedoch schon vor einem halben Jahrhundert vor einer allzu bereitwilligen Gleichsetzung:

„Die Musik ist eine in der Hoffnung vorauseilende Skizzierung der großen Verwandlung, der diese Welt und darinnen wir selbst entgegengehen. Diese Skizzierung ist aber noch nicht die Enthüllung der kommenden Wirklichkeit, sondern nur eine spielende Umreißung von neuen künftigen Möglichkeiten. Die Musik ist nicht Darstellung der kommenden Wirklichkeit, sondern das sehnsüchtige Abtasten der Möglichkeiten eines ganz anderen Kosmos im Spiele der Glaubenden. Die Musik bleibt somit ein Echo. Sie ist nie Gottes Schöpferwort selbst. Sie ist nur ein Abglanz der künftigen Freiheit, nicht das Ereignis der letzten Befreiung" (Schlink 1950, S. 24; vgl. Kurzschenkel 1971, S. 509).

Franz Rosenzweig hat in seinem während des Ersten Weltkriegs entstandenen Hauptwerk „Der Stern der Erlösung" nach der Ausdrucksgestalt gefragt, in der die verheißene Erlösung als sichere Zukunft verbürgt wird: „Nicht die Prophezeiung also ist die besondere Form, in der die Erlösung Inhalt der Offenbarung sein kann, sondern es muss eine Form sein, die der Erlösung ganz eigen ist, die also das Noch-nicht-geschehen-sein und Doch-noch-einst-geschehen-werden ausdrückt. Das ist aber die Form des gemeinsamen Gesangs der Gemeinde" (Rosenzweig 1988, S. 278; vgl. Eicker 2004, S. 150).

Thomas Eicker kommentiert diese Aussage: „Der Gesang führt also den Menschen mit seinen Mitmenschen, mit seiner (Um-) Welt im Zeugnis und gesungenen Bekenntnis zusammen. Der Chorgesang wird Rosenzweig zum Bild für die Erlösung. Er ist eine erste Frucht der Erlösung, weil das Gebet schon erhört wurde, da alle beten und sich im gemeinsamen Lob gefunden und vereinigt haben" (Eicker 2005, S. 155).

Jedoch ist einer vorschnellen Gleichsetzung der irdischen mit der „himmlischen" Liturgie zu entgegnen. Es geht im christlichen Gottesdienst um die Bereitstellung eines symbolischen Raums, der Ausdruck der verbürgten Hoffnung auf Vollendung ist, zugleich aber die bleibende Differenz nicht verwischt (vgl. Odenthal 2002). Die Liturgie, so Eicker, „ist zum einen ein Zeithaben diesseits der zeitlosen Zeit des Reiches, andererseits ist sie aber jenseits der Zeit des Alltags. Die Liturgie bietet einen Zugang zum Reich Gottes im Symbolischen, Rituellen, im Vorwegnehmen der Erlösung. Sie schlägt eine Brücke von der Wirklichkeit zur Wahrheit" (Eicker 2005, S. 158).

Rosenzweig umschreibt das Wesen der Liturgie folgendermaßen: „Weil in der Ewigkeit das Wort erlischt im Schweigen des einträchtigen Beisammenseins – denn nur im Schweigen ist man vereint, das Wort vereinigt, aber die Vereinigten schweigen – darum muß der Brennspiegel, der die Sonnenstrahlen der Ewigkeit im kleinen Kreis des Jahres sammelt, die Liturgie, den Menschen in dieses Schweigen einführen. Auch in ihr freilich kann das gemeinsame Schweigen erst das Letzte sein, und alles was vorhergeht, ist nur die Vorschule auf dies Letzte. In solcher Erziehung waltet noch das Wort. Das Wort selber muß den Menschen dahin führen, daß er gemeinsam schweigen lerne. Der Anfang dieser Erziehung ist, daß er lerne zu hören" (Rosenzweig 1988, S. 342f.).

Musik im Gottesdienst hat so gesehen eine pädagogische oder propädeutische Aufgabe, indem sie die Menschen zum Hören anleitet und in die Stille führt. Eine theologische Bestimmung der Orgelmusik im Gottesdienst hat jedoch vorschnelle Festlegungen im Sinn vordergründiger Allegorien oder einer wie auch immer gearteten Funktionalisierung zu vermeiden. Die Musik kann nicht den Auftrag bekommen, die Vollendung der kosmischen Harmonie darzustellen, wohl aber kann sie eine Ahnung von der Wahrheit der Verheißung vermitteln. Ein Verkündigungs-Auftrag kann ihr nicht aufgebürdet werden, wohl aber kann ihr ein Verkündigungs-Charakter eignen (vgl. Kurzschenkel 1971, S. 535–550).

Der Verkündigungs-Charakter der Musik im Gottesdienst steht nicht in Konkurrenz zum Wort, ebenso wie die Musik nicht einfach die Fortsetzung des gesprochenen (bzw. gesungenen) Wortes ist. Die sakrale Musik, speziell die Orgelmusik aufgrund ihrer Geschichte in unserer Kultur, hat eine andere Wirkdimension als das mit seiner Semantik eindeutigere Wort. Eicker folgert daraus: „In der Masse überflüssiger (auch in der Liturgie) gesprochener Worte muss das existenzanrührende Wort einen neuen Klangraum bekommen. Um das entscheidende Offenbarungswort zu hören, müssen viele andere den Menschen ablenkende innere Stimmen zum Schweigen gebracht werden. Aus der Überfülle akustischer Reize findet der Mensch in einer Musik, die sich auf wenige Formen und schlichte Gestaltung konzentriert, zu sich selbst und seiner Mitte. Ob im Verklingen der gottesdienstlichen Musik in eine gesammelte Stille oder in ihrer Lautwerdung in Bekenntnis, Lob, Dank, Bitte oder Klage: Immer geschieht, was Rosenzweig im Blick auf den Weg der Erlösung ‚Einsäen der Ewigkeit ins Lebendige' nennt" (Eicker 2005, S.168; das Zitat steht bei Rosenzweig 1988, S. 410).

Die Orgelmusik steht innerhalb der Liturgie im Spannungsfeld von Wort und Zeichen. (Diese Zuordnung findet sich auch bei Rosenzweig: „Was dem Menschen in der Musik erst halb ins Bewußtsein treten konnte, die Gemeinsamkeit des im Schweigen seines Eigen-Ichs lebendig gewordenen Gefühls, das wird ihm im Genuß des Sakraments [des Mahls] vollbewußt" (Rosenzweig 1988, S. 404). Sie unterscheidet sich von der Eindeutigkeit des Wortes (der Verkündigung und des Gebetes) ebenso wie von der Materialität des (sakramentalen) Zeichens, dennoch ist sie auf beides bezogen. Diese Spannung ist auch noch außerhalb des gottesdienstlichen Geschehens erfahrbar, sei es durch die Programmatik der Musik oder durch die im Kirchenraum verbleibende Aura.

Die theologische Bedeutung der (Orgel-)Musik ergibt sich demnach nicht unmittelbar aus der geglaubten Wirklichkeit, wie Karl Rahner betonte, sondern aus ihrem Bezug zum Menschen: „Sie (die Musik) ist nicht die Aussage der religiösen Wirklichkeit, sondern die Aussage des sich im Glauben aussagenden Menschen. Sie entsteht direkt nicht von der geglaubten Wirklichkeit her, sondern von dem Vollzug des Glaubens im darin sich vollziehenden Menschen her. Überall, wo die religiöse Musik die Herrlichkeit der bekannten Wirklichkeit selbst direkt aussagen wollte, würde sie, sich selbst zerstörend, sich überanstrengen oder die ausgesagte Wirklichkeit verfälschen. Aber sie kann eines: sie kann den das Wort von oben aussagenden Menschen sagen" (Rahner 1961, S. 36; vgl. Kurzschenkel 1971, S. 547).

Der Klang der Pfeifenorgel ist in unserer Kultur seit Jahrhunderten mit der Rede des Glaubens verbunden. Damit schafft ihre Musik vielfältigen Raum der Identifikation und der Begegnung. Dies ist nicht nur innerkirchlich, sondern in der Kulturgeschichte der ganzen Menschheit ein unschätzbarer Wert.

## Orgelkultur im Spannungsfeld von Vielfalt und Nachhaltigkeit

Am Ende soll noch einmal auf die Kategorien Vielfalt und Nachhaltigkeit Bezug genommen werden. Es geht um die Bedeutung der Orgelkultur für Gegenwart und Zukunft der christlichen Gemeinden in unserer Gesellschaft und damit um die Zukunft der Gesellschaft selbst.

Vielfalt: Die Individualität des Kirchenraums ist Symbol der Glaubensbiographie der Gemeinde, ihr monumentales Gedächtnis (vgl. Gerhards 2010, S. 19–37). Die Orgel als individuell geschaffenes und gewachsenes Instrument ist wesentlicher Teil davon, nämlich (neben der optischen) zusammen mit dem Geläut die Klang-Dimension des monumentalen Gedächtnisses. Als Begleiterin des Gemeindegesangs hat sie zudem eine besondere Würde. Oft hat sie

Generationen von Gemeindemitgliedern im Singen unterstützt, ist selbst zu einem musikalischen Gebet geworden. Sie ist das akustische Gedächtnis der Gemeinde.

Nachhaltigkeit: In der individuellen Vielfalt der Orgeln drückt sich Vitalität aus. Zugleich geht es aber auch um Beständigkeit. Orgeln sind keine Gebrauchsgegenstände, die man austauscht wie ein abgenutztes Sofa. Wie man früher ein Sofa neu aufpolsterte, so stellt sich bei anstehenden Orgelsanierungen die konservatorische Frage nach dem möglichen Erhalt aufgrund der Bedeutung der Orgel als ‚Gedächtnisort'. Viele Orgeln haben bekanntlich ihren besonderen Reiz und ihre Unverwechselbarkeit dadurch, dass ihr Klangmaterial teilweise aus Vorgängerorgeln übernommen wurde. Sie sind das akustische Gedächtnis des Lobpreises der Gemeinde.

Der Geigenbauer Martin Schleske schreibt in seinem Buch „Der Klang. Vom unerhörten Sinn des Lebens": „Wie ein in Musik gegossener Ausdruck des gemeinsamen Du, das wir vor Gott sind, ist der Lobpreis der Gemeinde. Immer wieder habe ich erlebt, dass die tiefste Gemeinschaft einer Glaubensgemeinde der gemeinsame Lobpreis ist. Das eigene Wollen tritt zur Seite. Nun gilt es weder zu predigen noch Erfahrungen zu teilen noch sich über Aufgaben zu beraten. Es ist zu diesen Zeiten des Gottesdienstes einzig der gemeinsame Lobpreis, um den es nun geht. In ihm ist die hörbar werdende Gemeinschaft des Glaubens. Man steht gemeinsam vor Gott, in den Lobpreisliedern, in der Stille, im Hören. Es ist wie ein gemeinsames Atmen." (Schleske 2012, S. 319).

In der Pfeifenorgel hat dieses gemeinsame Atmen in unseren Kirchen eine symbolische Verdichtung. Dies ist ein letztes und vielleicht das stärkste Argument für verstärkte Bemühungen um den Erhalt, die Pflege und vor allem den lebendigen Gebrauch der Orgeln beim Gotteslob.

## Literatur


Bretschneider, Wolfgang/Gerhards, Albert (1992): Neue Musik und erneuerte Liturgie. Einladung zu einer Wiederbegegnung, in: Musica Sacra,1992, 112, S. 445–452.

Bubmann, Peter (Hrsg.) (1993): Menschenfreundliche Musik. Politische, therapeutische und religiöse Aspekte des Musikerlebens, Gütersloh: Chr. Kaiser/Gütersloher Verlagshaus.

De la Motte-Haber, Helga (1995): Musik und Religion, Laaber: Laaber-Verlag.

Eicker, Thomas (2004): Einsäen der Ewigkeit ins Lebendige. Impulse der Ästhetik Franz Rosenzweigs für eine Theologie gottesdienstlicher Musik, Paderborn: Ferdinand Schöningh (Studien zu Judentum und Christentum).

Eicker, Thomas (2005): Impulse einer Theologie der Kirchenmusik im Dialog mit Franz Rosenzweig, in: Gerhards, Albert (Hrsg.): Kirchenmusik im 20. Jahrhundert. Erbe und Auftrag, Münster: LIT-Verlag (Ästhetik – Theologie – Liturgik 31), S. 153–168.

Fratallone, Raimondo (1984): Musica e liturgia. Analisi della espressione musicale nella celebrazione liturgica, Rom: C.L.V.-Edizioni liturgiche (Bibliotheca Ephemerides Liturgicae. Subsidia, Bd. 31).

Gerhards, Albert (1993a): Mehr als Worte sagt ein Lied. Theologische Dimensionen des liturgischen Singens (Universa Laus, Bd. 1993), in: Musica Sacra, 1993, 113, S. 509–513.

Gerhards, Albert (1993b): Romano Guardini als Prophet des Liturgischen. Eine Rückbesinnung in postmoderner Zeit, in: Guardini weiterdenken (Schriftreihe des Forum Guardini), 1993, 1, S. 140–153.

Gerhards, Albert (1995): Gottesdienst und Menschwerdung. Vom Subjekt liturgischer Feier, in: Delgado, Mariano/Lob-Hüdepohl, Andreas (1995) (Hrsg.): Markierungen. Theologie in den Zeichen der Zeit, Berlin: Morus (Schriften der Diözesanakademie Berlin, Bd. 11), S. 157–292.

GERHARDS, ALBERT (2001): Kirchenmusik „im Vorhof der Heiden“? Überlegungen zur Rolle der Kunst im missionarischen Auftrag der Kirche, in: Klöckner, Stefan/Kreuels, Matthias/Massenkeil, Günther (Hrsg.): Brückenschlag. Festschrift Wolfgang Bretschneider, Regensburg: ConBrio-Verlag, S. 55–57.

GERHARDS, ALBERT (2002a): Verkörperungen: Tanz, Theater und Liturgie, in: Religionsunterricht an Höheren Schulen, 2002, 45, S. 138–147.

GERHARDS, ALBERT (2002b): Mimesis – Anamnesis – Poiesis. Überlegungen zur Ästhetik christlicher Liturgie als Vergegenwärtigung, in: Fürst, Walter (Hrsg.): Pastoralästhetik. Die Kunst der Wahrnehmung und Gestaltung in Glaube und Kirche, Freiburg/Basel/Wien: Herder (Quaestiones Disputatae 199), S. 169–186.

GERHARDS, ALBERT (2004a): Jenseits der Grenze des Sagbaren … Zur liturgietheologischen Bestimmung der Orgelmusik im Spannungsfeld von Wort und Zeichen, in: Zywietz, Michael (2004) (Hrsg.): Orgel und Liturgie. Festschrift zur Orgelweihe in St. Lamberti, Münster: LIT-Verlag (Musikwissenschaft 9), S. 39–51.

GERHARDS, ALBERT (2004b): Liturgie und Kunst – Zwischenbilanz einer schwierigen Beziehung, in: Durst, Michael/Münk, Hans J. (Hrsg.): Christentum – Kirche – Kunst. Beiträge zur Reflexion und zum Dialog, Fribourg: Paulusverlag (Theologische Berichte 27), S. 103–136.

GERHARDS, ALBERT (2010): „Wir gedenken – gedenke du“. Der Kirchenbau als Ort liturgischer Anamnese und seine Gedächtnisorte, in: Kappel, Kai; Müller, Matthias/Janson, Felicitas (Hrsg.): Moderne Kirchenbauten als Erinnerungsräume und Gedächtnisorte, Regensburg: Schnell & Steiner (Bild – Raum – Feier. Studien zu Kirche und Kunst 9), S. 19–37.

GERHARDS, ALBERT/KOHLHAAS, EMMANUELA (1998): Art. „Musik und Kirche“, in: Lexikon für Theologie und Kirche, Bd. 7, Freiburg/Basel/Wien: Herder (3. Auflage), Sp. 546–550.

GREGUR, JOSIP (2002): Die nachkonziliare Bewertung der Liturgiekonstitution, in: Klöckener, Martin/Kranemann, Benedikt (Hrsg.): Liturgiereformen. Historische Studien zu einem bleibenden Grundzug des christlichen Gottesdienstes, Münster: Aschendorff (Liturgiewissenschaftliche Quellen und Forschungen 88), S. 751–784.

HAHNE, WERNER (1989): De arte celebrandi. Von der Kunst, Gottesdienst zu feiern. Entwurf einer Fundmentalliturgik, Freiburg: Herder.

JASCHINSKI, ECKHARD (1990): Musica sacra oder Musik im Gottesdienst? Die Entstehung der Aussagen über die Kirchenmusik in der Liturgiekonstitution „Sacrosanctum Concilium“ (1963) und bis zur Instruktion „Musicam sacram“ (1967), Regensburg: Verlag Friedrich Pustet (Studien zur Pastoralliturgie, Bd. 8).

KURZSCHENKEL, WINFRIED (1971): Die theologische Bestimmung der Musik, Trier: Paulinus-Verlag.

LEHMANN, KARL/MAIER, HANS (1995) (Hrsg.): Autonomie und Verantwortung. Religion und Künste am Ende des 20. Jahrhunderts, Regensburg: Schnell & Steiner.

LENZEN, VERENA (1995): Jüdisches Leben und Sterben im Namen Gottes. Studien über die Heiligung des göttlichen Namens (Kiddusch HaSchem), München/Zürich: Piper.

MEYER, HANS BERNHARD/PACIK, RUDOLF (Hrsg.) (1981): Dokumente der Kirchenmusik unter besonderer Berücksichtigung des deutschen Sprachgebietes, Regensburg: Verlag Friedrich Pustet.

ODENTHAL, ANDREAS (2002): Liturgie als Ritual. Theologische und psychoanalytische Überlegungen zu einer praktisch-theologischen Theorie des Gottesdienstes als Symbolgeschehen, Stuttgart: Kohlhammer (Praktische Theologie heute, Bd. 60).

RAHNER, KARL (1961): Wort und Musik im Raum der Kirche, in: Der Große Entschluß, 1961, 17, S. 34–36.

ROSENZWEIG, FRANZ (1988): Der Stern der Erlösung. Mit einer Einführung von Reinhold Mayer und einer Gedenkrede von Gershom Scholem, Frankfurt: Suhrkamp.

SCHLESKE, MARTIN (2012): Der Klang. Vom unerhörten Sinn des Lebens (mit Aufnahmen von Donata Wenders), München: Kösel (5. Auflage).

SCHLINK, EDMUND (1950): Zum theologischen Problem der Musik, Tübingen: Mohr.

SÖHNGEN, OSKAR (1967): Theologie der Musik, Kassel: Johannes Stauda-Verlag.

SONNEMANS, HEINO (1987): Art. „Musik und Religion“, in: Waldenfels, Hans (1987): Lexikon der Religionen, Freiburg/Basel/Wien: Herder, S. 438f.

Stephan Reinke

# Mehr als kurios. Überlegungen zur Besonderheit der Orgel und ihren kulturellen Verflechtungen

Unbestreitbar handelt es sich bei der Orgel um ein ‚besonderes' Musikinstrument. Sie strahlt etwas aus, das zu ganz unterschiedlichen Zeiten ganz unterschiedliche Menschen zur gedanklichen Auseinandersetzung mit ihr angetrieben hat. Dadurch scheint die Orgel wie kein anderes Instrument symbolisch aufgeladen zu sein und ist zugleich in besonderer Weise eingebettet in ein kulturelles (und lange Zeit vor allem auch: religiöses) Umfeld. Ihre klangliche Gestalt erklärt sich nicht selten aus genau diesen Bezügen, ebenso wie ihre facettenreiche und ausgesprochen wandelhafte Geschichte.

In jedem Orgelbau manifestieren sich Erwartungshaltungen; der Bau einer jeden Orgel ist – aufgrund seiner erheblichen Kosten – immer auch ein kulturelles Statement. Selbstverständlich ist der Bau einer Orgel (selbst im kirchlichen Kontext) nicht. Dennoch ist auch heute noch von Orgeleinweihungen zu lesen. Dass diese zu einem nicht geringen Anteil auch durch Spenden ermöglicht werden, macht deutlich, dass das (zweifelsohne) noch immer ‚bunte Treiben' in Bezug auf die Orgel keineswegs gesichert ist, und führt vor Augen, dass ihre Faszinationskraft eines Tages nicht mehr ausreichen könnte, um orgelbauliche Vorhaben zu finanzieren.

Es ist (leider) nicht ausgeschlossen, dass sich die Orgel in den nächsten Jahren (oder eher: Jahrzehnten) wandelt hin zu einem Artefakt, vielleicht sogar zu einem Kuriosum (wie etwa die germanische Lure). Dies wird umso wahrscheinlicher, wenn sie keine Antworten mehr zu geben vermag auf die Fragen unseres Kultur- und Musiklebens, wenn sie ihre Anschlussfähigkeit an das Musikleben verliert, wenn sie keinen eigenständigen Beitrag zu einer gegenwärtigen Ästhetik mehr leisten kann, kurz: wenn sie ihre Spiegelkraft der eigenen Zeit gegenüber verliert.

Die Orgel – so meine These – erlebte ihre verschiedenen Blütezeiten immer dann, wenn sie Gegenstand öffentlicher Kultur war. Wenn sie nicht allein Kunstwerk, sondern – um eine Unterscheidung Gilbert Adairs aufzunehmen – „Kulturwerk" war. Wenn über sie gesprochen und diskutiert wurde, wenn sie Veränderungen unterzogen und nicht sakrosanktes Museumsstück war. Es ist daher auch eine Aufgabe der Orgeldenkmalpflege, sich an der Entwicklung einer zeitgemäßen Ästhetik der Orgel zu beteiligen, um auf diese Weise das Orgelkulturerbe nicht allein zu konservieren, sondern weiterzutragen und weiterzuentwickeln. Die Orgel als bloß museales Exponat würde sich auf ihrem konservatorischen Sockel der Verpflichtung zu aktuellen ästhetischen Bezugnahmen entziehen – wäre „nur noch" Kunst, nicht mehr aber Teil einer kulturellen Gegenwart.

Es ist dabei wichtig, sich auch im Bereich des Orgelbaus der besonderen Rezeption von musikalisch Vergangenem bewusst zu sein. Für das heutige Musikleben ist eine historische

Orgel nicht allein interessant, weil sie existiert hat, sondern weil wir sie uns immer wieder in ästhetischer Weise vergegenwärtigen können und sie uns als Menschen der Gegenwart im Idealfall etwas zu sagen hat. Historische Orgeln sind nicht allein Dokumente einer vergangenen Zeit, sondern zunächst einmal Musikinstrumente in der Gegenwart. Wir nähern uns ihnen an, indem wir sie hören, spielen und auf diese Weise ästhetisch erfahren. Klingt ein Instrument überzeugend, dann hat es Anteil an unserem Kulturleben, dann wiederum ruft es auf zu Kommentaren und Diskussionen, dann existiert es nicht in einem abgeschotteten oder sich sogar selbst abschottenden Raum, sondern gesellt sich neben aktuelle Entwicklungen im Bereich des Orgelbaus, kann diese befruchten oder auch einzuordnen helfen.

Lange Zeit war die Orgel Gegenstand ästhetischer Auseinandersetzungen. Verschiedene Instrumente haben nicht nur viele Kompositionen angeregt, sondern es ist auch über die Orgel geschrieben und nachgedacht worden. Unterschiedliche Orgelklangwelten haben unterschiedliche Äußerungen zur Orgel provoziert (von denen hier nur einige beispielhaft angeführt werden sollen): Dem einen – dem rumänisch-französischen Philosophen Emile Michel Cioran – erscheint die Orgel als das „am wenigsten menschliche Instrument", auf dem sich das Absolute selbst interpretiere (Cioran 1988, S. 59). Für einen anderen – Thomas Mann – ist es die Orgel, die die gesamte Musik überblicke und geistig zusammenfasse, ordne und schließlich sogar zu einem dem Sinn des Lebens erschließenden Weltbilde läutere (Mann 2011, S. 112). Robert Schumann erkannte in der Orgel die „Allgewalt der Musik" (Schumann 1914, S. 167), für Petr Eben ist sie ein „Schicksalsinstrument" – vielleicht gerade aufgrund eines entscheidenden Wandels, den sie in ihrer Geschichte vollzogen hat und den Eben wie folgt beschreibt: „Obgleich die Orgel ihre Entwicklung als ein Instrument der Jongleure begann und zu Zeiten der Römer mit ihrem durchdringenden Klang die wüstesten Orgien begleitete, füllte sie im Mittelalter mit ihrem Klang christliche Kathedralen und wurde durch die geheimnisvolle Wandlung vor allem zu einem Instrument des Gebetes, zur Trägerin geistlicher Inhalte. In der heutigen hektischen und übertechnisierten Welt hat gerade die Orgel die magische Macht, in uns die tieferen Sphären des Seins anzusprechen, uns zur Ruhe, Sammlung und Meditation zu bringen" (Eben 2000, S. 84f.).

Tatsächlich ist die Orgel wohl nicht allein aus praktischen Überlegungen heraus zu ‚dem' Instrument der Kirche(n) geworden, sondern vor allem auch aufgrund ihrer Fähigkeit zur symbolischen Aufladung oder anders gesagt: ihrer Fähigkeit, Ideologien in sich aufzunehmen und zu repräsentieren, über sich und ihren Klang hinauszuweisen. Es gibt eine nicht übersehbare Tendenz, in der Orgel „metaphysische Anklänge" auszumachen. Die Orgel umgibt eine religiöse Aura – und selbst da, wo sie nicht religiös aufgeladen ist, wird über die Orgel nicht selten in einem Maße emphatisch-ideologisch gesprochen und die Orgel als etwas Besonderes und Über-Sich-Hinausreichendes beschrieben.

Nun sprechen Musiker (und Musikliebhaber) von ihrem bevorzugten Instrument nicht selten besonders blumig – auch ein Klarinettist wird sagen, dass sein Instrument ein besonderes ist; und für den Trompeter ist die Trompete sicher ebenso besonders wie für den Cellisten sein Cello. Ungeachtet dieser subjektiven Zuschreibungen aber dürfte die Etikettierung der Orgel als ein ‚besonderes' Musikinstrument auch objektiv zu rechtfertigen sein. An zwei Indizien soll dies im Folgenden festgemacht werden.

## Die Orgel repräsentiert wie kein anderes Instrument das Außeralltägliche

Wann hört man als jemand, der sich nicht von Berufswegen mit ihr befasst, überhaupt Orgelmusik? Im musikalischen Alltag der meisten Menschen ist die Orgel nicht sonderlich präsent. Orgelpflege findet in gesonderten Bereichen statt: zumeist in der Kirche, nicht selten in Gottesdiensten. Nun ist dieser *per definitionem* ein Bereich des Außeralltäglichen; da viele Menschen zudem nur noch an neuralgischen Punkten im eigenen oder im Leben von Freunden und Verwandten Gottesdienste besuchen, geht die Orgel mit dieser Erfahrung eine enge Bindung ein. Vor dem Hintergrund der ‚letzten Dinge' und des ‚Großen und Ganzen' mögen Orgelklänge vielen als passend erscheinen (und ich bin nicht sicher, ob die Selbstverständlichkeit, mit der die Orgel in der Kirche akzeptiert ist, wirklich so stark abnehmen wird, wie manche befürchten). Aber – man kann fast sagen: natürlich – hat das Gefallen an Orgelmusik oder vielmehr an dem (feierlichen) Klang der Orgel im liturgischen Kontext nicht zur Folge, dass man sich der Orgel in seinem ‚Privatleben', in seinem Alltag aussetzen möchte. Auch der Urlaub – ebenfalls *per se* eine Zeit des Nicht-Alltags – ist für manchen eine Zeit der Begegnung mit der Orgel. In Kur- und Badeorten, in touristischen Zentren und großen bis mittelgroßen, vielleicht auch in manchen kleinen Städten gibt es immer wieder auch gut besuchte Orgelkonzerte. Auch diese jedoch wirken nicht hinein in den Alltag. Der müde Tourist wird nicht zum glühenden Orgelanhänger, wird sein Alltagsleben auch fortan nicht mit Orgelmusik gestalten. Wer also mit der sakralen Außeralltäglichkeit der Orgel punktuelle Kontakte wünscht, wird sich nicht zwangsläufig auch intensiver und häufiger mit ihr auseinandersetzen wollen.

Neben diesem ‚Normalverhalten' der Orgel gegenüber gibt es einen mehr oder weniger großen Kreis von treuen Anhängern der Orgel. Auch dies ist für ‚sakrale' Gegenstände keineswegs untypisch: Nicht selten scharen sie einen Kreis ‚Eingeweihter' und Hochverbundener um sich. Auch bei der Orgel ist dies – Stichwort: „Gesellschaft der Orgelfreunde" (bei welch anderem Instrument wäre eine solche Institution überhaupt denkbar?) – der Fall. Treffend beschreibt Andreas Nohr in seiner lesenswerten „inszenierten Studie zur Lage der Orgelkunst" diesen Umstand als „Ambivalenz der Orgel": Einem kleinen (recht umtriebigen) Kreis von Orgelenthusiasten, dem sich zuweilen finanzstarke Mäzene für einzelne prestigeträchtige Orgelrenovierungen hinzugesellen, steht eine erheblich größere Gruppe entgegen, die der Orgel gegenüber mit Indifferenz auftritt. Ein privates Interesse an der Orgel ist vergleichsweise selten; Teil der musikalischen Lebenswelt von vielen Menschen ist die Orgel nicht, dennoch begegnet sie vielen in bestimmtem (Sonder-)Situationen (Nohr 2011, S. 42ff.).

Nun wird es solche Ambivalenzen sicherlich immer (und nicht nur im Fall der Orgel) geben – schon allein weil Musikgeschmack und musikalische Präferenzen in einem hohen Maße milieuabhängig sind. Im Falle der Orgel scheint mir die Spanne zwischen Enthusiasmus und Desinteresse jedoch besonders groß. Während die eine Seite sich offensiv als ‚Orgelfreund' deklariert, hat die andere Seite in ihrem Alltag nichts mit der Orgel zu tun. Dies führt – weil sich kleine enthusiastische Zirkel latent oft missionarisch gerieren – dazu, die eigene Hochschätzung der Orgel argumentativ zu überhöhen. Das Außeralltägliche und Besondere scheint nach einer Kommentierung und Deutung zu verlangen, ebenso aber auch nach Werbung und dem Versuch, andere von dieser Besonderheit zu überzeugen.

## Die Orgel repräsentiert bereits in ihrem äußeren Zuschnitt kulturelle und musikalische Vielfältigkeit in einem weitaus stärkeren Maße als andere Musikinstrumente

Orgeln sind keine Massenprodukte. ‚Besonders' ist die Orgel wohl auch, weil jedes einzelne Instrument ‚besonders' ist. Die Orgel tritt uns (gemeinhin) als ein Unikat entgegen. Nun gibt es sicher auch Unterschiede zwischen verschiedenen Gitarren, Kontrabässen oder Maultrommeln, so fundamental wie im Falle der Orgel sind diese aber wohl nicht. Kein zweites Musikinstrument verfügt über die klangliche und optische Vielfalt der Orgel. Jede Orgel ist entworfen für ihren Auftraggeber, abgestimmt und intoniert auf ganz individuelle Weise.

Eine einheitliche Vorstellung davon, wie die Orgel zu klingen hat, hat sich allenfalls für kürzere Epochen und begrenzte regionale Bereiche herausgebildet. Weil sich in jeder Orgel also unterschiedliche Interessenlagen und (kulturelle) Vorstellungen verbergen, ist ein Blick hinter die Fassade (oder besser: den Prospekt) spannend. Die Orgel ist – so hat Kerala Snyder einen von ihr herausgegebenen Aufsatzband betitelt – ein „Spiegel ihrer Zeit" und sie schreibt im Vorwort: „The organ, more than any other musical instrument, invites us to reflect upon matters beyond music. […] Because so much of the mechanism of an organ lies hidden from our eyes, we inquire how it works; and because most organs are so very expensive, we ask who paid for them" (Snyder 2002, S. 1).

Ein Blick auf die Orgeln einer bestimmten Epoche kann helfen, diese Epoche (besser) zu verstehen. Gleichzeitig können Wesen und Gestalt einer bestimmten Orgel wohl nur verstanden werden, wenn man sich die kulturellen Kontexte vergegenwärtigt, in denen sie entstanden ist. Weil der Zusammenhang zwischen Instrumentenbau und -spiel im Fall der Orgel über Jahrhunderte hinweg so eng war wie wohl bei keinem zweiten Instrument, sind auch auf diesem Feld die gegenseitigen Abhängigkeiten und Bedingtheiten innerhalb der Orgelkultur groß. Einzelne Orgelbauer (zum Beispiel Aristide Cavaillé-Coll) haben gezielt den Kontakt zu Organisten gesucht, viele Organisten (etwa Hugo Distler) haben sich intensiv mit Fragen des Orgelbaus auseinandergesetzt.

An den beiden genannten Beispielen soll diesem fruchtbaren Wechselverhältnis nachgegangen werden. Sie stehen exemplarisch für die Spiegelkraft der Orgel, sollen aber auch die Basis legen für einen abschließenden Blick auf mögliche Aufgaben und Positionen einer Orgelästhetik im 21. Jahrhundert.

## Hugo Distler und die Orgelbewegung (vgl. Reinke 2009)

Die Orgelbewegung kann – in der in diesem Rahmen notwendigen Knappheit – als die Suche nach dem ‚wahren Wesen' der Orgel verstanden werden. Ausgehend von den Gedanken Albert Schweitzers und anderer formierte sich die Orgelbewegung in den 1920er Jahren als eine zwar nicht große, aber doch vielschichtig zusammengesetzte geistig-kulturelle Strömung, zu der als ein besonders interessanter Vertreter Hugo Distlers zu zählen sein dürfte. Klar hat dieser sein Ziel formuliert: Er wollte den „Weg zu einer neuen Orgelmusik" bestreiten, „die sich bemüht, aus der Gebundenheit des bloß Zeitgemäßen wieder vorzustoßen in das Reich des Endgültigen" (Distler 1935).

Die Orgel war ihm dabei nicht weniger als der Ausgangspunkt eines neuen „Lebens- und Gestaltungsprinzips" (Distler 1933). Dementsprechend facettenreich war seine Auseinandersetzung mit ihr. Keineswegs beschränkte sie sich auf das Komponieren oder die Tätigkeit als Organist an der Lübecker St. Jakobikirche. Ästhetische Überlegungen entwickelte er bevorzugt im Hinblick auf die Orgel, ebenso wie er seine publizistische Tätigkeit stark auf sie fokussierte. Es scheint so, als dass es die Orgel war, die Distler zur Exemplifizierung seiner ästhetischen Vorstellungen heranzog, auf die er zurückgriff, wenn es für ihn ums – nicht nur musikalisch – Grundsätzliche ging.

Viele Jahre erteilte Distler überdies Orgelunterricht (zunächst privat, dann im Rahmen seiner Aufgaben als Hochschullehrer) und war zudem ein gefragter und sicherlich auch einer der führenden Interpreten sowohl eigener als auch fremder Werke. Darüber hinaus widmete sich Distler auch orgelbaulichen Fragen. Dabei beanspruchte ihn nicht nur der Bau seiner Hausorgel. Noch sehr viel wichtiger war für ihn die Begegnung mit der ‚Kleinen Orgel' der Lübecker St Jakobikirche. In der Auseinandersetzung mit einem historischen Instrument, das der eigenen Ästhetik annähernd entsprach, entwickelte Distler seine ganz eigene Orgelsprache. Diese galt es fortan weiterzutragen.

Schon während seines Studiums war Distler (wohl nicht nur zu seinem Besten) mit den Grundideen der Orgelbewegung vertraut geworden und war fortan ein (zeitweise ideologisch verblendeter, zeitweise an seiner Aufgabe schier verzweifelnder) Kämpfer für eine neue Orgelmusik.

Seine Beschäftigung mit der Orgel weist weit über das Instrument selbst hinaus. Sie ist ihm eine Verpflichtung, sein Beitrag zu der – von ihm nicht zuletzt auch politisch begrüßten – Zeitenwende, mit der sich ein regelrechtes kultur- und schließlich sogar gesellschaftsrevolutionäres Potential verband. Als „Künderin neuer ästhetischer, künstlerischer, kultischer, [und] ethischer Forderungen" (Distler 1933/1947, S. 147) käme es der Orgel zu, einen Neuanfang zu ermöglichen.

War sein Ziel zwar durchaus eine „fruchtbare Auswertung des alten, barocken und vorbarocken Klangideals" (Distler 1933/1947, S. 152), sollte der Blick in die Vergangenheit aber keine nur um ihrer selbst Willen vollzogene Rückbesinnung auf die Geschichte sein. Alte Orgeln müssten sich stets „noch als zeugungsfähig genug erweisen, um die zeitgenössische Produktion vor neue Ziele zu führen und sie bestimmend zu beeinflussen" (Distler 1933b).

Distler wollte in die Zukunft hineinwirken und damit der Gesellschaft als Ganzes dienen. Distlers ambivalentes und bestenfalls als problematisch zu bezeichnendes Verhältnis zum Nationalsozialsozialismus soll an dieser Stelle nicht eingehend thematisiert werden. Es muss jedoch festgehalten werden, dass er seinen Einsatz für die „wahre Orgel" als einen staatstragenden Akt verstand. Da sich der Nationalsozialismus selbst der Orgel und ihrer Symbolkraft bediente, legte dies ein gemeinsames Bemühen um die Orgel nah. Hier wie dort sah man darin einen Kampf für die ‚ideale' (völkische) Gemeinschaft, für das rechte Maß an ‚Deutschheit' in der Musik.

Stets galt es, sich den „Forderungen des Tages" (Distler 1933/1947, S. 153) – explizit also nicht denen der Vergangenheit – bewusst zu sein. Musikalisch bedeutet dies, eine zeitgemäß-moderne

Musiksprache zu entwickeln. Gerade in seinen Orgelwerken zeigt Distler sich daher auch von seiner progressivsten Seite. Dass er, der als Vokalkomponist durchweg Anerkannte, gerade mit seiner Orgelmusik auf Ablehnung und Unverständnis stieß, empfand er als tiefen Schlag.

Noch 1938 wollte Distler „neue Wege der Orgelkomposition" (Brief an Oskar Söhngen, 25.09.1938) beschreiten. Stets bemühte er sich darum, „modern in der Haltung" (Brief an Ingeborg Heinsen, 19.02.1936) zu sein – eine Modernität an den Tag zu legen, die ihm jenen angestrebten Vorstoß „in das Reich des Endgültigen" ermöglichen sollte. Ob ihm dies wirklich gelungen ist, hat Distler selbst allem Anschein nach bezweifelt, und auch die sporadische aktuelle Rezeption seiner Orgelmusik spricht eine andere Sprache. Gehindert an seinem ehrgeizigen Ziel hat ihn nicht allein sein politisches Umfeld, auch das einengende ideologische Paradigma der Orgelbewegung dürfte ihm im Weg gestanden haben. Einige Jahre vor seinem selbstgewählten Tod zog Distler sich als Komponist von der Orgel zurück. Darin eine bloße Zufälligkeit zu sehen, greift zu kurz. Er vollzog diesen Schritt ganz bewusst, hatte wohl erkannt, dass die ihm durch Ausbildung und Umfeld in nicht unerheblichem Maße angetragene Ästhetik, die sich in der Orgel so eindrücklich konkretisierte, nicht weiterbringen würde. Ausgehend von der Orgel, die durchaus als Kulminationspunkt seiner Ästhetik, Mittelpunkt seines Schaffens und Ausgangspunkt seines Künstlertums verstanden werden kann, hat er versucht, ein neues „Lebens- und Gestaltungsprinzip" zu entwickeln, sah sich jedoch nicht in der Lage, dieses konsequent zu Ende zu führen.

Distler war sich bewusst, dass zukunftsweisende und impulssetzende Musik ganz anders hätte aussehen können/müssen und so schreibt er folgerichtig: „Wir werden [...] nach dem Krieg ganz von vorn anfangen müssen, zu arbeiten, zu erleben, zu genießen, zu hoffen" (Brief an Familie Wex, 01.04.1942).

## Aristide Cavaillé-Coll. Der „Chef und Schutzherr des gesamten Orgelbaus" (vgl. Reinke 2011)

Paris, 1878 – erneut ist die französische Hauptstadt Austragungsort einer Weltausstellung, und nach der schmachvollen Niederlage im Deutsch-Französischen Krieg 1870/71 empfand es die nunmehr Dritte Republik einmal mehr als notwendig, die wiedergewonnene „Produktivkraft der Nation" eindringlich unter Beweis zu stellen. Als architektonisches Monument des wirtschaftlichen Wiedererstarkens errichtete man den prachtvollen Palais du Trocadéro, dessen Bühnenraum dominiert wurde von einer grandiosen Orgel Aristide Cavaillé-Colls.

Wie kein zweiter dominierte der aus Montpellier stammende und dort am 4. Februar 1811 geborene Orgelbaumeister, der den familiären Betrieb in vierter Generation führte, die Pariser Orgelszene ebenso wie die französische. Und es verwundert vor diesem Hintergrund nicht, dass sich das Generalkomitee der Weltausstellung – immer interessiert an einer Demonstration französischer Leistungsfähigkeit und technologischer Innovationskraft – 1878 für die Auftragsvergabe an Aristide Cavaillé-Coll entschied.

Eingeweiht wurde das für einen Preis von 45.000 Francs leihweise überführte Instrument in einem Konzert am 7. August 1878 durch Alexandre Guilmant. Dieses Konzert war Auftakt einer Reihe von 16 Konzerten, mit denen die Orgel – bei freiem Eintritt (!) – der Öffentlichkeit präsentiert wurde. César Francks „Trois Pièces" entstanden für diesen Zusammenhang ebenso wie Charles-Marie Widors 6. Orgelsymphonie. Camille Saint-Saëns bestritt in diesem Rahmen die erste französische Aufführung von Franz Liszts großer Fantasie „Ad nos, ad salutarem undam". Liszt war es auch, der als Mitglied des Preisrichterkollegiums der Weltausstellung der Orgel ihre außergewöhnliche Klasse attestierte: Cavaillé-Coll wurde mit der Ehrenschleife und der Großen Ehrenmedaille gekürt.

Nicht zuletzt auf Initiative der Pariser Organisten – allen voran Guilmant – wurde der Trocaderó nach der Weltausstellung zunächst nicht wie geplant abgerissen, und die Orgel ging für knapp 190.000 Francs in den Besitz der Betreiber über: Ein weiteres großes Instrument Cavaillé-Colls verblieb somit in Paris, lockte in unzähligen Konzerten zahlreiche Besucher an und war ein wichtiges Medium für die Pflege französischer Orgelkunst.

Doch Cavaillé-Coll war mehr als ‚nur' Orgelbauer, auch für das französische – und vor allem das Pariser – Musikleben war er eine wichtige Persönlichkeit. Er pflegte intensiven Kontakt zu zahlreichen Komponisten und Organisten, suchte sogar – größtenteils erfolgreich, was seinen enormen personalpolitischen Einfluss unter Beweis stellt – nach geeigneten Stellen für sie und war stets bestrebt, seine Orgeln in den Händen von Interpreten zu wissen, die diese in dem ihnen gebührenden Glanz würden erstrahlen lassen können. Begierig nahm Cavaillé-Coll die musikalischen Einflüsse auf, die ihn aus diesen Kontakten heraus erreichten und die für ihn umso wichtiger waren, weil er selbst in seiner Jugend keinerlei musikalische Ausbildung erhalten hatte. Sein Wirken wäre nicht denkbar gewesen ohne diesen intensiven Austausch, ohne sein Eintauchen in die Pariser Musikszene.

Cavaillé-Coll hat intensiv Kontakt gepflegt mit dem zeitgenössischen Musikleben, seine Orgeln an diesem ausgerichtet, sie entwickelt aus dem Gespräch mit Komponisten und Organisten. Gleichzeitig hat er Einflüsse aus unterschiedlichsten Orgelbauschulen aufgenommen. Er hat handwerkliches Können mit naturwissenschaftlicher Genauigkeit und künstlerischem Esprit verbunden, seine Ideen uneitel (aber durchaus nicht uneigennützig) in den Dienst des Instrumentes und seiner Vervollkommnung gesteckt. Dabei zeigte er sich stets offen: „Cavaillé-Coll hat sich trotz seiner enormen Begabung und seinen klar entwickelten Vorstellungen, die er mitbrachte, in allen Lagen seines orgelbaulichen Lebens als lernfähig erwiesen, unvoreingenommen gegenüber vernünftigen Ideen, die von außen oder seitens Dritter an ihn herangetragen wurden, so gar nicht bestimmt von Wichtigtuerei und persönlichen Eitelkeiten. Gleichzeitig hat er in hohem Maße die alten Meister respektiert und sie minutiös studiert, ist behutsam und vorsichtig mit ihrem Erbe umgegangen" (Eisenbarth 2000, S. 30).

Ein derartiges Selbstverständnis, eine derartige Bezogenheit auf die Musik der Gegenwart (ohne dabei die Vergangenheit aus dem Blick zu verlieren), wird auch heute befruchtend wirken, die Orgelkultur bereichern und könnte das latent ins Museale abgerutschte Instrument Orgel wieder stärker in den Blickpunkt zeitgenössischer Musik rücken lassen.

Rossini soll unter dem Eindruck eines Instruments von Cavaillé-Coll einmal gesagt haben; „Meine Herren, für solche Instrumente müsste man eine neue Musik schreiben" (Töpfer 1888, S. 13). Viele haben sich diese Worte zu Herzen genommen. Vielleicht kann dies – mit Instrumenten im Sinne Cavaillé-Colls – auch heute wieder passieren. Dabei gilt es, sich die Worte

Marcel Duprés vor Augen zu führen: „Was die Klangqualität betrifft, so hat Aristide Cavaillé-Coll, das größte Genie der Orgel, das die Welt je gesehen hat, Instrumente von unvergleichlicher Schönheit hinterlassen. Ob es möglich ist, neue Orgeln zu bauen, die dieser Vorbilder würdig sind? Ich glaube es; wenn man nur die grundlegende Einsicht besitzt, dem großen, den einzigen Weg zu folgen, den der Meister vorgegeben hat“ (Dupré o. J.).

Die Instrumente Cavaillé-Colls und das Orgelbauideal der Orgelbewegung könnten unterschiedlicher nicht sein. Im Kern jedoch gehen sie von einer gemeinsamen Prämisse aus: Orgelmusik entsteht in der Auseinandersetzung mit dem Orgelbau und seinen Möglichkeiten. Organist, Komponist und Orgelbauer wirken zusammen an einer Orgelkultur, können nur gemeinsam einen veritablen Beitrag zum allgemeinen Musikleben leisten – einen Beitrag, der über die engen Grenzen von Experten und die kleinen Kreise von Enthusiasten hinausreicht. Sowohl Cavaillé-Coll als auch Hugo Distler waren überzeugt davon, dass in enger Beziehung von Orgelbau und Orgelspiel ein neues Repertoire an Orgelmusik entstehen kann, das inspiriert ist, inspirierend wirkt und sich auf der musikalischen Höhe der Zeit bewegt. Beide Konzepte sind getragen von dem Wunsch, einen zeitgemäßen und im Idealfall gar zukunftsweisenden Typus der Orgel zu kreieren.

Cavaillé-Colls Bedeutung ist heute unbestritten, sein Genie kaum angezweifelt. Anders sieht es mit den ‚Errungenschaften‘ (und viele werden sagen, man müsste dieses Wort in diesem Zusammenhang wohl in Anführungsstriche setzen) der Orgelbewegung aus, die sich orgelbaulich in den 1950er und 1960er Jahren am stärksten (wenn wohl auch nicht am reinsten) auswirkten. Trotz gewisser Mängel zeugen diese Bauten jedoch von einer Haltung, die um ein Vielfaches fruchtbarer erscheint als heutige Nachbauten barocker und pseudobarocker Instrumente.

Der Bau einer sog. „Bachorgel“ in der Hamburger Katharinenkirche hat vor diesem Hintergrund etwas Fetischhaftes und erscheint wie ein orgelbauliches Äquivalent zum Berliner Stadtschloss. Er erscheint als Indiz für eine fehlende ästhetische Innovationskraft im Bereich der Orgelkultur, für ein Ausweichen vor den orgelbaulichen Herausforderungen der Gegenwart. Dabei sind Rekonstruktionen sicherlich nicht *per se* schlecht. Bedenklich aber erscheint doch, dass sie ein so hohes Maß an Aufmerksamkeit (vor allem auch finanzieller Aufmerksamkeit) auf sich ziehen und einer gewissen Uniformität im Orgelbau Vorschub leisten (könnten).

Bis heute hat sich die Orgelkultur – gerade auch im 20. Jahrhundert – als ausgesprochen facettenreich erwiesen. Mittlerweile jedoch sind die Zeiten vorbei, als Mozart die Orgel als „Königin der Instrumente“ bezeichnen konnte oder Michael Praetorius in der Orgel sogar jenes „vielstimmige liebliche Werck“ sehen konnte, das „alles […] in sich [begreift], was etwa in der Music erdacht und componiret werden kann“.

Dies liegt nun nicht nur daran, dass in der Musik heute sehr viel mehr erdacht werden kann als noch zu Praetorius’ Zeiten. Und vielleicht ist es daher auch gar nicht möglich, dass ein einziges Instrument alles Komponierbare in sich vereinen kann. Wenn es das aber doch geben könnte, wieso sollte es nicht die Orgel sein, die sich seit jeher durch einen hohen Grad an Wandelbarkeit und Anpassungsfähigkeit ausgezeichnet hat?

Es leuchtet kaum ein, warum es nicht gelingen sollte, in der Auseinandersetzung mit genuin modernen Musikströmungen, einen Orgeltypus zu generieren, der diese in sich aufnimmt und wiederum mitgestaltet, ihnen also nicht nur optisch in einer exaltierten Prospektgestaltung eine Entsprechung zu schaffen vermag.

Bis dies aber geschieht, gilt: Die Orgel hat den Anschluss an die musikalische Entwicklung weitestgehend verloren. Zu Recht gilt sie als konservativ, verhält sie sich doch erstaunlich reserviert gegenüber dem allgemeinen Kultur- und Musikbetrieb. Zwar entsteht noch immer Orgelmusik von hoher ästhetischer Qualität, und es gibt natürlich auch so etwas wie eine Orgelavantgarde, doch wird diese in einem zwar nicht hermetisch, aber doch recht klar abgetrennten (zumeist subventionierten) Bereich gepflegt, in den sich nur selten ‚Nicht-Eingeweihte' verirren.

Dies jedoch wäre nötig. Im Sinne der Orgel wäre es wünschenswert, ganz unterschiedliche Musiken und ihre Vertreter mit der Orgelkultur ins Gespräch zu bringen. Und dabei nun wäre es wichtig, diesen Austausch als Chance zu sehen. Das Aufeinandertreffen unterschiedlicher Musikkulturen, ihr „dynamisches Hin und Wieder" (Christian Kaden) ist ein ungemein produktiver Akt, der wesentliche Entwicklungen befördern und ein erhebliches innovatives Potential entfalten kann.

Es wird eine wichtige Aufgabe des 21. Jahrhunderts sein, der Diskrepanz zu begegnen, dass die Orgel zwar eines der am häufigsten öffentlich gespielten Instrumente ist, sie aber insgesamt erstaunlich wenig beizutragen hat zur allgemeinen Musikentwicklung.

Besonders für die Kirchenmusik, die ebenso wie die Orgel noch keineswegs den Anschluss an die Gegenwart vollzogen hat und ästhetisch kaum bereit für die kommenden Jahrzehnte zu sein scheint, liegen in einer Besinnung auf das innovative Potential der Orgel Chancen.

Winfried Bönig hat gefordert – und das erscheint mir sinnvoll –, sich um eine enge Verbindung der Orgel mit der Liturgie zu mühen. „Ihren Aufstieg in der Kirche verdankt das Instrument seiner Bedeutung für die Liturgie. Durch alle Jahrhunderte war diese Bedeutung auch die Rechtfertigung für die enormen Aufwendungen für Musiker und Instrument" (Bönig 2007, S. 448).

Die Orgel ist klanglich eng mit der Kirche assoziiert – eine große Chance. Pessimismus erscheint mir nicht angebracht. Aber um die Orgel wirklich anschlussfähig zu machen, ist es wichtig, sie heranzuführen an die Bedingungen eines allgemeinen Musikbetriebs –, und dabei gilt es auch für die Orgelmusik der Kirche, sich von dessen Anforderungen nicht abzuschotten (vgl. Reinke 2011b).

Wenn es dabei gelänge, die Orgel neu zu entdecken, ihre Funktionalität (für Gottesdienst und Kirche) neu zu begründen, dann wird sie (vielleicht) auch andere begeistern. Derzeit scheinen wir weit davon entfernt, dass wir die Orgel als einen Spiegel unserer Zeit verstehen können. Sich resignierend zurückzulehnen und nicht mehr darauf zu hoffen, dass aus dem Zusammenwirken von (innovativem) Orgelbau und stilistisch vielfältiger Kirchenmusik ein neues, inspirierendes Orgelrepertoire entstehen kann, wäre ebenso fatal, wie wenn man in gut einem Jahrhundert über unsere Haltung zur Orgel sagen müsste, dass sie sich in der Verwaltung eines zweifellos bedeutenden Museumsbestands von überkommenen Instrumenten und in der Rekonstruktion (pseudo-)historischer Vorbilder erschöpfte. Vielmehr sollte es uns gelingen, die Orgel zu öffnen für Musik und Gedanken der Gegenwart. Man kann mit der Orgel – wie Gerold Späth schreibt – „sehr einsam werden: wie der Mann oben im Leuchtturm weit draußen in der Nacht", wenn die Orgel aber wirklich – so Späth weiter – als „Wunderorgel Quintessenz allen Klanges" (Späth 1972, S. 581f.) wird, dürfte eine solche Einsamkeit des Organisten eher unwahrscheinlich sein.

## Literatur

ADAIR, GILBERT (2003): Wenn die Postmoderne zweimal klingelt. Variationen ohne Thema, Reinbek: Rowohlt.

BÖNIG, WINFRIED (2007): „Im Dienste Ihrer Majestät". Die Zukunft der Orgel, in: Ders. (Hrsg.): Musik im Raum der Kirche. Fragen und Perspektiven. Ein ökumenisches Handbuch zur Kirchenmusik, Stuttgart: Carus, S. 446–453.

CIORAN, EMILE MICHEL (1988): Von Tränen und vom Heiligen, Frankfurt am Main: Suhrkamp.

DISTLER, HUGO (1933): Die Orgel unserer Zeit. Postulat eines neuen musikalischen Lebens- und Gestaltungsprinzips, zuerst veröffentlicht in: Der Wagen. Ein Jahrbuch, hrsg. im Auftrag der Vereinigung für volkstümliche Kunst zu Lübeck von Paul Brockhaus, S. 74–84, später auch in: Musica 1, 1947, S. 147–153.

DISTLER, HUGO (1933b): Vorwort zur Partita „Nun komm, der Heiden Heiland", Op. 8/1, Kassel: Bärenreiter.

DISTLER, HUGO (1935): Vorbemerkung zur Partita „Wachet auf, ruft uns die Stimme", Op. 8/2, Kassel: Bärenreiter.

DUPRÉ, MARCEL: L'orgue de demain (Manuskript o. J.).

EBEN, PETR (2000): Die Orgel, in: Vondrovicová, Kateřina: Petr Eben. Leben und Werk, Mainz: Schott.

EISENBARTH, WOLFGANG (2000): Im Gespräch mit Wolfram Adolph, in: organ. Journal für die Orgel 2, S. 30–32.

MANN, THOMAS (2011): Doktor Faustus, Frankfurt am Main: Fischer.

NOHR, ANDREAS (2011): Vom Umgang mit Orgeln. Eine inszenierte Studie zur Lage der Orgelkunst, Hamburg: Medien Kontor Hamburg (2. Aufl.).

REINKE, STEPHAN A. (2009): Eine „Künderin neuer ästhetischer, künstlerischer, kultischer, ethischer Forderungen". Die Orgel im Denken Hugo Distlers, in: Schütz-Jahrbuch 2009, S. 23–33.

REINKE, STEPHAN A. (2011): „Chef und Schutzherr des gesamten Orgelbaus". Zum 200. Geburtstag von Aristide Cavaillé-Coll, in: Liturgie und Kultur, 1, S. 48–59.

REINKE, STEPHAN A. (2011b): Plädoyer für eine (zeitgemäße) Kirchenmusikästhetik im 21. Jahrhundert, in: Liturgie und Kultur, 3, S. 5–23.

SCHUMANN, ROBERT (1914): Musikalische Haus- und Lebensregeln, in: Kreisig, Martin (Hrsg.): Robert Schumann. Gesammelte Schriften über Musik und Musiker, Leipzig: Breitkopf & Härtel (5. Aufl.).

SPÄTH, GEROLD (1972): Stimmgänge, Göttingen: Steidl.

SNYDER, KERALA J. (2002) (Hrsg.): The Organ as a Mirror of Its Time. North European Reflections. 1610–2000, New York: Oxford University Press.

TÖPFER, JOHANN GOTTLOB/ALLIHN, MAX (1888): Die Theorie und Praxis des Orgelbaus, Weimar: Bernhard Friedrich Voigt.

Svenja Heuer

# Albert Schweitzer – Ganzheitlichkeit als Impuls

> *„Was bedeuten die Gesellschaft, in der ich lebe, und ich selber in der Welt? Was wollen wir in ihr? Was erhoffen wir von ihr?"*
> (Schweitzer 1960, S. 63)

Dieser Ausspruch Albert Schweitzers (1875–1965) eröffnet uns den Blick auf eine Persönlichkeit, die das 20. Jahrhundert maßgeblich geprägt hat, eine Persönlichkeit, die angetrieben war von kritischem Denken und konsequent ethischem Handeln. Schweitzer profilierte sich nicht nur als Theologe, Kulturphilosoph und Arzt in dem von ihm gegründeten Hospital in Lambaréné, dem heutigen Gabun, sondern betätigte sich auch als Organist und Musikforscher, der sich eingehend mit der Vita und Orgelkunst Johann Sebastian Bachs befasste. Schweitzers Musikschaffen war, wie auch seine anderen Tätigkeiten, bestimmt von Theorie und Praxis. Und es war in vielerlei Hinsicht eng mit seinen anderen Betätigungsfeldern verknüpft.

Dieser Beitrag beleuchtet Schweitzers Werdegang sowie sein Engagement als Protagonist der Elsässisch-Neudeutschen Orgelreform. Wesentliches Augenmerk liegt dabei auf den Verknüpfungen von subjektiven Einflüssen und soziokulturellem Kontext, welche dieses Engagement mitprägten. Aber welchen Einfluss hatten diese Faktoren auf die Persönlichkeitsentwicklung Albert Schweitzers? Wie wirkte es sich aus, dass verschiedene Interessen und Aktivitäten zusammenfanden bzw. in Beziehung zueinander traten? Inwieweit könnte Albert Schweitzer uns wegen dieser Zusammenführung materieller und immaterieller Ressourcen einen Impuls für das Verständnis von Ganzheitlichkeit verhelfen? Und welche Rückschlüsse können wir daraus ziehen, dass Schweitzer aus der Verflechtung verschiedenster Fachrichtungen und den daraus entstandenen ‚Querverbindungen' zu einem ihm spezifischen Blick auf die Orgel kam? Wohin führen ganzheitliche Reformansätze, welche Chancen und Ziele beinhalten sie und welche Risiken und Gefahren sind damit verbunden? Welche Impulse können vom Wirken Albert Schweitzers und dessen biographischen Hintergründen für eine zukunftsfähige und vielfältige Orgelkultur ausgehen?

## Elsass, Elternhaus, Studium

Albert Schweitzer wurde 1875 als Sohn eines protestantischen Pastors in Kayserberg bei Colmar im Oberelsass geboren. Da sein Vater kurz darauf eine Diasporapfarrstelle in Günsbach annahm, wuchs Schweitzer im Münstertal auf. Mit der Eingliederung Elsass-Lothringens 1871 in das neugegründete deutsche Kaiserreich wurde er als Bürger des Deutschen Reiches geboren und war im Besitz des deutschen Passes. Als Elsässer wurde er mit dem Versailler Vertrag 1920 im Wechselspiel territorialer Grenzverschiebung französischer Staatsbürger.

In diesem Schnittpunkt kultureller Räume fand seine Erziehung und Persönlichkeitsentwicklung „nicht in einem ‚nationalen Geiste' im engeren patriotischen Sinne" statt (Oermann 2010, S. 16), sondern vielmehr liberal und innerhalb einer autonomen elsässischen Kultur (Schroda 2008), wie es in dem zeitgenössischen Ausspruch *Français ne puis, Allemand ne daigne, Alsacien suis* deutlich wird. Insbesondere die sprachliche Prägung durch sein Elternhaus, welches als ein Beispiel für viele weitere in der Region zu sehen ist, spielte für Schweitzers Identität als Elsässer eine wichtige Rolle: So wurde innerhalb der Familie Schweitzer der elsässische Dialekt gesprochen, die Briefe jedoch in französischer Sprache verfasst, wie es bis zur Annexion üblich war. Sowohl in der Schule wie auch an der Universität war jedoch die Unterrichtssprache inzwischen Deutsch, so dass Schweitzer diese als seine Muttersprache empfand.

Ebenso prägte das in seinem Elternhaus praktizierte Verständnis von liberaler Theologie, Ethik und gelebtem Christentum die Persönlichkeit Schweitzers. Sein Vater Louis, so Schweitzer, „war mehr als ein durchschnittlich gebildeter und halbwegs musikalischer Dorfgeistlicher" (Oermann 2010, S. 19), der ihn an das Klavier- und Orgelspiel heranführte. Er förderte und bestärkte seinen Sohn im selbständigen und kritischem Denken, welches später zu einer tiefen Skepsis gegenüber „unbestreitbarer" kirchlicher Lehre und Dogmatik führte. „Ich aber war überzeugt, und bin es noch, daß die Wahrheit der Grundgedanken des Christentums sich gerade im Nachdenken zu bewähren habe" (Schweitzer 1974).

Im Verlauf seiner Gymnasialzeit in Mühlhausen eröffnete der Musik- und Orgellehrer Eugen Münch Schweitzer den Zugang zur Musik Johann Sebastian Bachs, die ihn zeitlebens von besonderer Bedeutung sein sollte. Nach seinem Abitur erhielt Schweitzer die Gelegenheit zur Vertiefung seines Orgelspiels in Paris. Finanziert durch seinen Onkel, war es ihm möglich, Unterricht bei Charles-Marie Widor (1844–1937), Organist der Kathedrale St-Sulpice und als Nachfolger von César Franck Professor am Konservatorium, zu nehmen. Schweitzer entwickelte sich in dieser Zeit nicht nur vom „talentierten Organisten zum gefeierten Orgelinterpreten", sondern in der Zusammenarbeit mit Widor auch zu einem ausgewiesenen Bach-Experten (Oermann 2010, S. 30).

Im Herbst 1893 begann Schweitzer sein Studium der Evangelischen Theologie und der Philosophie in Straßburg. Signifikant für Schweitzers Studienzeit ist seine Art, die für ihn interessanten Themen bereits früh zu vertiefen – in seinem Fall die Geschichte des Lebens Jesu – und sich an konkreten Fragen und Einzelthemen zu orientieren.

So wählte er einerseits Themen, die „zwar auf allgemeines Interesse stießen, aber nicht abschließend bearbeitet und dargestellt waren", und regte damit wissenschaftliche Diskussionen an (Oermann 2010, S. 31). Andererseits nutze Schweitzer Synergieeffekte seiner Studienfächer in fast allen seinen wissenschaftlichen Arbeiten und rückte damit Zusammenhänge in ein neues Licht, die sich auf den ersten Blick nicht ohne Weiteres erkennen ließen. „Wie dankbar empfand ich es, daß die deutsche Universität den Studenten in seinen Studien nicht so bevormundet und ihn nicht durch ständige Examen in Atem hält, wie es in andern Staaten des Fall ist, und daß sie ihm die Möglichkeit selbständiger wissenschaftlicher Arbeit bietet" (Schweitzer 1952, S. 5).

Schweitzer nutzte diese Möglichkeiten, die wissenschaftlichen Abschlüsse folgten Schlag auf Schlag: 1898 erstes theologisches Examen; 1899 Promotion zum Dr. phil.; 1900 zweites theologisches Staatsexamen mit anschließender Ordination; Promotion zum Dr. theol., 1902 Habilitation und anschließende Privatdozentur an der Theologischen Fakultät zu Straßburg. In der Zeit zwischen 1903 und 1906 ist er als Direktor des theologischen Thomasstiftes zuständig für die Ausbildung des jungen Pfarrernachwuchses – eine Aufgabe, die er mit Idealismus betreibt: „Nicht Studierzimmer-Pfarrer, sondern Menschen-Pfarrer, Idealisten" wolle er erziehen, wie er in einem Brief an Helene Breslau vom 1.12.1902 schreibt (Schweitzer Miller 1992, S. 31).

## Bach als Maßstab

Innerhalb seiner Studienjahre vermochte es Schweitzer ferner, sein Orgelspiel und seine musikalischen Theoriestudien weiter zu vertiefen. In den folgenden Jahren machte Schweitzer als Orgelforscher, Bach-Interpret und Herausgeber einer Bach-Biographie von sich reden. Die französische Ausgabe der Bach-Biographie „J. S. Bach, le musicien-poète" (Schweitzer 1905) erschien nach zweijähriger Zusammenarbeit mit Charles-Marie Widor. Die Intention zur Bach-Monographie kennzeichnet Schweitzer wie folgt: „Als Musiker wollte ich zu Musikern von Bachs Musik reden, was in den bisherigen Angaben viel zu kurz gekommen war, die Deutung des Wesens der Bachschen Musik und die Behandlung der Fragen der sinngemäßen Art der Wiedergabe, sollte das Hauptstück der meinigen werden" (Schweitzer 1952, S. 50).

Schweitzers Ansatz war hier also ein anderer als in der bisherigen Bach-Forschung. Er ging nicht wie vor ihm Philipp Spitta (1841–1894) biographisch-historisch vor, sondern er wählte bewusst einen eigenen subjektiv-ästhetischen Ansatz, der zum einen, wie Oermann es darlegt, in Schweitzers Theologie und Ausrichtung als Mystiker liegt und zum anderen in seinem Verständnis und Erleben Bachscher Musik. Gerade diese Musik vermochte Schweitzer in einzigartiger Weise zu berühren, weil sie für ihn existenzielle und religiöse Erfahrung, geistiges und geistliches Erlebnis war (Oermann 2010, S. 69). Vor diesem persönlichen Hintergrund, den fundierten wissenschaftlichen Kenntnissen der Philosophie und Theologie und nicht zuletzt auch durch das muttersprachlich bedingte Verständnis von Textinhalt und Musik konnte Schweitzer Widor, der sich bis dahin rein spieltechnisch mit Bach auseinander gesetzt hatte, einen Zugang eröffnen, der ihn nun zu einer neuen poetischen Dimension und damit auch in die Notwendigkeit einer neuen Art der Interpretation führte.

1908 erschien die deutsche Ausgabe der Bach-Biographie („Johann Sebastian Bach") vom Umfang annähernd verdoppelt und von Grund auf neu geschrieben, weil Schweitzer die einfache Übersetzung seiner Urfassung nicht ausreichte (Schweitzer 1908). 1911 erschien das Werk auch in englischer Übersetzung (Schweitzer 1911).

Schweitzers intensive Auseinandersetzung mit dem Werk Johann Sebastian Bachs festigte auch seine konkret-subjektive Vorstellung von einer ‚guten' Orgel: „Maßstab einer jeglichen Orgel, bester und alleiniger Maßstab, ist die Bachsche Orgelmusik" (Schweitzer 1906, S. 17). Konnte diese auf einer Orgel für ihn nicht zufriedenstellend dargestellt werden, entsprach sie nicht seinem Maßstab. So veranlasste ihn 1896 seine erste negative Begegnung mit der neuen Liederhallen-Orgel (Weigle, 1895, 54 Register) in Stuttgart dazu, die Unterschiede „Deutscher und französischer Orgelbaukunst und Orgelkunst" genauer zu untersuchen, deren Ergebnis

1906, also zehn Jahre später, erschien. Darin bezieht Schweitzer offen Stellung für den französischen Orgelbau (Schweitzer 1906).

Seine Vergleichsstudie führte ihn zu einem eigenen Konzept für einen Orgeltyp, den er wie folgt kennzeichnet: Erst „aus der Verschmelzung der modernen mit der alten Orgel entsteht die vollständige Orgel", denn „es fehlt ihr (der alten, Anm. d. Verf.) das Majestätische, das zum Wesen der Orgel gehört" (Schweitzer 1952, S. 72). Gemeint ist hier die Synthese der Charakteristika der elsässischen Silbermann-Orgeln mit den Eigenschaften der Instrumente des Orgelbauers Aristide Cavaillé-Coll. Seine Schrift löste eine kontroverse Debatte über Orgelmusik, Orgelbau und Orgelkultur aus, die die Basis dessen bildete, was sich alsbald zur sogenannten Elsässisch-Neudeutschen Orgelreform entwickelte.

Gerade im Elsass zeigten sich die Unterschiede zwischen französischem und deutschem Orgelbau in aller Deutlichkeit, denn die in Deutschland bestimmenden Orgelbauvorstellungen veränderten nach der Annexion die bislang bestehende Orgellandschaft. Die Tatsache, dass nun im Elsass Orgeln aus Deutschland zu einem vergleichbar günstigen Preis zu erwerben waren, ließ die elsässische Orgel sukzessive ins Hintertreffen geraten. Im Gegensatz zum handwerklich geprägten elsässischen Orgelbau zeigte sich der deutsche, parallel zur wirtschaftlichen und industriellen Expansion, maßgeblich technisch-industriell geprägt. Dies schlug sich einerseits in der Fertigung nieder und veranlasste Schweitzer zu dem Begriff „Fabrikorgel", andererseits bestanden neben den unterschiedlichen ökonomischen Bedingungen des Orgelbaus zudem tiefgreifende technische und klangliche Differenzen.

Schweitzer stellte sich gegen die Entwicklung des Orgelbaus im Elsass. Er forderte ein gutes Orgelbau-Handwerk und er forderte eine faire Preispolitik. „Nur in seltensten Fällen lassen sich die Kirchen überzeugen, daß sie recht tun, wenn sie das Geld, für das sie eine Orgel von 40 Stimmen haben könnten, für eine von 33 ausgeben sollen" (Schweitzer 1952, S. 72). Dass jedoch auch die von ihm favorisierten Orgeln aus dem Hause Cavaille-Colls nach neuestem technischen Standard gefertigt wurden, tat seiner positiven Einstellung dazu keinen Abbruch und spiegelt Schweitzers durchaus nicht immer konsequente Haltung wider, die vielmehr pragmatisch als dogmatisch war.

Trotz seiner klaren Position zu seinem Bild einer idealen, wahren Orgel für die Interpretation der Musik Johann Sebastian Bachs, stand er den Musikkulturen auf beiden Seiten des Rheins in gleicher Weise aufgeschlossen und empfänglich gegenüber; Musikkulturen, „[...] die er in glücklichster Art in seinem Schaffen zu einer Synthese brachte" (Jacobi 1984, S. 36). Er hoffte, „daß der Grenzwall zwischen französischer und deutscher Orgelkunst niedergelegt werde, damit aus der Durchdringung beider Geistesrichtungen neues Leben hüben und drüben erstehe" (Schweitzer 1906, S. 440). Diesem Ansinnen stand am Ende aber der Ausbruch des Ersten Weltkrieges entgegen.

Seinen bisherigen Veröffentlichungen zu Orgelbau und Orgelmusik – die deutsche Ausgabe der Bach-Biographie war gerade erschienen – folgte 1909 die Einladung zum III. Kongress der Internationalen Musikgesellschaft nach Wien. Dort trug er die Pläne zu seiner Orgelbaureform auf Basis seiner vorangegangenen Arbeiten vor. In der Vorbereitung zu seinem Vortrag „Reform unseres Orgelbaus auf Grund einer allgemeinen Umfrage bei Orgelspielern und Orgelbauern in deutschen und romanischen Ländern" verschickte Schweitzer einen von ihm entworfenen

Fragebogen an etwa 150 Orgelbauer und Organisten sechs europäischer Länder, um die aktuellen Probleme des Orgelbaus zu sammeln und zu erfassen.

Auch hier ist Schweitzers Engagement für eine präzise, umfassende Erhebung bemerkenswert, wie auch sein Ansatz, sowohl Organisten als auch Orgelbauer zu befragen, um zu einem ganzheitlichen Befund zu finden. Möglicherweise ist gerade diese ‚sezierende' Arbeitsweise auch in Zusammenhang zu seinem zeitgleich stattfindenden Medizinstudium zu sehen. Seine Ausführungen bildeten neben zwei weiteren Vorträgen die Grundlagen für ein „Internationales Regulativ für Orgelbau", das „mit blinder Bewunderung rein technischer Errungenschaften aufräumte und wieder gediegene, klangschöne Instrumente verlangte" (Schweitzer 1974, Bd. 1, S. 91).

Das Regulativ wurde in zwei Sprachen gedruckt und fand in ganz Europa Verbreitung. Die Einleitung erklärt: „Das Regulativ will keine neuen Bestimmungen aufstellen. Es hat lediglich zum Zweck, alles, was sich im Orgelbau der verschiedenen Länder und Gegenden in Ansehung des soliden, gediegenen und künstlerischen Orgelbaus als praktisch und gut erwiesen hat, zusammenzustellen, zur Orientierung für Besteller, Orgelbauer, Orgelsachverständige und Orgelspieler" (Internationales Regulativ für Orgelbau 1909).

## „Heiliges Instrument" – Genese, Wesen und Wirkung

Schweitzers Bild vom Wesen der Orgel als „heiligem Instrument" war ein ganzheitliches, dem nicht allein sein wissenschaftliches Interesse zugrunde lag. Es war Ausdruck identitärer Verwurzelung über räumliche und politische Grenzen hinweg. In dem feierlichen Rahmen von sonntäglichen Gottesdiensten, Andacht, Meditation und Selbstfindung vermochte es das Orgelspiel, Raum zur Reflexion zu geben. „Auf der Orgel zu predigen, war Schweitzers erklärtes Ziel. Predigt aber bedeutete für ihn, den Menschen Anregung zu eigenem Denken, zu eigenem Nachdenken zu geben" (Schutzeichel 1995, S. 262).

Schweitzers zunächst eingeschlagener beruflicher Werdegang als Theologe und Organist spiegelt dieses Ziel der ganzheitlichen Verkündigung deutlich wider. Insbesondere die Musik Johann Sebastian Bachs erschien ihm hierfür besonders geeignet: „Die Präludien und Fugen des Meisters von St. Thomas schließen die Welt des Erhabenen vor uns auf. Das will heißen, dass derjenige, der das Instrument zum Erklingen bringt, es mit heiliger Gesinnung tun und etwas von der Demut und Weihe des Propheten an sich tragen müsse. Ist er hierzu nicht durchgedrungen, so kann sein Spiel noch so vollendet sein; das, was in den Tönen und hinter ihnen liegt, wird tot bleiben" (Schweitzer 1908, S. 27).

Ohne die entsprechende innere Haltung des Organisten sei es demnach nicht möglich, den Zuhörer zu innerer Einkehr und Erkenntnis zu geleiten. Die eigentliche Aufgabe des Organisten sowie die gewünschte Wirkung seines Spiels wären ansonsten verfehlt. „Er hat nur sich selber und die anderen betrogen, als hätte er Bach gespielt" (Schweitzer 1908, S. 27).

Seine Attribuierung der Orgel als „heiliges Instrument" legt unzweifelhaft den für ihn angemessenen sakralen Rahmen der Orgel fest. Die Orgel ist für ihn das Instrument bzw. das Werkzeug, welches zum Lob des Höchsten zu erklingen habe. Innerhalb eines Konzertsaales bemühte er sich ebenfalls, diese Vision auf der Orgel zu verwirklichen: „Durch die Wahl der

Stücke und die Art der Wiedergabe suche ich den Konzertsaal zur Kirche zu machen. […] Durch ihren gleichmäßigen und dauernd aushaltbaren Ton hat die Orgel etwas von der Art des Ewigen an sich. Auch in dem profanen Raum kann sie nicht zum profanen Instrument werden" (Schweitzer 1952, S. 76f.). Wesen und Wirkung der Orgel ließen sich somit durch die Auswahl der Stücke und die entsprechende Interpretation des Organisten auch in einem weniger geeigneten Raum zur Geltung bringen.

Im Kontext dieser Bedeutungszuschreibung steht auch das Bestreben Schweitzers, einen Orgelbau zu fördern und zu fordern, der seine Vorstellung des „heiligen Instruments" demgemäß umsetzte. Dies beinhaltete das klare Bekenntnis zu einem handwerklich hochwertigen sowie künstlerischem Orgelbau, der ebenfalls einer Haltung, ein heiliges Instrument zu schaffen, entspränge. Schweitzers Schriften und Aufsätzen über Orgelbau, wie auch seiner Tätigkeit als Orgelsachverständiger, liegt ebenso wie seinen anderen Professionen, der „Geist des kompromißlosen Suchens nach der Wahrheit, des gründlichen Studierens und Erfassens aller Probleme, des Nichtruhens bis zur klärenden Lösung durch reale und wirklichkeitsnahe Vorschläge" (Jacobi 1984, S. 39) zugrunde. Seine aus heutiger Sicht subjektive Begründung für den Erhalt alter (in diesem Falle barocker) Orgeln, nämlich weil diese „besser klängen, als die neuen" (Schweitzer 1952, S. 67), hatte zur Folge, ein allgemeines Bewusstsein für das Orgelerbe zu schaffen.

Schweitzers Attribuierung der Orgel als „heiliges Instrument" wirft heute jedoch einige Fragen und Probleme auf (Busch 2009, S.178). Ist seine Vision in der heutigen Zeit, in der immer mehr Orgeln in den Kirchen verstummen, ein Weg, die Orgelkultur wieder in den Blick zu rücken, oder liegt vielmehr genau darin das Problem, dass die Orgel im öffentlichen Bewusstsein so eng verstrickt ist mit der Kirche, ihren Traditionen und auch religiösen Belastungen? Und was bedeutet dies wiederum für die Konzertsaalorgel?

## Ausblick

Ein Blick auf Schweitzer Leben und Wirken zeigt, welche produktiven Kräfte daraus hervorgingen, dass er die Themen und Gebiete, mit denen er sich identifizierte, verknüpfte. Sein Vater wie auch ein Teil seiner Lehrer prägten sein Verständnis von Lernbereitschaft, Disziplin und Ehrgeiz, aber auch von menschlicher Anteilnahme, Verantwortung und Verbindlichkeit. Die Studienzeit legte den Grundstein für interdisziplinäres Lernen und Arbeiten und förderte Schweitzers Bereitschaft, sich immer neu in komplexe Sachverhalte und in die ihn faszinierenden Themenfelder einzuarbeiten sowie sich bietende Synergieeffekte effizient auszunutzen.

Mit Blick auf seine unterschiedlichen Professionen stellt sich jedoch die Frage nach einem stringenten Weg. „Es ist schwer zu sagen, was erstaunlicher ist: die lange Konstanz in Schweitzers Leben oder seine große Wandelbarkeit. […] Ohne viel Aufhebens um seine Person traf Schweitzer immer wieder überraschende Entscheidungen: als dreißigjähriger Privatdozent wurde er Erstsemester der Medizin, als Theologe wurde er zum gefragten Goetheexperten, eine theologische Dogmengeschichte geriet ihm zu einer gefeierten Bach-Biographie, als Neutestamentler avancierte er zum Kulturphilosophen. Der Organist wurde zum Baumeister und Tropenlandwirt, als Familienvater führte er über Jahrzehnte und über zwei Kontinente eine nicht unproblematische ‚Fernbeziehung', als gütiger Urwalddoktor reiste er durch die ganze Welt und traf die Großen und Mächtigen" (Oermann 2010, S. 11).

Schweitzer scheint aufgrund seiner unterschiedlichen Sozialisationsbezüge zu einer beweglichen, komplexen Persönlichkeit mit einem vielschichtigen kulturellen Selbstverständnis geworden zu sein, welche zwischen den verschiedenen Anteilen seiner ‚Identität' zu oszillieren und diese zu verknüpfen wusste.

Voraussetzung hierfür ist das von Schweitzer immer wieder eingeforderte selbständige Denken, welches die kritische Auseinandersetzung mit Religion, Gesellschaft, Politik und Kultur beinhaltet und in ethisches Tun mündete. Schweitzer ist insofern ein bemerkenswertes Beispiel für eine Person, die sich in ihrem ganzheitlichen Denken und Handeln mit der Welt auseinandersetzte und sich in ihr selbst in die Verantwortung nahm, wie es in dem eingangs erwähnten Zitat zum Ausdruck kommt.

Albert Schweitzer, *Homme de Gunsbach et citoyen du monde,* hat zeitlebens den Blick über den Tellerrand gewagt: Aus dem Elsass zunächst in die Metropolen europäischen Geisteslebens, dann als deutscher, protestantischer Theologe und Mediziner nach Lambaréné. Dies erweiterte von dort seinen Blick auf Europa und die Welt und ermöglichte ihm, neue Perspektiven zu entdecken und zu entwickeln. Seine Tätigkeit als Manager des Tropenkrankenhauses setzte voraus, nicht dogmatisch und nach ‚Schema F' vorzugehen, sondern, wenn nötig, neue Strukturen zu schaffen, wo diese fehlten. Als „Netzwerker" (Oermann 2010, S. 200) hielt er Kontakt zu zahlreichen Menschen, fand Kooperationen und Multiplikatoren für seine Sache. Das Orgelspiel wurde bei Konzert- und Vortragsreisen zur wichtigen Einnahmequelle für Lambaréné und Ort der Begegnung mit seinen Spendern.

Es ist signifikant, wie es Schweitzer gelang, Brücken zu bauen und zu vermitteln: zwischen Menschen im Einzelnen, zwischen Nationen, Kontinenten, zwischen Konfessionen. Seine Verwurzelung mit dem Elsass und dessen besonderer geopolitischen Situation prägte seinen Blick auf das Instrument Orgel als Teil seiner kulturellen Identität, als Bindeglied zwischen Räumen und Menschen. Schweitzers Engagement für die Elsässisch-Neudeutsche Orgelreform, sein Einfluss und Wirken weit über das Elsass hinaus, hat nicht zuletzt Beispielcharakter für kulturelle Netzwerke und Transkulturalität. Seine multidisziplinäre Ausbildung und seine Fähigkeit zu interdisziplinärem Denken und Handeln beeinflussten seine Bach-Biographie in entscheidendem Maße und eröffneten neue ästhetische Zugänge.

Wir können daraus lernen, welche Voraussetzungen Kreativität hat: sich begeistern lassen, sich identifizieren, über den Tellerrand schauen, querdenken, selbstkritisch sein (wer bin ich in der Welt?), die Frage nach den grundlegenden Werten bzw. nach der Wahrheit zu stellen – letztlich Bildung im weitesten Sinn. Schweitzers Bedeutungszuschreibung des „heiligen Instruments" verweist jedoch auch auf die Gefahren und Probleme, die eine Ideologisierung infolge kompromissloser Begeisterung nach sich ziehen kann.

Letztlich zeigt Schweitzer Begeisterungsfähigkeit darüber hinaus, wie sich die Bereitschaft für lebenslanges Lernen auswirken kann. Wie aus Wissen und Erkenntnis verantwortliches Handeln wird, welches praktische und praktikable Ansätze und Lösungen bieten kann: „Gerade das Zusammenwirken unterschiedlicher geistiger und ganz bodenständig-praktischer Betätigungsfelder und Begabungen macht das Besondere an Albert Schweitzer aus" (Oermann 2010,

S. 11). Dieses Zusammenwirken ist als ganzheitlicher Ansatz vorbildhaft. Ganzheitlichkeit ist hier die Voraussetzung für Kreativität im produktivsten und besten Sinne. Ganzheitlichkeit, die materielle und immaterielle Ressourcen wie Kreativität, Wissen und Vertrauen, Kompetenzen und Reputation (Moldaschl 2007) miteinander verbindet, scheint mir als Nachhaltigkeitsstrategie für eine zukunftsfähige und vielfältige Orgelkultur unerlässlich zu sein.

## Literatur

Busch, Hermann J. (2009): Das ‚heilige Instrument'. Albert Schweitzer und die Orgelkultur des 21. Jahrhunderts, in: Ars Organi, 57, S. 175–178.

Internationales Regulativ für Orgelbau (1909), in: III. Kongreß der Internationalen Musikgesellschaft, Wien, 25. bis 29. Mai 1909 vorgelegt vom Wiener Kongreßausschuß, Leipzig/Wien: Breitkopf & Härtel/Artaria.

Jacobi, Erwin Reuben (1984): Albert Schweitzer – der Musiker, in: Jacobi, Erwin Reuben: Musikwissenschaftliche Arbeiten, hrsg. von Franz Giegling, Zürich: Atlantis-Musikbuch, S. 31–42.

Moldaschl, Manfred (2007): Immaterielle Ressourcen: Nachhaltigkeit von Unternehmensführung und Arbeit I, Hampp: Mering (2. erw. Aufl.).

Oermann, Nils Ole (2010): Albert Schweitzer 1875–1965. Eine Biographie, München: C. H. Beck (2. Aufl.).

Schroda, Julia (2008): Nationaler Anspruch und regionale Identität im Reichsland Elsass-Lothringen im Spiegel des französischsprachigen Elsassromans (1871–1914), Bern: Lang.

Schützeichel, Harald (1995): „Die besten Orgeln wurden zwischen 1850 und 1880 gebaut" – Albert Schweitzers Orgelästhetik, in: Riedel, Friedrich Wilhelm (Hrsg.): Die Orgel als sakrales Kunstwerk. Orgelbau und Orgelspiel in ihren Beziehungen zur Liturgie und zur Architektur der Kirche. Mainz: Verlag des Bischöflichen Stuhles (Neues Jahrbuch für das Bistum Mainz, Sonderband 1994/1995), S. 243–266.

Schweitzer, Albert (1905): J. S. Bach le musicien-poète, Leipzig: Breitkopf & Härtel.

Schweitzer, Albert (1906): Deutsche und französische Orgelbaukunst und Orgelkunst, Leipzig: Breitkopf & Härtel.

Schweitzer, Albert (1908): Johann Sebastian Bach, Leipzig: Breitkopf & Härtel.

Schweitzer, Albert (1911): J. S: Bach, English Translation by Ernest Newman, Leipzig: Breitkopf & Härtel.

Schweitzer, Albert (1952): Aus meinem Leben und Denken. Kindheit; Schul- und Universitätsjahre (erstmals 1931), Hamburg: Meiner.

Schweitzer, Albert (1960): Verfall und Wiederaufbau der Kultur, München: C. H. Beck.

Schweitzer, Albert (1962): Deutsche und französische Orgelbaukunst und Orgelkunst. Faksimilierter Nachdruck der 1. Aufl. von 1906, Wiesbaden: Breitkopf & Härtel.

Schweitzer, Albert (1974): Gesammelte Werke in fünf Bänden. Hrsg. v. Rudolf Grabs. München/Berlin/Zürich: C. H. Beck.

Schweitzer Miller, Rhena (Hrsg.) (1992): Albert Schweitzer – Helene Breslau. Die Jahre vor Lambarene. Briefe 1902–1912, München: C. H. Beck.

Peter Bubmann

# Orgelkultur als Gegenstand religiöser Bildung(stheorie). Chancen und Erwartungen

> *Andre Menschen sind es, die jetzt kommen,*
> *Eine andre Jugend wächst, ihr sind die frommen*
> *Und verschlungenen Stimmen dieser Weisen*
> *Nur noch halb vertraut, ihr klingt veraltet*
> *Und verschnörkelt, was noch eben heilig*
> *War und schön, in ihrer Seele waltet*
> *Neuer Trieb, sie mag sich nicht mehr quälen*
> *Mit den strengen Regeln dieser greisen Musikanten, ihr Geschlecht ist eilig,*
> [...]
>
> *Die Musik, so schön und tief sie sei, sie wollen*
> *Andre Klänge, feiern andre Feste,*
> *Fühlen auch in halb verschämter Ahnung*
> *Dieser reich gebauten, hoheitsvollen*
> *Orgelchöre unwillkommene Mahnung,*
> *Die so viel verlangt. Kurz ist das Leben,*
> *Und es ist nicht Zeit, sich hinzugeben*
> *So geduldig komplizierten Spielen.*
> (Hesse 1986, S. 29)

So nimmt Hermann Hesse in seinem Gedicht „Orgelspiel" prophetisch unsere Situation vorweg. Und ihm bleibt am Ende nur die Hoffnung:

> *Manchmal aber bleibt ein Mensch am Dome*
> *Lauschend stehen, öffnet sacht die Pforte,*
> *Horcht entrückt dem fernen Silberstrome*
> *Der Musik, vernimmt aus Geistermunde*
> *Heiter-ernster Väterweisheit Worte,*
> *Geht davon mit klangberührtem Herzen,*
> *Sucht den Freund auf, gibt ihm flüsternd Kunde*
> *Vom Erlebnis der entrückten Stunde* [...].
> (Hesse 1986, S. 31)

Heute gilt es, solche Entrückungserfahrung als pädagogische Herausforderung zu verstehen. Es ist also als religiöse Bildungsaufgabe in den Blick zu nehmen, die klingende Himmelsleiter des Orgelspiels Menschen aller Altersstufen zu erschließen, ihnen damit nicht nur ein wesentliches Kulturgut Europas nahe zu bringen, sondern zugleich eine Ahnung der Schönheit Gottes zu vermitteln.

## Bestandsaufnahme pädagogischer Wahrnehmung der Orgel

In der theologisch-pädagogischen Fachliteratur gibt es nur ganz wenige Artikel, die die Begegnung mit der Orgel unter Aspekten der Bildung betrachten. Beispielhaft kann ein Artikel von Karl-Peter Chilla (2006) unter dem Titel „Schlüssel zu einer unbekannten Welt: Kinder für Orgelmusik interessieren; Vorschläge aus der Praxis" herangezogen werden. Der Dillenburger Propsteikantor gibt darin Tipps, wie Kinder an die Orgel herangeführt werden können. Es handelt sich also eher um einen didaktisch-methodischen Artikel, der das ‚Wie' der Begegnung mit der Orgel beschreibt. ‚Warum' aber sollen die Kinder überhaupt mit der Orgel in Kontakt kommen? Chilla gibt nicht explizit Bildungsziele an. Sein Einstieg in den Artikel deutet jedoch die Zielrichtung an: „Die Orgel spielt immer zu Weihnachten und bei Hochzeiten, so äußern sich Zweitklässler auf die Frage, ob sie schon einmal eine Orgel gehört haben" (Chilla 2006, S. 314). Chilla schmerzt die Distanz zur Orgel, die sich in solchen Voten vernehmen lässt. Auch komme der Organist als Person gar nicht vor, vielmehr heiße es sächlich: Die Orgel spielt … Und dann hält Chilla fest: „Wie also kann jemand Orgelmusik mögen, wenn er sie nicht kennen lernen konnte/durfte, wenn sich nie jemand wirklich darum bemüht hat, dieses kulturell und historisch so interessante Instrument und die Musik dafür nahe zu bringen?" (Chilla 2006, S. 314). Es ist deutlich: Chilla geht es darum, dass die Kinder „an Instrument und Literatur herangeführt werden" (Chilla 2006, S. 315).

Für den Bildungsspezialisten bleibt das eine unbefriedigende Auskunft. Denn es wird ja einfach vorausgesetzt, dass die Orgel ein lohnenswertes Bildungsgut sei. Gerade so, als sei die Frage nach den Zielen der bildenden Begegnung mit der Orgel überflüssig, weil selbstverständlich zu beantworten: Die Orgel ist historisch und kulturell interessant, also Bildungsgut! So funktionierte bis in die erste Hälfte des 20. Jahrhunderts das Bildungsdenken: Im Auflisten kanonisch-wichtiger Bildungsgüter, die dann am besten im musischen Gymnasium kennenzulernen seien, um als gebildet zu gelten. Von dieser Form von Bildungsdenken haben sich die Bildungstheorien wie auch die Bildungspraxis in Deutschland weithin verabschiedet. Heute geht es um Schlüsselkompetenzen bzw. „*soft skills*" und um die bildende Begegnung des Subjekts mit seiner Welt und mit den Problemen der Gesellschaft.

Damit sollen in keiner Weise Chillas wunderbare methodische Ideen zur Orgelerschließung abgewertet werden. Sein Vorschlag der Arbeit mit einer „Orgelmaus"-Story ist unbedingt als Methode weiterzuempfehlen. Und völlig richtig ist auch sein abschließender Hinweis, mit einem einmaligen Orgelkonzert für Kinder sei es freilich nicht getan, es bedürfe langfristiger, kontinuierlicher Anstrengungen zur Erschließung des Instruments für Kinder (vgl. Chilla 2006, S. 319).

Im von mir mitherausgegebenen Band „Musik in Schule und Gemeinde“ (Bubmann/Landgraf 2006) kommt – das ist selbstkritisch anzumerken – die Orgel insgesamt etwas zu kurz. Mit Hesses Gedicht „Orgelspiel“ ist sie im Methodenteil angesprochen (Bubmann/Landgraf 2006, S. 204f.), im Kapitel über die „Begegnung mit Werken der geistlichen Musik“ (Bubmann/Landgraf 2006, S. 353–363) habe ich einen Abschnitt über Orgelmusik eingefügt. Dort heißt es am Ende: „Die religionspädagogische Annäherung an Orgelmusik kann sich entweder auf ihre liturgische Funktion beziehen oder sie als absolute Musik mit religiösem Deutungspotential einsetzen. Die Frage, warum bestimmte Orgelwerke unmittelbar mit Kirche und Gottesdienst bzw. mit religiösen Erfahrungen des Heiligen assoziiert werden, kann sich mit dem Hören entsprechender Stücke verbinden“ (Bubmann/Landgraf 2006 S. 362).

Jüngeren Datums ist ein Heft „Musik und Religion. Arbeitsheft für den Musikunterricht in der Sekundarstufe II an allgemein bildenden Schulen“ aus dem Cornelsen Verlag (Richter 2011). Verfasser ist Christoph Richter – ein anerkannter Musikpädagoge (zuletzt in Berlin) und von 1978 bis 1991 Schriftleiter und Mitherausgeber der Zeitschrift „Musik und Bildung“. Hier wird der Hauptakzent zunächst ganz auf das religiöse Singen und auf Lieder gelegt. Dann werden Bachkantaten und das Deutsche Requiem von Brahms erläutert. Eine beigelegte CD enthält Gesänge, Orchesterstücke und drei Orgelstücke: zwei Choralvorspiele von J. S. Bach und „Pièce héroique“ von César Franck.

Bei der Thematisierung von textloser religiöser Musik kommt nun als eine Möglichkeit die Orgelmusik J. S. Bachs ins Spiel (vgl. Richter 2011, S. 37). Und dann wird in einem eigenen Kapitel – bevor es mit der Messvertonung weitergeht – die Orgel thematisiert (Richter 2011, S. 38–43), und zwar zunächst unter der Fragestellung „Ist Orgelmusik religiöse Musik?“ (Richter 2011, S. 38). Am Anfang steht hier die Feststellung: „Die Orgel ist das wichtigste und am meisten typische Instrument für den christlichen Gottesdienst. Sie wird bis heute sowohl für die Begleitung der liturgischen Gesänge als auch für künstlerisch-musikalische Vorführungen benutzt. In der Orgelmusik und im unterschiedlichen Gebrauch der Orgel zeigt sich die Spannung zwischen liturgischer und künstlerischer religiöser Musik in besonders deutlicher Weise“ (Richter 2011, S. 38).

Auch Richter spricht in seiner Arbeitshilfe nicht explizit die Bildungsziele und -chancen der Beschäftigung mit der Orgel an. Aber einige Motive werden doch deutlich: Heranwachsende sollen einsehen, dass die Orgel ein wichtiges und typisches Instrument für (christlich-)religiöse Musik ist. Sie sollen anhand der Aufführungskontexte von Orgelmusik erkennen, dass es verschiedene Modi religiöser Erfahrung mit Orgelspiel gibt: den liturgisch-gebundenen Modus im Kontext des Gottesdienstes und den individuellen Modus religiöser Erfahrung in der Begegnung mit konzertanter Orgelmusik (mir ist allerdings die Aufteilung dieser Modi auf Gottesdienst und Konzert zu schematisch: die individuell-religiöse Wahrnehmung von Orgelmusik betrifft heute auch die Liturgie selbst).

Die religiöse Wahrnehmung konzertanter Orgelmusik erläutert er anhand der Komposition Nr. 3 „Pièce Héroique“ aus den „Trois Pièces“ von César Franck. Er analysiert die verschiedenen Motivschichten, „in denen abwechselnd die Melodieteile hörbar werden. Was auf diese Weise an Rufen und Gesang erklingt, sind mächtige Choralzeilen, welche die Vorstellung von Danken,

Bekennen anbieten und melodische Linien mit mehr bittendem Charakter zeichnen. Sie gilt es, in dem gewaltigen, unbestimmten Klangraum herauszuhören" (Richter 2011, S. 41). Hier wird also noch ein drittes Bildungsziel deutlich: Religiöse Kommunikationsmodi wie Danken und Bekennen sollen in der Musik differenziert wahrgenommen werden. Die Begegnung mit Orgelmusik wird hier also zu einer Art Sprachschule religiöser Ausdrucksmöglichkeiten.

Weitere Argumente finden sich in Winfried Bönigs Beitrag „ ‚Im Dienste Ihrer Majestät'. Die Zukunft der Orgel" (Bönig 2007). Er geht zunächst vom drohenden Verlust der Akzeptanz der Orgel aus. Zugleich habe sie sich als wesentliche Trägerin des Gemeindegesangs erwiesen und sei daher liturgisch unentbehrlich. Dabei und darüber hinaus sei sie als künstlerisches Instrument wahrzunehmen: „Nur die Orgel hat ein Repertoire, das einen Großteil der musikalischen Entwicklung unserer westlichen Kultur umfasst und das auch immer noch in dieser Spannweite gepflegt wird. Dieses unübersehbar große und gewichtige Erbe ist das Kapital, das nicht – im Wortsinne – verspielt werden darf. Die in den vergangenen Jahren noch verstärkt erfolgten Restaurierungen von Denkmalorgeln haben geradezu die Verpflichtung zur Folge, das mit ihnen verbundene Repertoire an Musik zu pflegen und lebendig zu erhalten" (Bönig 2007, S. 452).

Orgeln und Orgelmusik sind also darin bildend, dass sie ein breites Musikrepertoire erschließen und damit – so führe ich das Argument fort – die musikalische Wahrnehmung von Stilen und Ausdrucksmöglichkeiten erweitern helfen.

Das Gegenargument – das Bönig selbst anführt – die Orgel werde hier zu einem musealen Gegenstand, entkräftigt er m. E. zu Recht mit dem Hinweis, Museen seien keinesfalls notwendigerweise Orte der Langeweile. In der Tat sind es heute gerade Museen, die viele Menschen anziehen und neue Horizonte eröffnen. Allerdings geschieht dies häufig mit hohem Aufwand, u. a. auch mit speziellen Museumsführungen etc. Bönig merkt an: „Die Überzeugungsarbeit besteht in der Werbung und der Erklärung, im Hörbarmachen einer oft perfekten Verschmelzung von Musik, Instrument und Raum, die der Orgel an vielen Orten möglich ist" (Bönig 2007, S. 453).

Damit ist – eher indirekt – ein Stichwort gegeben, das weiter auszuführen ist: Die bildende Begegnung mit der Orgel kann und sollte Teil der Kirchenpädagogik sein, also der pädagogischen Erschließung von Kirchenräumen. Eine solche bildende Begegnung mit der Orgel kann – auch darin ist Bönig zuzustimmen – keinesfalls auf eine „emotionale Bindung zur Orgel" (Bönig 2007, S. 453) verzichten. Es ginge also immer auch um religiöse Gemütsbildung, um die Einführung in ein ‚beseeltes' Hören.

In der boomenden Literatur zur Kirchenpädagogik kommt die Orgel allerdings bislang nur selten vor. Dass in einem programmatischen Buch „Lernort Kirchenraum" jeder Hinweis auf die Orgel selbst im Abschnitt „Akustisches Wahrnehmen" (Degen/Hansen 1998, S. 51–55) fehlt, ist kaum mehr zu entschuldigen. Das ist etwas anders in drei neueren Publikationen zur Kirchenpädagogik:

Im Handbuch „Kirchen erkunden – Kirchen erschließen" von Margarete Luise Goecke-Seischab und Jörg Ohlemacher (2002) gibt es einen Abschnitt zur Orgel (Goecke-Seischab/Ohlemacher 2002, S. 144–147). Dort werden vor allem ihr Aufbau und ihre Wirkweise erläutert. Ein eigener Abschnitt erklärt kunstgeschichtlich die verschiedenen Gehäuseformen. Es bleibt jedoch allein bei der visuellen Wahrnehmung der Orgel!

In einem anderen Band, den Margarete Luise Goecke-Seischab und Frieder Harz herausgaben „Komm, wir entdecken eine Kirche“ (2001), hat die Orgel ein eigenes Kapitel erhalten (Goecke-Seischab/Harz 2001, S. 106–111). Nun geht es auch um Hörübungen: „Wir hören verschiedene Register, von ganz zarten Tönen bis zum mächtigen Brausen und versuchen sie bzw. ihre Unterschiede zu beschreiben“ (Goecke-Seischab/Harz 2001, S. 109). Außerdem werden Anregungen zum aktiven Musizieren und Singen im Wechsel mit der Orgel gegeben sowie Ideen zum Sich-bewegen nach Orgelklängen.

Im großen „Handbuch der Kirchenpädagogik“ (Rupp 2008) verspricht demgegenüber schon der Untertitel mehr: „Kirchenräume wahrnehmen, deuten und erschließen“. Der Orgel ist ein eigenes Kapitel gewidmet – es ist vom früheren badischen Kirchenrat, Theologen und Religionslehrer Hartmut Greiling sachkundig verfasst (Rupp 2008, S. 117–125). Wieder wird Sichtbares erschlossen, doch darüber hinaus erläutert Greiling auch die besondere (Bildungs-)Bedeutung der Orgel:

„Bis zur Erfindung elektronisch erzeugter Musik war die Orgel das einzige Instrument, dem ein einzelner Mensch die ganze Fülle der menschlichen Hörmöglichkeiten von Musik entlocken konnte. Dies gilt sowohl für die Tonhöhe (vom höchsten Diskant bis zum tiefsten Bass) als auch für das Klangvolumen (die Orgel nimmt es mit jedem Orchester auf)“ (Rupp 2008, S. 117). Diese Klangmöglichkeit wird später auf religiöse Erfahrungen bezogen: „Der unvergleichliche Klang der Orgel und ihre Klangfülle (besonders großer Orgeln) löste in der Vergangenheit wohl vergleichbare ekstatische Gemütsregungen aus, wie sie heute bei Megawatt-Open-Air-Konzerten erlebt werden“ (Rupp 2008, S. 120). Wobei Greiling sich beeilt hinzuzufügen, der aus dem Lautsprecher kommende Klang sei physikalisch wie musikalisch schlichter als der lebendige Orgelklang. Dann bietet er eine theologische Deutung an: „Die Würde und Wirkung der Orgel hat eine wesentliche Ursache in ihrer Verbindung von ‚Himmel‘ und ‚Erde‘, weil sie Metall und Holz mit ‚Wind‘ verbindet und dadurch mit Leben erfüllt“ (Rupp 2008, S. 121). So vereine sie Atem und Erde – Gott und Welt im Gottesdienst.

Die Orgel gilt also als religiös bildend, weil sie integrativ Verbindungen von Grundvollzügen des Lebens herstellt. Darüber hinaus öffne sich im Orgelspiel die Welt für das Jenseitige. Im Übrigen sei die Orgel in „ihrer Vielfalt und Differenziertheit […] selbst Abbild dieser Gemeinde, die ihre Stimme zum Lob des Kommenden erhebt“ (Rupp 2008, S. 122). In der Begegnung mit der Orgel könnte also zugleich gleichnishaft etwas über den Charakter christlicher Gemeinde gelernt werden. Schließlich wird zuletzt auf die alle Sinne ansprechende ganzheitliche Wirkung der Orgel hingewiesen. In den konkreten Praxistipps fängt Greiling entsprechend auch mit dem Hören auf die Orgel an, bevor er für verschiedene Altersgruppen weitere Hinweise zur Erschließung der Bedeutung der Orgel für Gottesdienst und persönliche Spiritualität gibt. An diesen differenziertesten Vorschlag zur kirchenpädagogischen Begegnung wird später anzuschließen sein.

## Vom Wert ästhetischer Bildung

Nach Wolfgang Klafki verfolgt die ästhetische Bildung die Ziele „Bildung der ‚Empfindsamkeit‘ (i. S. der Verfeinerung des Empfindungsvermögens) gegenüber Naturphänomenen und menschlichem Ausdruck, Entwicklung der Einbildungskraft oder Phantasie, des

Geschmacks, der Genußfähigkeit und der ästhetischen Urteilskraft, Befähigung zum Spiel und zur Geselligkeit“ (Klafki 1996, S. 33). Es geht keineswegs allein um hohe Kunst, sondern auch um die ganze Breite der Alltagskultur und der Stilisierung des eigenen Lebens. Dabei darf die ästhetische Bildung nicht nur als Vorhof und Vorbereitung der ‚eigentlichen‘ ethischen (ich ergänze: der dogmatisch-religiösen) Bildung gelten. Vielmehr handelt es sich um eine „qualitativ spezifische, eigenwertige menschliche Möglichkeit: Erfahrung des Glücks, menschlicher Erfüllung, erfüllter Gegenwart, in der doch zugleich immer eine über den gegenwärtigen Moment in die Zukunft reichende Erwartung, eine Hoffnung, eine zukünftige Möglichkeit des noch nicht realisierten ‚guten Lebens‘, humaner Existenz aufscheint“ (Klafki 1996, S. 34f.).

Der Erlanger Allgemeinpädagoge Eckart Liebau begründet die Notwendigkeit ästhetischer Erziehung in ähnlicher Weise anthropologisch-bildungstheoretisch: Sie soll „dazu beitragen, Wahrnehmungen zu erweitern, Vorstellungen und Denken zu öffnen, das Urteilen anzureichern, neue Handlungsmöglichkeiten und neue Ausdrucksformen zu erschließen, um sublimere Formen des Lebens zu ermöglichen. Die ästhetische Praxis ist eben nicht nur Spiel als Selbstzweck, […], die ästhetische Praxis ist vielmehr in einem elementaren Sinn grundlegend für die Entwicklung einer kultivierten Zivilisation“ (Liebau 1999, S. 132).

Ästhetische Bildung zielt demnach auf die Kultivierung ästhetischer Erfahrung. Ästhetische Erfahrung lässt sich wiederum differenzieren in die rezeptive (*Aisthesis)*, die produktive (*Poiesis)* sowie die kommunikativ-bewertende Dimension (*Katharsis*). Ästhetisch-kulturelle Bildung ist entsprechend zu bestimmen als Allgemeinbildung, die sich primär in diesen Grundstrukturen ästhetischer Erfahrung vollzieht.

Religiöse Bildung zielt auf die Kunst, das eigene Leben zu gestalten, ihm eine vor Gott, den Mitmenschen, sich selbst und der Umwelt verantwortbare Form zu geben. Für diese Lebenskunst sind ästhetische Prozesse zentral. Bildung als freie Entfaltung des Menschen ist angewiesen auf ästhetische Wahrnehmung, auf Sinn-Imaginationen, auf das Andenken und Ausprobieren von noch nicht realisierten Möglichkeiten, auf spielerische Kreativität, rituelle, festliche und liturgische Verdichtungen des Lebens. Der Gott der Bibel inkarniert sich im Heiligen Geist durch symbolisch-kulturelle Vermittlungsprozesse in die Welt. Die Kommunikation des Evangeliums bedarf daher der ästhetischen Bildung.

Musik ist die Kunst des Hörsinns. Nur als ertönende und hörend wahrgenommene ist sie in ihrem Element. Auch der Glaube hat mit der Lebenskunst des Hörens zu tun. Denn die Aufnahme des Evangeliums erfolgt primär über die Hörorgane (vgl. Röm 10,14; Joh 10,3 und 27).

Die Ohren sind daher für Martin Luther die eigentlichen Sinneswerkzeuge eines Christenmenschen. Im musikalischen Hören kann auch das ‚religiöse Hören‘ gebildet werden. Die Wahrnehmung wird geschärft, das Hin- und Zuhören geschult. Es geht um ‚religiöse Gehörbildung‘!

Musik kann religiöse Erfahrung stimulieren. Sie hilft dazu, ‚elementare religiöse Gefühle‘ wahrnehmen und würdigen zu können: Grundvertrauen und Furcht, Staunen und Erschrecken, Dank und Sehnsucht. Sie ermöglicht also religiöse Gefühlsbildung.

Gleichzeitig kann Musik die Fähigkeit zur religiösen ‚Artikulation' verbessern. Durch Musik werden religiöse Erfahrungen ausgedrückt und erhalten eine kommunizierbare Gestalt – eine Art ‚Sprachschule' religiöser Kommunikation.

Auch das aktive musikalische Gestalten hat religiös bildende Bedeutung: Die Begabung und die Freiheit zur Weltgestaltung zeigt sich hier ‚spielerisch-ästhetisch'. Im instrumentalen oder vokalen Improvisieren etwa erspielen sich die Musizierenden neue Klangwelten, bleiben einerseits innerhalb bestehender rhythmischer oder melodischer Grundmuster und transzendieren gleichzeitig das Bekannte auf Unbekanntes hin. Ästhetische Erfahrung wird zur Schule christlicher Freiheitserfahrung.

Das ‚Verstehen' und ‚Deuten' von Musik (insbesondere von Kunstmusik) hilft zudem dazu, schöpferische Prozesse nachzuvollziehen und damit auch Anschluss an göttlich-schöpferische Kreativität zu gewinnen oder sich von fremden bzw. neuen ästhetischen Erfahrungen herausfordern zu lassen und so sein eigenes Ich zu transzendieren. Und zugleich werden wertvolle religiöse Traditionen in den Werken der geistlichen Musik erschlossen.

Schließlich kann im gemeinsamen Hören, Musizieren und Singen starke Gemeinschaft entstehen. Musik dient dann der Gemeinschaftsbildung.

## Chancen der bildenden Begegnung mit der Orgel

Was allgemeiner zu den Chancen ästhetischer Bildung ausgeführt wurde, ist nun auf die Orgel zu beziehen.

Beim Hören von Orgelmusik wie beim eigenen Orgel-Spiel können Musizierende und Musikhörende wichtige Schlüsselkompetenzen der Bildung entwickeln, die humanisierend wirken und daher zum religiösen sowie zum interkulturellen Lernen beitragen können. Dazu gehören:

- **(Zu-)Hörfähigkeit:** Das Hinhören schult die Wahrnehmung für Anderes und Andere. Das kann bereits durch das genaue Hinhören auf einen einzigen Ton einer Pfeife eines Registers geschehen. Die Orgel hält durch den Reichtum ihrer Register und Klänge besondere Chancen der Hörbildung bereit. Die Vielfalt der Klänge in den Orgellandschaften Europas bietet ein einmaliges Anregungspotential für solche Hörbildung. Vielleicht sollte man das Hör-Pilgern entlang der Kirchen mit wertvollen Orgeln als Form der Bildungsreise neu thematisieren und bewerben (was manchenorts als „Orgel-Radeln" bereits gut funktioniert). Die Kölner Religionspädagogin Heike Lindner hat in ihrem verdienstvollen Buch „Musik im Religionsunterricht" (Lindner 2003) ein „Plädoyer für das Musikhören in Schule und Kirche" (Lindner 2003, S. 133f.) gehalten. Es geht ihr um die Wahrnehmungsschulung und die Entgrenzung von Erfahrungen im Hören. Sie plädiert etwa für das Hören absoluter Musik gerade bei Orgelmusik und versteht dies als Bildungsvollzug. „Theologische Sinnvermittlung kann auch in Musikformen stattfinden, welche musiktheoretisch zur sogenannten ‚absoluten Musik' gehört und nicht wie beim Choralvorspiel […] Choralmelodien aufnimmt […]" (Lindner 2003, S. 134). Später im Buch geht sie auf die Halberstadter Realisierung des Stücks von John Cage „as slow as possible" für Orgel (1987) ein (vgl. Lindner 2003, S. 184f.).

- **Empathiefähigkeit**: In Musikstücken begegnen Emotionen anderer Personen, in die sich der/die Hörende einfühlen lernt. Orgelklänge können starke Emotionen auslösen, es gehört zur Gemütsbildung, dies auskosten zu können.
- **Artikulation von Gefühlen**: Wer selbst Orgel spielt, lernt, seine Gefühle in musikalischer Form auszudrücken. Das ermöglicht, vielleicht lange verschüttete Bereiche der eigenen Persönlichkeit zu entdecken und zu artikulieren. Insbesondere die Kunst der Improvisation ist in hohem Maße persönlichkeitsbildend.
- **Neugier und Phantasie**: Eigenes Musizieren, etwa als Improvisieren, weckt spielerische Neugier und stößt kreative Prozesse an.
- **Freude und Begeisterung**: Musikhören wie Musizieren können psychisch dynamisieren und zum Leben ermutigen.
- **Kommunikationsfähigkeit**: Wer gemeinsam Musik hört oder aktiv musiziert, wird Teil einer Kommunikationsgemeinschaft. Der Austausch über Musik, die kommunikative Würdigung von Kunstwerken dient der Differenzierung im Wahrnehmen und Urteilen.
- **Alteritäts- und Ambiguitätskompetenz**: In der Begegnung mit ungewohnter und fremder Musik und mit den vom eigenen Geschmack abweichenden musikalischen Vorlieben anderer wird Offenheit für das Unbekannte und Toleranz für die Vielfalt und Andersartigkeit menschlicher Kultur geweckt. Gerade die sehr unterschiedlichen Klangideale barocker oder französisch-romantischer oder deutsch-romantischer Orgeln erfordern und fördern eine Offenheit der Wahrnehmung. So kann Diversität als Bereicherung erfahren werden.
- **Struktur-, Gestaltungs- und Ordnungssinn**: Die eingehendere Beschäftigung mit Musik und ihren Kompositionsstrukturen und das eigene Improvisieren wie „Komponieren“ schärfen das logische Denken und den Sinn für Ordnungsstrukturen und Gestaltformen.

Die bisher genannten Kompetenzen sind alle auch beim Singen oder Musizieren auf anderen Instrumenten erreichbar. Gibt es darüber hinaus einen besonderen ‚religiösen Mehrwert‘ der Orgel? Dazu sei nochmals Hermann Hesse eingespielt:

> *Seufzend durchs Gewölbe zieht, und wieder dröhnend,*
> *Orgelspiel. Andächtige Gläubige hören,*
> *Wie vielstimmig in verschlungenen Chören,*
> *Sehnsucht, Trauer, Engelsfreude tönend,*
> *Sich Musik aufbaut zu geistigen Räumen,*
> *Sich verloren wiegt in seligen Träumen*
> (Orgelspiel, in: Hesse 1986, S. 27)

Orgelmusik dient demnach der religiösen Gemütsbildung, indem sie geistig-geistliche Räume eröffnet. Der Hinweis auf den Raum ist entscheidend. Orgeln stehen eben meist in Kirchenräumen.

Ralf Bibiella, Kantor und Organist an St. Katharinen in Oppenheim und Propsteikantor, schreibt zu Recht in einem Beitrag in Musik & Kirche: „Der Königsweg, der Königin der Instrumente zu begegnen, ist, sie im Raum ihrer Bestimmung zu hören, mit Ohren und Körper zu erspüren, wie sie alles um sich einnehmen und in Schwingung versetzen kann. Kein anderes

Instrument geht mit dem Raum eine so untrennbare Symbiose ein wie die Orgel […]" (Bibiella 2009, S. 98). Wenn sich die Begehung von Kirchenräumen als guter Weg religiöser Bildung erwiesen hat, dann gehört die Orgel hier unbedingt dazu! Der Kirchenraum bringt in Kontakt mit den tragenden Symbolen, Geschichten und Klängen des christlichen Glaubens. Dass die Orgel bei so vielen biographischen wichtigen Festen erklingt, macht sie zu einem akustischen Anker religiöser Biographien.

Zum anderen: Hermann Hesse spricht die „seligen Träume" an, die durch Orgelspiel entstehen können. Natürlich können das auch andere Instrumente leisten. Aber die Klangdifferenzierung guter Orgeln kann doch in besonderer Weise anregend auch für die religiöse Phantasie sein.

*In den geistbeherrschten Takten dichten*
*Tausend Menschenträume sich zu Ende,*
*Träume, deren Ziel war: Gott zu werden,*
*Träume, deren keiner je auf Erden*
*Sich erfüllen darf, doch deren dringliche Einheit*
*Stufe war, darauf das Menschenwesen*
*Sich enthob aus Notdurft und Gemeinheit*
*Nahe bis zum Göttlichen, bis zum Genesen.*
(Hesse 1986, S. 28)

Jetzt wird ausdrücklich die Orgelmusik mit einem Bildungsprogramm der Menschheit verkoppelt: Die Zivilisierung des Menschenwesen zeigt sich in der Kunst der Orgelmusik.

[…] *in wohlgezählten Bebungen*
*Löst der Drang sich, steigt die Himmelsleiter,*
*Menschheit bricht die Not, wird Geist, wird heiter.*
(Hesse 1986, S. 28)

Ein klassisches Ziel der Lebenskunst, die gelassene Heiterkeit, kommt nun ins Spiel, jetzt realisiert sich religiöse Bildung als Erklimmen der Himmelsleiter. Es ist die Möglichkeit mystischer Transzendenzerfahrung und Versenkung, die hier poetisch anklingt. Aber diese Form der religiösen Bildung (übrigens die eigentliche Wurzel des deutschen Bildungsbegriffs!) erschließt sich nicht einfach und ohne Anstrengung. Denn sie ist voraussetzungsreich, erfordert bereits ein geschultes Gehör. Dennoch ist an diesem Ziel festzuhalten.

Viel ist auch schon gewonnen, wenn in der Begegnung mit der Orgel Annäherungen an die Liturgie gelingen und das gemeinsame Singen gestützt wird. Das Orgelspiel kann die Grundbewegungen der Liturgie erschließen helfen, den Jubel des Gloria, die festliche Freude der Abendmahlskommunion, die sehnsuchtsvolle Bitte um Frieden usw. Die Orgel ist insofern ein besonders wichtiges Medium liturgischer Bildung – allerdings nur, wenn das liturgische Orgelspiel als eigene Kunst gepflegt und geübt wird! Wenn es gut geht, hat sie auch Teil an der Verkündigung, indem sie die Predigt dialogisch ergänzt, unterstützt oder auch hinterfragt.

Martin Kares hat „Versäumnisse und Chancen kirchlicher Orgelkultur“ (Kares 2009, S. 91–94) dargestellt und dabei besonders auch die Verantwortung der Organistinnen und Organisten hervorgehoben. Sie – so spitzt er zu – „tragen mit die Verantwortung, ob die Rettung und die Weiterentwicklung der Orgelkultur in Deutschland vielleicht noch gelingen kann“ (Kares 2009, S. 95). Dieser Appell sei hier zustimmend aufgegriffen und kirchenmusikpädagogisch verstärkt: Das Bildungspotential der Orgel ist in hohem Maße abhängig von der Sensibilität der Orgel Spielenden für die ‚bildenden‘ Dimensionen ihres Tuns. Summarisch hält Kares fest: „Dagegen kann ‚richtig‘ ausgewählte und gespielte Orgelmusik Texte beseelen, theologische Aussagen verstärken und nachklingen lassen, dem Unaussprechlichen Gestalt verleihen, zum Begegnen und Begreifen liturgischer Handlungen öffnen, Geist und Gedanken frei machen für Begegnungen mit dem Unsichtbaren, Unerhörten, mit dem Glauben“ (Kares 2009, S. 91).

Oder nochmals mit Hermann Hesse gesagt:

*Und so fließt im unterirdisch Dunkeln*
*Ewig fort der heilige Strom, es funkeln*
*Aus der Tiefe manchmal seine Töne;*
*Wer sie hört, spürt ein Geheimnis walten,*
*Sieht es fliehen, wünscht es festzuhalten.*
*Brennt vor Heimweh. Denn er ahnt das Schöne.*
(Hesse 1986, S. 31)

Orgeltöne können ins Mysterium des Göttlichen führen und Ahnungen davon vermitteln. Räume zu eröffnen für solche Ahnungen – auch das ist Aufgabe religiöser Bildung, insbesondere auch der Kirchenpädagogik.

Religiöse Bildung im Medium der Begegnung mit Orgeln und Orgelmusik muss daher mehr sein als lediglich Belehrung über die Funktionsweise dieses komplexen Instruments und mehr als Einführungen in die Geschichte der Orgelmusik. Die Orgel wird Teil der ganzheitlich-umfassenden religiösen Bildung, wenn sie zur Kultivierung religiöser Erfahrung beiträgt und dem Glauben Ausdrucksmöglichkeiten eröffnet.

Dass die Orgel tatsächlich zu solcher Glaubensbildung beiträgt, das ist mein Wunsch für die Zukunft der Orgelkulturpflege.

## Literatur


Bibiella, Ralf (2009): Audienz bei der Königin. Eine exemplarische Führung, in: Musik und Kirche, 79, S. 98–104.

Bönig, Winfried (2007): „Im Dienste Ihrer Majestät“. Die Zukunft der Orgel, in: Bönig, Winfried (Hrsg.): Musik im Raum der Kirche. Fragen und Perspektiven. Ein ökumenisches Handbuch zur Kirchenmusik, Stuttgart: Carus, S. 446–453.

Bubmann, Peter/Landgraf, Michael (Hrsg.) (2006): Musik in Schule und Gemeinde. Grundlagen – Methoden – Ideen, Stuttgart: Calwer.

Chilla, Karl-Peter (2006): Schlüssel zu einer unbekannten Welt. Kinder für Orgelmusik interessieren. Vorschläge aus der Praxis, in: Musik und Kirche, 76, S. 314–319.

Degen, Roland/Hansen, Inge (Hrsg.) (1998): Lernort Kirchenraum. Erfahrungen – Einsichten – Anregungen, Münster u. a.: Waxmann.

Goecke-Seischab, Margarete Luise/Harz, Frieder (2001): Komm, wir entdecken eine Kirche, München: Kösel (4. Aufl. 2009).

Goecke-Seischab, Margarete Luise/Ohlemacher, Jörg (2002): Kirchen erkunden, Kirchen erschließen, Köln: Anaconda (3. Aufl. 2010).

Hesse, Hermann (1986): Musik. Betrachtungen, Gedichte, Rezensionen und Briefe. Mit einem Essay von Herman Kasack, hrsg. von Volker Michels, Frankfurt a. M.: Suhrkamp Taschenbuch.

Kares, Martin (2009): Erstarrung oder Emotion? Die Orgelkultur am Scheideweg, in: Musik und Kirche, 79, S. 88–95.

Klafki, Wolfgang (1996): Neue Studien zur Bildungstheorie und Didaktik. Zeitgemäße Allgemeinbildung und kritisch-konstruktive Didaktik, Weinheim/Basel: Beltz (Reihe Pädagogik) (5. Auflage).

Liebau, Eckhart (1999): Erfahrung und Verantwortung. Werteerziehung als Pädagogik der Teilhabe, Weinheim/München: Beltz-Juventa (Beiträge zur pädagogischen Grundlagenforschung).

Lindner, Heike (2003): Musik im Religionsunterricht. Mit didaktischen Entfaltungen und Beispielen für die Schulpraxis, Münster/Hamburg/London: Lit (Symbol – Mythos – Medien, 9).

Richter, Christoph (2011): Musik und Religion. Arbeitsheft für den Musikunterricht in der Sekundarstufe II an allgemeinbildenden Schulen, Berlin: Cornelsen Verlag.

Rupp, Hartmut (Hrsg.) (2008): Handbuch der Kirchenpädagogik. Kirchenräume wahrnehmen, deuten und erschließen, Stuttgart: Calwer.

Ursula Schädler-Saub

# Zeitschichten – Geschichte der Restaurierung: Lehren für die Praxis

Ein Kulturdenkmal ist im Allgemeinen kein Museum, seine Ausstattung präsentiert sich nicht als museales Exponat. Vielmehr steht ein denkmalgeschütztes historisches Gebäude mit seinem überlieferten Inventar mitten im gesellschaftlichen Leben: Sein Aussehen und seine Substanz sind dem Wandel praktischer Anforderungen und modischer Strömungen unterworfen. Es ist Aufgabe einer jeden Zivilgesellschaft, die historischen und künstlerischen Werte eines Denkmals für zukünftige Generationen zu erhalten. Gleichzeitig muss ein Denkmal aber auch nach den Bedürfnissen der jeweiligen Gegenwart gestaltet und genutzt werden. Im günstigen Fall entspricht dies seiner ursprünglichen Funktion und Bedeutung.

Die immer wieder entstehenden Konflikte zwischen dem Bewahren historischer Authentizität und dem Berücksichtigen der Ansprüche nachfolgender Generationen sind so alt wie die Geschichte der Denkmalpflege und der Restaurierung. Dabei will die Denkmalpflege keinem Zeugnis der Vergangenheit eine gläserne Glocke überstülpen, gehört doch der Wandel zum Wesen der Geschichte eines jeden Denkmals, dem alle Generationen etwas Eigenes hinzufügen. Aber dieses Hinzufügen soll die Beiträge früherer Generationen nicht zerstören, sondern so weit wie möglich bewahren, auch wenn sie dem eigenen Zeitgeschmack nicht entsprechen. Die Schichten der Geschichte werden an der Vielzahl und Authentizität ihrer überlieferten materiellen Zeugnisse erlebbar und lassen ein Kulturdenkmal zum beredten Zeugnis der Vergangenheit werden, unter der Voraussetzung, dass man sich auf den Dialog mit dem Denkmal einlässt und diesem mit Empathie und Respekt begegnet.

An ausgewählten historischen Kirchenräumen und ihrer Ausstattung sollen die hier skizzierten denkmalpflegerischen und allgemein gesellschaftlichen Herausforderungen veranschaulicht werden. Dabei sollen Orgeln als integraler Bestandteil des Kirchenraumes besonders berücksichtigt werden. Als Musikinstrumente sind sie Medien historischer und zeitgenössischer Musik und ihrer Interpretationen. Mit ihren Gehäusen und Prospekten sind sie Schöpfungen der bildenden Kunst. Orgelwerke sind technische Zeugnisse und somit auch Dokumente der Technikgeschichte. Bei der Bewertung einer älteren oder jüngeren Orgel und ihrer möglichen Denkmaleigenschaft muss diese Gesamtheit ihrer musikalischen, bildnerischen und technischen Qualitäten betrachtet und auch auf den Kirchenraum bezogen werden. Die Werte der Vergangenheit und die Vorstellungen der Gegenwart müssen dabei gleichermaßen verstanden und respektiert werden – eine Herausforderung, die zu den zentralen Aufgaben der Denkmalpflege gehört und nur in interdisziplinärer Zusammenarbeit gelingen kann.

**Abb. 1** Sterzing/Vipiteno, kath. Pfarrkirche St. Maria im Moos: Der Kirchenraum ist ein eindrucksvolles Beispiel eines Geschichtsdenkmals mit Bau- und Ausstattungsphasen der Spätgotik, des Barock und der Neugotik, die ein harmonisches Ganzes bilden und gleichzeitig den Einblick in die verschiedenen Zeitschichten ermöglichen

## Zu den historischen und theoretischen Grundlagen der Denkmalpflege und der Restaurierung

Wenn wir die verschiedenen Zeitschichten eines Kirchenraumes und seine Restaurierungsgeschichte verstehen wollen, müssen wir zunächst nach den Grundlagen der Restaurierung und der Denkmalpflege im 19. Jahrhundert fragen.[1] Im Geiste der Aufklärung und der Romantik entwickelte sich in diesem Jahrhundert das kritische historische Denken: Das Kunstwerk stand nicht mehr in der Kontinuität der Tradition und ihrer handwerklichen und künstlerischen Fertigungsmethoden; es wurde zum historischen Dokument und zum Gegenstand

1 Die Kürze dieses Beitrags erlaubt keine detaillierte Darstellung der Quellen zur Geschichte der Restaurierung und der Denkmalpflege. Deshalb sei auf ein bewährtes Handbuch mit Auszügen aus Originaltexten und weiterführender Bibliographie verwiesen: Huse 1996.

**Abb. 2** Sterzing/Vipiteno, kath. Pfarrkirche St. Maria im Moos: Blick nach Westen auf die Orgelempore mit dem neugotischen Orgelprospekt von 1910 und den Deckenfresken von Adam Mölk, Mitte des 18. Jahrhunderts

wissenschaftlicher Betrachtungsweise. Daraus entwickelten sich zwei Tendenzen bei der Behandlung eines Kulturdenkmals. Die erste sprach sich für die idealisierende Wiederherstellung der ursprünglichen künstlerischen Idee eines Denkmals aus, also für die Beseitigung aller späteren Zutaten und für die Rekonstruktion des vermeintlich originalen Aussehens auf der Grundlage typologischer Analogien. Die zweite Tendenz wollte hingegen die historische und ästhetische Authentizität eines Denkmals bewahren und hob hervor, dass diese Authentizität untrennbar mit der Erhaltung der überlieferten materiellen Substanz des Denkmals verbunden ist. Diese Substanz ist nicht wiederholbar, weil sie von Menschen vergangener Generationen geschaffen und durch die Spuren der Zeit geprägt wurde. Ihre Erhaltung erfordert kontinuierliche Pflege und behutsame Konservierung.

Diese beiden konträren Positionen – das Rekonstruieren auf der einen Seite und das Bewahren und Pflegen auf der anderen – sind personifiziert durch die beiden großen Antagonisten der Denkmalpflege und der Restaurierung im 19. Jahrhundert: den französischen Architekten, Historiker und Restaurator Eugène Emmanuel Viollet-le-Duc (1814–1879) und den englischen

**Abb. 3** Augsburg, Fuggerkapelle bei St. Anna: nach den schweren Schäden im Zweiten Weltkrieg wurden beim Wiederaufbau Teile des 1518 geweihten Renaissanceraumes und seiner Ausstattung rekonstruiert, darunter das große Orgelgehäuse und das Gehäuse des Rückpositivs, während die Orgelflügel mit Malereien von Jörg Breu d. Ä. originaler Bestand sind

Historiker, Kunstkritiker und Schriftsteller John Ruskin (1819–1900). Zwei prägnante Zitate aus ihren Schriften können dies verdeutlichen.

Viollet-le-Duc definierte Restaurierung wie folgt: „Ein Gebäude restaurieren, das heißt nicht, es zu unterhalten, es zu reparieren oder zu erneuern, es bedeutet vielmehr, es in einen Zustand der Vollständigkeit zurückzuversetzen, der vorher vielleicht nie bestanden hat" (Viollet-le-Duc 1867, Bd. 8, S. 14, deutsche Übersetzung von der Autorin). Ruskin verfasste dagegen den Lehrspruch: „Die sogenannte Restaurierung ist die schlimmste Art der Zerstörung von Bauwerken." Daraus folgte seine kluge Empfehlung: „Kümmert euch um eure Denkmäler, und ihr werdet es nicht nötig haben, sie wieder herzustellen" (Ruskin 1900, S. 363 und 367).

Viollet-le-Ducs Auffassung von Restaurierung als Wiederherstellung eines hypothetischen Originalzustandes fand im 19. Jahrhundert in ganz Europa zahlreiche Nachfolger, die meist nicht über die fachlichen Kenntnisse ihres Vorbildes verfügten. So endete die vermeintliche Rückführung historischer Kirchenbauten auf das Mittelalter oft im *vandalisme restaurateur*, zum Beispiel bei der Münchner Frauenkirche: Der spätgotische Kirchenraum hatte im frühen

**Abb. 4** Hannover, ev. Marktkirche St. Jacobi und Georgii: Der Hallenbau des 14. Jahrhunderts wurde nach den schweren Schäden im Zweiten Weltkrieg unter Leitung des Architekten Dieter Oesterlen mit zeitgenössischen Ergänzungen wiederaufgebaut; hier eine Ansicht der Orgelempore und des Orgelprospektes in der Formensprache der 50er Jahre

17. Jahrhundert eine qualitätvolle frühbarocke Umgestaltung durch die bayerischen Herzöge erhalten, zu welcher der triumphbogenartige „Bennobogen“ als Abschluss des Presbyteriums und der monumentale Hochaltar gehörten. Beide wurden 1859 zu Beginn der radikalen Regotisierung des Kirchenraumes abgebrochen, der im Geiste einer vermeintlichen „Stileinheit“ sogar mittelalterliche Bildwerke zum Opfer fielen. Bei der Wiedereröffnung gab es heftige Proteste der Bevölkerung, Fachleute prangerten die Barbarei der Restaurierung an. Von der ungeliebten neugotischen Ausstattung blieben nach den Zerstörungen des Zweiten Weltkriegs und dem purifizierenden Wiederaufbau nur geringe Reste erhalten (Ramisch/Steiner 1994).

Der gesellschaftliche und finanzielle Druck, einen Kirchenraum immer wieder dem aktuellen Zeitgeschmack anzupassen, war und ist in entlegenen Gegenden wesentlich geringer. An der mittelalterlichen Kirche Sogn Gieri bei Rhäzüns im Kanton Graubünden, zu der man bis heute nur zu Fuß gelangt, lässt sich das anschaulich nachvollziehen. Spektakuläre Restaurierungen waren hier nie nötig. Die Kirche hat ihre bedeutende mittelalterliche Ausstattung bis heute weitgehend bewahrt. Der liebevoll gepflegte und kontinuierlich genutzte Kirchenraum

**Abb. 5** Nürnberg, ev. Pfarrkirche St. Egidien: Ansicht des Kirchenraumes nach Westen, mit Blick auf die Orgelempore; Zustand mit der barocken Innenausstattung, vor den schweren Schäden im Zweiten Weltkrieg

zeigt, wie erfolgreich eine behutsame, an den Idealen Ruskins orientierte Denkmalpflege sein kann (Fontana 2004).

Der Gegensatz zwischen Ruskin und Viollet-le-Duc wurde Ende des 19. Jahrhunderts dialektisch überwunden, weil man den kritisch-interpretierenden Charakter einer jeder Restaurierung erkannte. Wenn Restaurierung eine zeitgebundene kritische Interpretation des überlieferten Bestandes ist, dann unterscheidet sie sich klar vom originalen Schöpfungsakt, dessen Authentizität bewahrt bleibt. An die Stelle der nachschöpferisch tätigen Architekten traten nun immer mehr Kunsthistoriker: Sie bestimmten die Debatte über Methoden und Ziele der Restaurierung und der Denkmalpflege.

Der modernste unter ihnen war der Wiener Kunsthistoriker und Denkmalpfleger Alois Riegl mit seiner Theorie der Denkmalwerte (Riegl 1903). Riegl erkannte, dass jede Restaurierung mit verschiedenen historischen und aktuellen Werten konfrontiert ist, die ein Denkmal besitzt: Erinnerungswerte und Gegenwartswerte. Zu den Erinnerungswerten zählen der historische Wert und der Alterswert, zu den Gegenwartswerten der Gebrauchswert und der Kunstwert. Durch die unterschiedliche, sich teils widersprechende Ausrichtung dieser Werte entsteht ein unvermeidbares Konfliktpotential, das sich nur mit intelligenten Kompromissen lösen lässt. Man denke zum Beispiel an die häufig eintretende Situation, in der die möglichst authen-

**Abb. 6** Nürnberg, ev. Pfarrkirche St. Egidien: Ansicht des Kirchenraumes nach Westen mit Blick auf die Orgelempore, nach dem „veränderten Wiederaufbau" unter Leitung des Architekten Rudolf Gröschel

tische Erhaltung historischer Substanz mit den Anforderungen einer zeitgemäßen Nutzung verbunden werden muss.

Riegls deutscher Kollege Georg Dehio definierte das Denkmal als Geschichtsdenkmal und setzte sich damit energisch von den rekonstruierenden Tendenzen des 19. Jahrhunderts ab. Sein berühmtes Motto „Konservieren nicht restaurieren" richtete sich gegen die „nachschöpferische" Denkmalpflege: Die materielle Substanz eines Denkmals mit allen Spuren seiner Geschichte solle möglichst vollständig und unverfälscht an zukünftige Generationen überliefert werden; das Konservieren sei ein „entsagungsvolles, durchaus unfreies Geschäft", „allein archäologisches und technisches Wissen, nicht künstlerisches Können kommt dabei in Betracht" (Dehio 1901, zitiert nach Huse 1996, S. 110).

Die kath. Pfarrkirche St. Maria im Moos in Sterzing/Vipiteno (Südtirol/Alto Adige) kann Dehios Definition des Denkmals als Geschichtsdenkmal eindrucksvoll veranschaulichen. Die spätgotische Hallenkirche mit dem 1458 errichteten Hochaltar des Ulmer Künstlers Hans Multscher wurde in der Mitte des 18. Jahrhunderts barockisiert. Man entfernte die Gewölberippen im Kirchenschiff, erhöhte die Rundpfeiler mit Stuckkapitellen und ließ den Raum vom Wiener Hofmaler Adam Mölck mit Deckenfresken ausstatten. Den Multscher-Altar ersetzte man durch einen barocken Altar. Um 1860 erfolgte die Reaktion auf diese Barockisierung, mit

**Abb. 7** Hildesheim, ev. Pfarrkirche St. Michael (ehem. Benediktinerklosterkirche): Blick vom Hauptschiff in die westliche Vierung und das nordwestliche Querhaus, Zustand nach der Restaurierung unter Architekt Karl Mohrmann 1907/10, mit der Raumausmalung nach Entwürfen von Hermann Schaper

einer Regotisierung des Presbyteriums. Dabei wurde der Barockaltar durch einen neugotischen Altarschrein ersetzt, in dem die Multscher-Statuen wieder zur Aufstellung kamen. Zur zweiten regotisierenden Phase, fünfzig Jahre später, gehört die pneumatische Orgel von 1910. Das holzsichtige Gehäuse mit seinen spitzigen neugotischen Formen tritt in bewussten Kontrast zur barocken Deckenmalerei.

Heute lässt die Koexistenz dieser künstlerisch divergierenden Beiträge die Interpretationen des Kirchenraums im Lauf der Jahrhunderte vor Augen treten. Diese Zeitschichten wurden bei der jüngsten Instandsetzung des Kirchenraumes 2008–2010 respektiert; mit der Neugestaltung des Altarraumes mit Volksaltar, Ambo und Priestersitz kamen zeitgenössische Elemente hinzu. Die Gegenwartswerte, um Riegls Begriffe zu nutzen, ordnen sich den Erinnerungswerten unter, ohne dass heutige Anforderungen vernachlässigt würden (Theil o. J.) (Abb. 1 und 2).

**Abb. 8** Hildesheim, ev. Pfarrkirche St. Michael (ehem. Benediktinerklosterkirche): Blick vom südwestlichen Querhaus auf die neue Woehl-Orgel, im Hintergrund die nördliche Chorschranke und das nordwestliche Querhaus

## Zum Wiederaufbau und zur Neugestaltung historischer Kirchenräume nach dem Zweiten Weltkrieg

Nach den schrecklichen Zerstörungen des Zweiten Weltkrieges sahen sich die Denkmalpfleger mit Problemen konfrontiert, auf die sie keine Antwort in den Grundsätzen Riegls und Dehios finden konnten. Angesichts schwerster Denkmalverluste fragten sie sich: Ist eine Wiederherstellung überhaupt noch möglich? Und wenn ja, in welcher Form: als exakte Rekonstruktion des Verlorenen oder als vereinfachter Wiederaufbau mit Hinzufügungen in zeitgenössischer Form? Die drei folgenden Beispiele können verschiedene Auffassungen des Wiederaufbaus vermitteln.

Die 1518 geweihte Fuggerkapelle bei St. Anna in Augsburg, das früheste und vollkommenste Denkmal der Renaissance auf deutschem Boden, erlitt schwere Kriegsschäden: Das Gewölbe wurde weitgehend zerstört, ebenso die im Raum verbliebenen Ausstattungsstücke, darunter

**Abb. 9** Nürnberg, kath. Stadtpfarrkirche U. L. Frau (Frauenkirche): Blick durch die Hallenkirche auf den Chor nach dem Wiederaufbau unter Leitung des Architekten Josef Fritz 1946–1955

das hölzerne Orgelgehäuse. Das klar definierte Ziel des Wiederaufbaus ab 1948 war die möglichst originalgetreue Rekonstruktion, in welche man die geborgenen Ausstattungsstücke integrierte, zu denen auch die bemalten Orgelflügel zählten. Wie Bruno Bushart in seinem grundlegenden Werk über die Fuggerkapelle feststellt, ist diese Rekonstruktion eine gelungene Annäherung an den Renaissanceraum, in vielen Details aber nicht stimmig (Bushart 1994). Zu viele Veränderungen hatte die Kapelle im Laufe der Jahrhunderte erfahren, mit der Barockisierung der Kirche Mitte des 18. Jahrhunderts und der drastischen Purifizierung ab 1817, die durch eine umfangreiche Restaurierung 1921–1922 teils wieder rückgängig gemacht wurde.

An den Veränderungen des kleinen Orgelgehäuses und der Orgelempore lässt sich die Problematik exemplarisch nachvollziehen. Eine Schaubildzeichnung der Fuggerkapelle, von Johann Weidner um 1680 gefertigt, zeigt das Rückpositiv in einem schmuckreichen Gehäuse, das auf einem historischen Foto von 1925 nur noch in reduzierter Form vorhanden ist. Heute sehen wir eine Rekonstruktion dieses im Zweiten Weltkrieg zerstörten Gehäuses auf der Grundlage historischer Zeichnungen; bei vergleichendem Betrachten erkennen wir, dass beim

**Abb. 10** Nürnberg, kath. Stadtpfarrkirche U. L. Frau (Frauenkirche): Blick durch die Hallenkirche auf den Chor nach Abschluss der Instandsetzung und Umgestaltung 1979–1986, mit der neuen Klais-Orgel an der südlichen Chorwand

Wiederaufbau auf die mittlere Vorkragung der Orgelempore verzichtet wurde, was zu einer merkwürdigen Ineinanderschachtelung der großen und der kleinen Orgel führte (Abb. 3). Die Tücken einer Rekonstruktion stecken bekanntlich im Detail.

Bei der Marktkirche in Hannover, ein Hallenbau des 14. Jahrhunderts, der im Zweiten Weltkrieg schwer beschädigt wurde, entschied man sich für einen purifizierenden Wiederaufbau mit zeitgenössischen Ergänzungen, unter Leitung des Architekten Dieter Oesterlen (Müller 1983). Mit der kompletten Freilegung des Ziegelmauerwerks entstand ein schlichter materialsichtiger Bau von strenger Monumentalität. Die wiederhergestellten Gewölbe wurden durch Betonrippen und Lochziegel deutlich als neue Bauteile ausgewiesen. Zur Gesamtkonzeption passen der Klinkerfußboden, die leichte Bestuhlung und die Beleuchtungskörper. Besonders kostbar wirkt in diesem Kontext die Präsentation des spätgotischen Altarretabels. Als markante zeitgenössische Zutat sind die Prospektgestaltung der Orgel und die Orgelempore durch Oesterlen hervorzuheben, der sich hier bewusst der Formensprache der 50er Jahre bediente, diese jedoch einfühlsam in geschickter Staffelung in die Südwestecke einfügte (Abb. 4).

**Abb. 11** Wieskirche (Wallfahrtskirche zum Gegeißelten Heiland auf der Wies) bei Steingaden (Oberbayern): Blick nach Westen zur Orgelempore, nach Abschluss der jüngsten Restaurierung 1991

Der zum Großteil kriegsbedingte Verlust der qualitätvollen neugotischen Ausstattung, welche die Marktkirche Mitte des 19. Jahrhunderts durch den Hannoverschen Stadtbaumeister Droste erhalten hatte, ist äußerst bedauerlich. Aber zweifelsfrei ist die Marktkirche für uns heute ein bedeutendes Denkmal des Mittelalters und des Wiederaufbaus, mit hoher historischer Aussagekraft und bemerkenswerter ästhetischer Qualität. Der gelungene Dialog Oesterlens mit dem spätgotischen Hallenbau ist für heutige Besucher klar nachvollziehbar, und gleichzeitig ist die Ausstrahlung dieses Sakralraumes mit seiner bewegten Geschichte emotional erfahrbar.

Schwieriger ist der ästhetische und emotionale Zugang der Betrachter zum vereinfacht wiederaufgebauten Kirchenraum von St. Egidien in Nürnberg. Ein paar Daten zur Geschichte dieser Kirche: Der mittelalterliche Bau wurde 1696 durch einen verheerenden Brand weitgehend zerstört; ab 1711 errichteten Johann und Gottlieb Trost einen barocken Neubau, in den sie den erhalten gebliebenen gotischen Chor einbezogen (Gürsching 1938). Im Zweiten Weltkrieg erlitt St. Egidien starke Verluste. Unter der Leitung des Nürnberger Architekten Rudolf Gröschel erfolgte ein vereinfachter Wiederaufbau mit einer modernen Deckenwölbung für das Kirchenschiff, da eine Rekonstruktion nicht mehr möglich war. Aus statischen Gründen verzichtete man auch auf die Wiederherstellung der barocken Emporen (Ev.-luth. Pfarramt 1996).

**Abb. 12** Gallenbach (Lkr. Aichach-Friedberg), kath. Pfarrkirche St. Stephan: Blick vom Kirchenschiff auf die westliche Orgelempore; der Stuck an Decke und Brüstung neubarock, aus der Zeit der Bauerweiterung nach Westen von 1910

Wenn man die Bilder des barocken Innenraumes von St. Egidien mit dem heutigen Kirchenraum vergleicht, bedauert man den Verlust dieser prächtigen barocken Saalkirche mit den zweigeschossigen Emporen, den Deckenfresken und der reichen Stuckierung Donato Pollis. Gleichzeitig erkennt man die Unmöglichkeit, den Barockbau zu rekonstruieren, dessen Emporen heute auch gar nicht mehr mit Gottesdienstbesuchern gefüllt werden könnten. Der schlichte Raum mit den klar identifizierbaren Hinzufügungen gefällt sicherlich nicht allen, aber bei genauerem Hinsehen entdeckt man ein gelungenes Beispiel eines „veränderten Wiederaufbaus" und damit ein wichtiges Zeugnis der Nachkriegsgeschichte. Die ästhetischen Qualitäten der 50er Jahre Gestaltung zeigen sich auch am Orgelprospekt, der bewusst keinen Bezug auf die verlorene barocke Orgel nimmt, die übrigens älter war als der barocke Neubau (Abb. 5 und 6).

## Orgelneubauten in historischen Kirchenräumen

Ein schwieriges Thema kirchlicher Denkmalpflege sind Orgelneubauten in historischen Kirchen: Im Spannungsfeld von Erinnerungswerten und Gegenwartswerten entstehen fast unweigerlich Konflikte zwischen Denkmalpflegern, Eigentümern und Nutzern. Kirchenräume

**Abb. 13** Gallenbach (Lkr. Aichach-Friedberg), kath. Pfarrkirche St. Stephan: die Orgel der Münchner Firma Franz Frosch von 1888, nach der Restaurierung von Orgelwerk und Orgelgehäuse im Jahr 2007

dienen primär dem Gottesdienst, aber sie werden heute immer mehr auch als Konzertsäle genutzt. Das steigert die Ansprüche an die musikalische Bandbreite und Qualität der Orgel; eine Überdimensionierung des Instruments ist häufig die Folge.

An St. Michael in Hildesheim kann der Konflikt zwischen kirchenmusikalischen Anforderungen und der Rücksicht auf die ästhetischen Qualitäten des Kirchenraumes dargestellt werden. Die von Bischof Bernward im frühen 11. Jahrhundert gegründete Kirche gehört zu den berühmtesten Werken ottonischer Sakralarchitektur, auch wenn sie im Laufe der Jahrhunderte viele Veränderungen und Verluste erfahren hat (Schädler-Saub 2000, S. 16–41). Der Wiederaufbau des im Zweiten Weltkrieg schwer beschädigten Kirchenbaus setzte sich das Ziel, die bernwardinische Doppelchoranlage mit zwei Querhäusern, Vierungstürmen und Treppentürmen wiederherzustellen. Im Innenraum trat eine schlichte Raumfassung, welche die erhaltenen mittelalterlichen Ausstattungsstücke hervorheben sollte, an die Stelle der verlorenen Dekorationsmalereien des Historismus. Die hellen Wandflächen und die Rundbogengliederung im Wechsel von dunkelroten und hellen Steintönen heben die feine Rhythmisierung der Architektur durch Pfeiler, Säulen und Arkaden hervor. Beim Begehen der Seitenschiffe und Querhäuser erfährt der Betrachter die Bedeutung der Blickbeziehungen durch Vierungsbögen und Arkaden in die einzelnen proportional harmonisch aufeinander abgestimmten Raumkompartimente. Das Arkadenmotiv wird als Leitmotiv in variierenden Proportionen mit den zierlichen Rundbögen der Engelschöre und mit der Bekrönung der Chorschranke wiederaufgenommen.

Die jüngste Instandsetzung von St. Michael, abgeschlossen 2010, ging mit einer Neugestaltung des Innenraumes einher, die aus denkmalpflegerischer Sicht teils kritisch zu beurteilen ist. Hier soll nur die neue Orgel von Gerald Woehl thematisiert werden, nicht in Hinblick auf ihre hohe Qualität als Musikinstrument, sondern in Bezug auf die architektonische Qualität des ottonischen Kirchenraumes. Auf der Homepage von St. Michael wird die plastische Gestaltung des Orgelgehäuses gelobt. Die Orgel sei zur Seite getreten, ohne sich zu verstecken, um „in Zwiesprache [zu] kommen mit den Engelsgestalten gegenüber an der Chorschranke, mit dem so klaren, aber doch unüberblickbaren Kirchenraum" (www.michaelis-gemeinde.de: letzter Zugriff 15.08.12). Im westlichen Querhaus und in der Vierung ist der Raum in der Tat unüberblickbar geworden, weil die überdimensionierte Orgel den südlichen Vierungsbogen einnimmt und damit eine für das Verständnis der Architektur wesentliche Blickbeziehung verstellt. Im Dialog mit dem Kirchenraum hätte man sich mehr Sensibilität gewünscht (Abb. 7 und 8).

Orgelneubauten, die als Musikinstrumente gelungen sind, aber in ihren Dimensionen und in ihrer Gestalt zu wenig Empathie für einen historischen Kirchenraum offenbaren, sind ein immer wiederkehrendes Problem in der praktischen Denkmalpflege. Als etwas älteres Beispiel sei die Nürnberger Frauenkirche vorgestellt. Die zierliche dreischiffige Hallenkirche wurde Mitte des 14. Jahrhunderts auf Veranlassung Karls IV. als kaiserliche Hofkapelle errichtet, Baumeister war wohl Peter Parler. Im Laufe ihrer Geschichte erfuhr die Frauenkirche zahlreiche Veränderungen: In der Barockzeit wurde sie zum protestantischen Predigtraum umgestaltet; im späten 19. Jahrhundert führte August von Essenwein eine umfassende Regotisierung der nun wiederum katholischen Pfarrkirche durch. Diese Gestaltung hatte Bestand bis zu den schweren Verlusten im Zweiten Weltkrieg. Der purifizierende Wiederaufbau unter dem Architekten Josef Fritz führte zu einer schlichten Raumgestaltung, welche die feingliedrige gotische Architektur zur bestmöglichen Geltung bringen wollte. In den Jahren 1979–1986 erfolgte eine umfassende Instandsetzung und Neugestaltung des Kirchenraumes, die sich von der zurückhaltenden Ästhetik des Wiederaufbaus distanzierte.

Im Zuge dieser Maßnahmen baute die Firma Klais eine große neue Orgel, die an der südlichen Chorwand aufgestellt wurde (Kath. Pfarramt 1996). So qualitätvoll diese Orgel als Musikinstrument auch ist, gestalterisch wirkt sie in dem fein proportionierten gotischen Kirchenraum letztlich überdimensioniert. Formensprache und Farbigkeit des Orgelprospektes erscheinen sehr dominant, die Rhythmik der gotischen Architektur und die mittelalterlichen Bildwerke werden in den Hintergrund gedrängt. Die spitz zulaufenden Formen des Orgelprospekts versuchen wohl eine Korrespondenz zum gotischen Gewölbe zu finden, was aber nicht wirklich gelingt. Ein besseres Verständnis der Parlerschen Architektur hätte zu größerer Zurückhaltung geführt (Abb. 9 und 10).

**Abb. 14** Halle an der Saale, ev. Marktkirche Unser Lieben Frauen: Blick vom Mittelschiff nach Osten mit dem Altarretabel der Cranachschule auf dem Hauptaltar und der nach 1967 rekonstruierten Raumfassung der Renaissance; auf der östlichen Orgelempore das 1663–1664 von Georg Reichel gebaute „Örgelchen", restauriert 1984

## Heutige denkmalpflegerische Herausforderungen bei Kirchenrestaurierungen

Das heutige Aussehen der allermeisten Kirchenräume ist durch vielfache historische Umgestaltungen geprägt. Die Wieskirche bei Steingaden, Mitte des 18. Jahrhunderts von den Gebrüdern Zimmermann geschaffen, hat ihren originalen Charakter dagegen weitgehend bewahrt, aufgrund ihrer spezifischen Situation und dank fachkundiger Restaurierungen. Zum Gesamtkunstwerk der Wies gehören nicht nur Deckengemälde und Stuckdekoration, Altäre und Kanzel, sondern auch die Orgel.

Die erste Orgel der Wies entstand 1757, mit einem Orgelwerk von Johann Georg Hörterich. 1926 erfolgte ein Orgelumbau durch die Münchner Firma Willibald Siemann; ein kompletter technischer Neubau unter Erhaltung und Einbeziehung des historischen Orgelgehäuses, des alten Pfeifenwerks und des Spieltischgehäuses. Bereits 1956 wurde die Siemann-Orgel durch einen Neubau der Firma Gerhard Schmid aus Kaufbeuren ersetzt. Dabei wurden erhebliche Teile des barocken Pfeifenwerks und das Spieltischgehäuse eliminiert. 2008 plante man einen technischen Neubau des Instruments unter Bewahrung des barocken Bestandes. Recherchen führten zur Wiederentdeckung des originalen Spieltischgehäuses und eines großen Bestandes an barocken Metallpfeifen. In Hinblick auf das barocke Gesamtkunstwerk

**Abb. 15** Halle an der Saale, ev. Marktkirche Unser Lieben Frauen: Blick vom Mittelschiff nach Westen auf die westliche Orgelempore mit der 1713–1716 von Christoph Cuntius gebauten Orgel, von der das (ursprünglich holzsichtige) Gehäuse erhalten blieb, während das heutige Orgelwerk 1984 neu gebaut wurde

Wieskirche war es aus denkmalpflegerischer Sicht verpflichtend, den gesamten historischen Bestand der Hörterich-Orgel wieder zusammenzuführen und der Neubaukonzeption zu Grunde zu legen, mit einer überzeugenden Verbindung von Restaurierung und Neubau. In der Abwägung denkmalpflegerischer Belange wurde die Erhaltung der Schmid'schen Orgel als nicht vorrangig beurteilt (Könner 2010) (Abb. 11).

Unsere Denkmallandschaft ist auch durch kleine Dorfkirchen geprägt. Hier sei ein bayerisches Beispiel vorgestellt: die katholische Pfarrkirche St. Stephan in Gallenbach. Der kleine barocke Saalbau wurde 1910 nach Westen verlängert. Zur qualitätvollen Ausstattung zählen die Altäre des 18. und der neubarocke Stuck des frühen 20. Jahrhunderts, außerdem eine kleine Orgel der Münchner Firma Franz Frosch von 1888. In den meisten Kirchen finden wir heute Orgelwerke des 20. Jahrhunderts in älteren Gehäusen. Dagegen wurde die Gallenbacher Orgel im letzten Jahrhundert auch aus Sparsamkeit nur geringfügig verändert. Im Zuge der jüngsten Instandsetzung des Kirchenraumes 2007 wurde sie mit der Zielsetzung restauriert, das ursprüngliche, rein mechanische Orgelwerk und das dazugehörige Gehäuse authentisch zu erhalten, mit partiellen Rückführungen auf den originalen Bestand. Sparsamkeit und Respekt vor der Originalsubstanz sind hier eine erfreuliche Allianz im Sinne der Denkmalpflege eingegangen (Abb. 12 und 13)[2].

Zum Abschluss ein Blick in die Marktkirche in Halle an der Saale. Der Kirchenbau aus der Mitte des 16. Jahrhunderts ist ein bedeutendes Zeugnis spätgotischer Baukunst, ein wichtiger Ort der Orgelkultur und ein Dokument der Denkmalpflege in der DDR. 1896 erfuhr der Kirchenraum eine umfassende Restaurierung. Im Zweiten Weltkrieg erlitt er keine Verluste, wurde jedoch 1967 durch die Explosion der Dampfheizung schwer geschädigt. Restauratorische Untersuchungen führten zur Entscheidung, die schadhafte Raumfassung von 1896 abzunehmen und die Renaissancefassung zu rekonstruieren – ein frühes Beispiel für die Interpretation und Ergänzung eines Renaissance-Befundes. Hinzu kamen ein neues Gestühl und die Entscheidung für die Wiederaufstellung des Altarretabels der Cranach-Schule auf dem Hauptaltar.

Die Marktkirche besitzt zwei Orgeln: das sogenannte Örgelchen auf der Ostempore, gebaut 1663–1664 von Georg Reichel, sowie die große, prächtige Orgel auf der Westempore, geschaffen 1713–1716 von Christoph Cuntius aus Halberstadt und in Gegenwart von Johann Sebastian Bach eingeweiht (Abb. 14 und 15). Die Cuntius-Orgel erhielt 1897 ein neues pneumatisches Orgelwerk; das barocke Werk opferte man dem technischen Fortschrittsglauben und romantischen Klangvorstellungen. Erhalten blieb das bis dahin holzsichtige Gehäuse des frühen 18. Jahrhunderts, das man mit einer weiß-goldenen Fassung versah. Das Orgelwerk von 1897 wurde durch die Heizungsexplosion 1967 geschädigt; eine Wiederherstellung war kaum mehr möglich und bei einem romantischen Instrument wohl auch nicht angestrebt. 1984 wurde die neue, von der Potsdamer Firma Schuke gebaute Orgel eingeweiht. Dagegen konnte die seit dem 19. Jahrhundert nicht mehr genutzte und daher fast unveränderte kleine Reichel-Orgel trotz der Schädigungen durch die Heizungsexplosion erhalten bleiben. Sie wurde als bedeutendes Zeugnis der barocken Orgelkultur erkannt und von der Firma Schuke im Sinne des historischen Klangbildes restauriert (Runowski 2004).

Welche Schlüsse lassen sich in aller Kürze aus diesen Beispielen ziehen? Die große Orgel in der Marktkirche zu Halle zeigt: Je schneller Restaurierungen und Umbauten aufeinander folgen, desto mehr historische Substanz geht verloren und desto heftiger wird sich das Rad der Restaurierungen und Umbauten auch in Zukunft drehen, weil die jeweils nachfolgende Generation das Werk der Vorgängergeneration am wenigsten zu schätzen weiß. Kann man deshalb sagen: Die beste Chance für die Denkmalpflege ist es, wenn ein Kulturdenkmal eine Zeitlang in Vergessenheit gerät, wie die kleine Reichel-Orgel? Das mag im Einzelfall gelten, darf aber nicht generalisiert werden. Denkmalpflege will nicht musealisieren, sondern historisches Bewusstsein und ästhetische Sensibilität in möglichst breiten Kreisen der Gesellschaft fördern und damit auch die Fähigkeit, sich auf die vielfältigen Äußerungen der Vergangenheit mit Empathie einzulassen und sie wert zu schätzen – jenseits modischer Strömungen.

Denkmalpfleger beharren nicht auf der reinen Doktrin der Substanzerhaltung, weil jede Restaurierung in der Tat eine zeitgebundene Interpretation eines Denkmals darstellt und das Denkmal sich damit verändert. Im interdisziplinären Austausch mit anderen Fachleuten und im Dialog mit der Gesellschaft verstehen sich Denkmalpfleger aber als Anwälte der Denkmale und wünschen sich Verständnis, Respekt und Behutsamkeit im Umgang mit unserem kulturellen Erbe. Wie wichtig das ist, lehrt uns die Restaurierungsgeschichte.

2 Dem Organisten Peter Ertl, Gallenbach, sei hier für freundliche Informationen gedankt.

## Literatur


Bushart, Bruno (1994): Die Fuggerkapelle bei St. Anna in Augsburg, München: Deutscher Kunstverlag.

Dehio, Georg (1901): Was soll aus dem Heidelberger Schloss werden? Straßburg: Flugschrift.

Ev.-luth. Pfarramt St. Egidien (Hrsg.) (1996): Nürnberg St. Egidien, Passau: PEDA-Kunstverlag (PEDA-Kunstführer Nr. 379/1996).

Fontana, Armon (2004): Die Kirchen in Rhäzüns, Bern: Gesellschaft für Schweizerische Kunstgeschichte (Schweizerische Kunstführer Serie 76, Nr. 755).

Gürsching, Heinrich (1938): Die St. Egidienkirche in Nürnberg. Zu ihrer Wiederherstellung, in: Kirche und Kunst, hrsg. vom Verein für christliche Kunst in der evangelischen Kirche Bayerns, 23, Nr. 2/3.

Huse, Norbert (1996): Denkmalpflege. Deutsche Texte aus drei Jahrhunderten, München: C. H. Beck (2. Auflage).

Kath. Pfarramt U. L. Frau (Hrsg.) (1996): Die Frauenkirche zu Nürnberg, Passau: PEDA-Kunstverlag (PEDA-Kunstführer Nr. 369/1996).

Könner, Nikolaus (2010): Die neue Orgel der Wieskirche – ein Fall für die Denkmalpflege? In: Denkmalpflege Informationen, hrsg. vom Bayerischen Landesamt für Denkmalpflege, Nr. 147, S. 24–29.

Müller, Ulfrid (1983): Die Marktkirche St. Georgii et Jacobi in Hannover, München/Berlin: Deutscher Kunstverlag (Große Baudenkmäler H. 351).

Ramisch, Hans/Steiner, Peter B. (1994): Die Münchner Frauenkirche. Restaurierung und Rückkehr ihrer Bildwerke zum 500. Jahrestag der Weihe am 14. April 1994, München: J. Pfeiffer Verlag.

Riegl, Alois (1903): Der moderne Denkmalkultus, sein Wesen, seine Entstehung, Wien: Braunmüller.

Runowski, Michael F. (2004): Klingende Architektur. Kleine Orgelgeschichte der Marktkirche zu Halle, in: Die Marktkirche Unserer Lieben Frauen zu Halle, Halle an der Saale: Verlag Janos Stekovics, S. 47–53.

Ruskin, John (1900): Die sieben Leuchter der Baukunst, Kap. VI, Der Leuchter der Erinnerung, englische Originalausgabe London 1849, deutsche Übersetzung Dresden: Eugen Diedrichs-Verlag.

Schädler-Saub, Ursula (2000): Mittelalterliche Kirchen in Niedersachsen. Wege der Erhaltung und Restaurierung, Petersberg: Michael Imhof Verlag (Schriften des Hornemann Instituts, 4).

Theil, Edmund (o. J.): Die Pfarrkirche von Sterzing, Bozen: Verlagsanstalt Athesia (Kleiner Laurin-Kunstführer Nr. 24).

Viollet-le-Duc, Eugéne Emanuel (1867): Dictionnaire Raisonné de l'Architecture Française du XI au XVI siècle, 9 Bde., Paris: A. Morel Éditeur.

Bernhard Buchstab

# Konservierung von Klang?

## Die Orgel als Denkmal

Historische Orgeln sind Geschichtszeugnisse und somit Denkmäler in dreifacher Hinsicht: Zum einen sind sie in der individuellen Gestaltung der Gehäuse und Orgelprospekte architektonische und kunsthandwerkliche Zeugnisse der jeweiligen Epoche. Sie dokumentieren in ihrer Konzeption und Gestaltung bis hin zu ihrer Verzierung unterschiedliche Ausprägungen verschiedener Orgellandschaften und zeigen typische regionale und künstlerische Eigenarten auf.

Als technische Denkmäler bekunden sie zweitens die verschiedenen Handwerkspraktiken in der Geschichte des Orgelbaues, so zum Beispiel mechanische, pneumatische oder elektrische Trakturen in Verbindung mit verschiedenen Windladensystemen wie beispielsweise Schleif- oder Kegelladen und unterschiedlichen Windsystemen, man denke an Balganlagen mit Keil-, Magazin- oder Ladenbälgen. All diese Merkmale geben Aufschluss über die jeweiligen firmenspezifischen, zeittypischen und handwerklichen Eigenheiten.

Als Klangdenkmäler sind sie schließlich Zeugnisse der Musikgeschichte, repräsentieren sie doch in ihrer klanglichen Eigenart die jeweiligen musikalischen Charaktere und Einflüsse ihrer Zeit und auch der jeweiligen Regionen. Hierzu zählen verschiedene Dispositionen und Register, Stimmungen und Stimmtonhöhen, aber auch verschiedene Winddrücke und unterschiedliche Intonationsweisen. Für die adäquate Umsetzung und Darstellung zeitgenössischer Musik ist ein Bestand an historischen Instrumenten unerlässlich. Gerade historische Orgeln stellen über die visuell wahrnehmbare Gestaltung des Orgelprospektes hinaus vor allem auch ein akustisches Zeitzeugnis dar, welches die musikalischen Vorstellungen und Eigenheiten der jeweiligen Epochen erlebbar macht.

Diese Unterscheidung wirft jedoch auch Fragen nach der Wertigkeit der verschiedenen Teilbereiche der Orgel auf. Sind fehlende Pfeifen, d. h. ein nur fragmentarisch erhaltenes oder gar vollständig fehlendes Pfeifenwerk, für den Denkmalwert einschneidender oder gravierender zu bewerten als beispielsweise eine fragmentarisch erhaltene Traktur oder eine fehlende Windanlage? Mit anderen Worten gefragt: Beeinträchtigt der fehlende musikalische Zeugniswert den gesamten Denkmalwert mehr als möglicherweise ein fehlendes Gehäuse und damit der künstlerische, kunsthistorische Teil oder die Traktur oder Windlade als handwerkliches oder kunsthandwerkliches Geschichtszeugnis? Lässt sich damit unter Umständen ein fehlendes Gehäuse anhand von Fotos oder Zeichnungen leichter rekonstruieren als ein fehlendes Pfeifenwerk?

Bei einer möglichen Vervollständigung des Mangels ist jedoch gleichermaßen zu hinterfragen – dies mag vielleicht hinsichtlich der Rekonstruktion des Pfeifenwerks bedeutender sein als bei anderen Orgelteilen –, ob eine solche Maßnahme ein Zugewinn des geschichtlichen

Zeugniswertes bedeutet oder möglicherweise eher schmälert. Wenn die musikalische Komponente, also das Pfeifenwerk, eine bedeutende Rolle spielt für das Wesen des Instrumentes in seiner Eigenschaft als Denkmal und musikalisches Geschichtszeugnis, wird dann die Denkmaleigenschaft nicht gerade durch die Rekonstruktion, also Neuanfertigung eines großen Teiles des Pfeifenwerks in Frage gestellt?

Ist die Erhaltung und Restaurierung der ersten beiden Bereiche – Gehäuse und Technik – in den materiellen Gegebenheiten zumeist klar und praktisch handhabbar, so berührt der dritte, klangliche Bereich einen Aspekt, welcher ihn grundsätzlich von der Restaurierung anderer Gegenstände oder gar Gebäude unterscheidet: Es ist das Wesen der Orgel als Musikinstrument.

## Klang in Raum und Zeit

Dieser grundsätzliche Unterschied liegt insbesondere in einem sehr wesentlichen Aspekt unseres Themas begründet, dem ephemeren Charakter der Musik als solchem, d. h. der genuinen Eigenschaft der Musik als flüchtiges, zeitgebundenes und vergängliches Medium, als Zeitkunst, die wie keine andere Kunst in einen zeitlichen Ablauf eingebunden ist. Musik ist so betrachtet immer zuerst Ereignis und Augenblick, etwas, das zeitlichen Bestand und Dauer als eigene Qualität nicht besitzt. Sie wird im Wesentlichen ‚erlebt', sie entsteht und vergeht und ist letztendlich nur während ihrer Aufführung präsent, sie hat damit ihr Bleiben ausschließlich in der Erinnerung, in der Vorstellung.

Diese Eigenschaft unterscheidet Musik grundsätzlich von der dauerhaft erlebbaren Architektur. Architektur ist gestalteter, in materialer Konkretion erfahrbarer Raum. Wenn man Schelling oder auch Schopenhauer bemühen möchte, so ist Architektur „erstarrte Musik" oder „gefrorene Musik" (Schopenhauer), in der die unablässig verrinnende Zeit in der Momentaufnahme erstarrt und räumlich fixiert erscheint. Dem steht andererseits die Musik als verflüssigte Architektur gegenüber, als Projektion einer Form in einen Zeitablauf, als Zeitgestalt.

Erst durch das Mittel der Notation wird Musik in gewisser Weise dauerhaft präsent gemacht, wird sie erhalten. Und immer auch bedarf die Musik eines Hilfsmittels, eines Erzeugers, also der menschlichen Stimme oder eines Musikinstrumentes, um zu erklingen. Vor dem Zeitalter der Fixierung der Musik auf Tonträger und der damit verknüpften Möglichkeit der nahezu beliebigen Reproduktion war die Musik stets ein einmaliges und unwiederbringliches Ereignis.

Musik lebt aus der Erinnerung, sie weckt Emotionen und ist in hohem Maße subjektiv erfahrbar. Heute können bestimmte Klänge, Tonfolgen oder eben Töne einen Zuhörer, oder zum Beispiel auch einem Musiker, oder – konkret auf die Orgel bezogen – einen Orgelbauer oder Intonateur überhaupt berühren und morgen schon vielleicht kann bei derselben Musik derselbe Mensch das Erlebnis nicht mehr wiederfinden.

Zudem ist das Erleben von Musik in emotionaler Hinsicht, aber auch rein physikalisch-akustisch wesentlich von dem umgebenden Raum abhängig. All dies lässt das Konservieren von Klang bzw. von Klängen schwierig, nahezu unmöglich erscheinen.

Es ist die Zeitgebundenheit der Musik, in welche auch die Musikinstrumente hineingenommen sind und die ihr Wesen, ihren Charakter mitbestimmt. Durch die Vergänglichkeit der

**Abb. 1** Marburg, Universitätskirche, Orgel

Musik sind auch die Musikinstrumente temporäre Tonträger, denn sie erklingen, abgesehen von Automaten, nur innerhalb einer bestimmten Zeit, während einer Bedienung durch einen Spieler oder Interpreten. Dies bedeutet, dass Musikinstrumente in der Regel einem permanenten Wechsel von Erklingen und Nicht-Erklingen unterworfen sind, das heißt aber, dass auch das Nicht-Erklingen, die Ruhe und Stille zum Wesen eines Musikinstrumentes gehört.

Ein sehr schönes Beispiel hierfür ist das John Cage Projekt in der Burchardikirche in Halberstadt, die Umsetzung der „As slow as possible"-Anweisung des Stückes Organ 2 auf 639 Jahre gestreckt, von 2001 bis 2640. Die Aufführung begann im September 2001 mit einer anderthalbjährigen Pause, bevor im Februar 2003 der erste Ton erklang. Seit dem 5. August dieses Jahres klingen das C und das Des für jeweils 36 (bis 2047) bzw. 60 (bis 2071) Jahre.

Seine grundsätzliche Funktion, man könnte auch sagen seinen Sinn, bezieht ein Musikinstrument somit zuallererst aus der Erzeugung von Musik. Sie liegt also im klanglichen Bereich. Vor einigen Jahren wurde ebenfalls hier in Fulda eine Podiumsdiskussion mit Vertretern aus unterschiedlichen Bereichen veranstaltet. Sie trug den Titel „Was ist eine Denkmalorgel?" Die Diskussion kulminierte seinerzeit in der These, dass die Orgel nur zu jenem Zeitpunkt wirkliches Denkmal ist, wenn sie gespielt wird, d. h. wenn sie erklingt und damit in ihrer Funktion als Musikinstrument erscheint.

Mag dies auch etwas zu weit reichen, so offenbart sich hier doch der Kern der Frage, die meines Erachtens auch hier zu stellen ist. Denn man kann es auch aus der Gegenrichtung betrachten: Wird ein Musikinstrument zum Möbelstück, wenn es nicht oder nicht mehr gespielt wird oder nicht mehr gespielt werden kann? Oder behält es auch dann trotzdem sein ureigenes Wesen und ist als solches weiterhin erkennbar? Auch ein leerstehendes Gebäude, wenngleich es seine Funktion als Wohnraum nicht mehr ausübt, ist allein aufgrund seines Zeugniswertes ein Denkmal. Immer bleibt die Option, dass es wieder genutzt und bewohnt, ein Instrument wieder gespielt werden kann. Wie können wir dann dem Musikinstrument am ehesten gerecht werden?

Immer liegt in der dauerhaften, gegenständlichen Präsenz eines Musikinstrumentes, insbesondere bei den zumeist individuell auf den Kirchenraum abgestimmten Orgeln, auch eine zumindest visuelle Dauerhaftigkeit des vergänglichen Mediums der Musik begründet. Ein Musikinstrument weckt Erinnerungen und Vorstellungen an vergangene Musik, auch wenn, oder gerade dann, wenn es nicht erklingt. Gleichwohl liegt unzweifelhaft die ureigene Funktion des Musikinstruments in der realen Erzeugung von Tönen und Klängen.

Und so ist es doch ureigenes Ziel jeder Restaurierung, die Konservierung des musikalischen Teils anzustreben.

## Umgang mit der Klangeigenschaft in der Praxis

Ein Beispiel einer Restaurierung in jüngerer Zeit, bei der es zwar gelang, den konkreten, substanziellen Bestand der Orgel zu erhalten, der Klangcharakter der Orgel aber dennoch verändert wurde, stellt die Orgel der Universitätskirche in Marburg dar (Abb. 1). Sie war 1927 von der Firma Walcker aus Ludwigsburg als zweimanualiges Instrument errichtet worden. 1965 wurde dann aber hinter dem wunderbaren, expressionistisch ausgestalteten Prospekt von der

Firma Hammer aus Hannover ein neues, dreimanualiges Orgelwerk mit insgesamt 46 Registern eingebaut. 1986 wurde die ursprüngliche elektrische Spielanlage durch eine mechanische Traktur ersetzt und hierzu auch der Spieltisch erneuert.

Wegen der erhaltenen Bestandteile (Gehäuse, Windladen, Pfeifenwerk und Windanlage) war die Orgel als ein denkmalwertes Instrument erachtet worden. Dazu trug insbesondere ihre neobarocke klangliche Ausprägung bei, für die zeittypische Register wie Rauschquarte, Quartan und Nonenkornett standen.

Neben verschiedenen Arbeiten an den mechanischen und elektrischen Bauteilen war nun auch eine klangliche Erweiterung innerhalb der Disposition vorgesehen mit dem Ziel, so bezeichnete Missstände oder Lücken zu beheben und dem Werk mehr „Gravität" zu geben. So sollte im Oberwerk angesichts der überrepräsentierten Obertonregister künftig auch die labiale 16′-Lage vertreten sein. Es gelang im Dialog mit den Kirchenmusikern, den historischen Bestand unangetastet zu lassen, so dass lediglich durch zusätzlich eingestellte Register – der Platz war in der Orgel noch vorhanden – und Transmissionen bzw. Vorabzüge eine Erweiterung stattfand. Auf diese Weise konnte zwar dem Wunsch nach mehr klanglichem Fundament entsprochen werden, gleichzeitig aber auch der überkommene historische Pfeifenbestand erhalten werden.

Das klangliche Ergebnis war für den Denkmalpfleger dennoch ernüchternd. Die intonatorischen Arbeiten sahen zwar vor, die Register lediglich in sich und in ihrem Zusammenklang auszugleichen. Dies sollte die Lautstärke, die Ansprachegeschwindigkeit und die Klangcharakteristik umfassen und sehr behutsam erfolgen. Letztlich war aber durch die verschiedenen intonatorischen Maßnahmen, z. B. das teilweise Aufschneiden der Labien etc., der neobarocke, obertönige Klangcharakter zugunsten eines grundtönigeren Klangideals, welches sich ja bereits durch die Hinzufügung von grundtönigen Stimmen angedeutet hatte, verändert worden. Zwar blieb das historische Pfeifenmaterial in der Grundsubstanz erhalten, die ursprüngliche, zu dem Pfeifenwerk gehörende klangliche Aussage ist aber verloren gegangen.

## Plädoyer für einen respektvollen Umgang mit dem Orgelkulturerbe

Um sich einem Instrument wie dem eben vorgestellten so sensibel und behutsam zu nähern, sind also bestimmte Voraussetzungen notwendig. Grundlage ist vor allem eine Wertschätzung der Zeit und der Zeitumstände, in der es entstanden ist, denn Musik, aber eben auch Musikinstrumente werden nicht im sogenannten ‚luftleeren Raum' geschaffen, sondern jeweils in einer ganz bestimmten historischen und sozialen Situation. Musik wird komponiert, um aufgeführt zu werden, um – so jedenfalls die Hoffnung jedes Künstlers – ein entsprechendes Publikum zu finden. Orgeln werden gebaut, um ebenfalls eine geneigte Hörerschaft zu finden, die ihre Gestalt und besonders auch ihren Klang schätzt. Musik und Musikinstrumente wollen, wie jede Kunst, wahrgenommen werden. So werden sie unmittelbar mit den jeweiligen gesellschaftlichen Rahmenbedingungen ihrer Zeit konfrontiert, stehen mit diesen in einem unmittelbaren Zusammenhang.

Musik und Instrumente sind daher Ausdruck von Kulturgeschichte, Ausdruck des soziokulturellen Zeitgeschehens. Nur im Verständnis der jeweiligen Zeit lässt sich Musik begreifen und demzufolge ‚konservieren'. Der Umgang mit der Musik einer Zeitepoche setzt immer auch die Kenntnis dieser Zeit und ein entsprechendes Verständnis voraus. Je intensiver die Kenntnis ist, desto eher lässt sich Musik bzw. Klang authentisch wiedergeben und bestenfalls überhaupt als schön empfinden.

Das heißt – um in diesem Zusammenhang noch einmal den Bogen zu der vorgestellten Orgel zu schlagen –, dass es notwendig ist, sich in jene Zeit hineinzuversetzen, in der das Orgelwerk geschaffen wurde: Die 1960er Jahre sind das Jahrzehnt, welches im Moment durch die 50-jährigen Jubiläen wieder neu beleuchtet und gesehen wird, von dem vieles wieder modern und en vogue ist. 1961 wurde die Berliner Mauer gebaut, 1963 besuchte John F. Kennedy Berlin. Es war die Ära der Bundeskanzler Konrad Adenauer, Ludwig Erhard, Kurt Georg Kiesinger und Willy Brandt. Die Studentenbewegung hatte ihren Höhepunkt 1968, ein Jahr später, 1969, fand das große Musikfestival in Woodstock statt. Ebenfalls 1969 landete der erste Mensch auf dem Mond, 1972 fanden die Olympischen Spiele in München statt. Die 60er Jahre waren das Jahrzehnt des technologischen Fortschritts, mit dem Ziel des Wohlstands und der Vollbeschäftigung. Die Kernenergie wurde entwickelt, Minirock und Bikini waren modern, 1967 wurde das Farbfernsehen eingeführt. In musikalischer Hinsicht war es das Jahrzehnt der Beatles, der Rolling Stones und des Jimi Hendrix. Im deutschen Fernsehen wurden die Serien „Familie Hesselbach" und „Raumschiff Enterprise" ausgestrahlt.

Und doch sind es gerade die Instrumente jener Zeit, die gegenwärtig mehr denn je oder auch immer noch auf dem Prüfstand stehen. Liest man die Berichte in den einschlägigen Fachzeitschriften, werden Orgelneubauten häufig mit den klanglichen, ästhetischen oder technischen Unzulänglichkeiten des aus den 1960er Jahren stammenden Vorgängerinstruments gerechtfertigt, das nicht mehr einsatzfähig gewesen sei und deshalb abgebaut werden musste. Die alte Orgel verrichtet dann oftmals eben doch noch treu ihren Dienst, nun in einem osteuropäischen Land oder – wie unlängst geschehen – in Süditalien.

Letztendlich ist aber das entscheidend, was Kilian Gottwald in einem Leserbrief in einer der jüngsten Aussagen der Zeitschrift „Ars Organi" zum Ausdruck brachte. Er vergleicht die Herangehensweise der Beteiligten, also des Kirchenmusikers, des Orgelbauers, des Restaurators und des Intonateurs, mit derjenigen eines Gesanglehrers (Gottwald 2011, S. 199). Vielleicht kann man diesen Vergleich auch noch grundsätzlicher ausweiten: die Herangehensweise eines Pädagogen an die Ausbildung seines Schülers. Denn für den Erfolg einer Restaurierung gerade im klanglichen Bereich ist, wie für den Erfolg einer Gesangausbildung, die positive Grundeinstellung des Restaurators, Intonateurs oder Gesangspädagogen entscheidend. Eben nicht die Fehler oder Schwächen des Schülers – der Orgel – zu sehen, sondern die positiven Aspekte als Ausgangspunkt der gesanglichen bzw. intonatorischen Arbeit zu nehmen und diese auszubauen, muss Perspektive und Ziel der Arbeit sein: „In jedem Instrument", so Kilian Gottwald, „ist ja etwas von der Musikalität, vom Engagement, von der Seele des Intonateurs enthalten" (Gottwald 2011, S. 199).

Wir sollten uns also bemühen, nicht von vornherein über jene Instrumente ‚die Nase zu rümpfen'. Vielmehr sollten wir versuchen, zumindest unvoreingenommen, im besten Falle aber mit einer offenen Grundhaltung an die Orgel heranzutreten, ihr eine professionelle Wertschätzung entgegenzubringen und zu versuchen, uns in den entstehungszeitlichen Kontext hineinzuversetzen, uns also die musikalischen und kulturellen Umstände bewusst zu machen, die in ihr aufgehoben sind. Nur dann kann es gelingen, ihrem ursprünglichen musikalischen Wesen und ihrer klanglichen Grundaussage gerecht zu werden.

Wenn jedoch, wie unlängst geschehen, ein Orgelsachverständiger über ein Orgelwerk sinngemäß urteilt, er habe es mit Orgelbau auf dem schlechtesten vorstellbaren Niveau überhaupt zu tun, so zeigt dies, dass hier mit einer vorgefassten Meinung an die Beurteilung herangegangen wurde, die eine vorurteilsfreie Bewertung aller fachlichen Aspekte außer Acht lässt. Dem entgegen sollte zunächst grundsätzlich unterstellt werden, dass der Orgelbauer zwar durchaus unter den gegebenen zeittypischen Prämissen, aber doch immer auch mit Liebe zu seinem Werk handelt. Erst dann gelingt es, sich mit Respekt und Achtung einem Orgelwerk zu nähern und es der nächsten Generation behutsam und sorgsam weiterzugeben.

Hermann Josef Busch hielt im Rahmen einer von der Denkmalpflege und der Evangelischen Landeskirche von Kurhessen-Waldeck organisierten Tagung der hessischen Orgelsachverständigen zum Umgang mit den Orgeln der 1960er Jahre ein Referat, in dem er sehr persönlich seinen Werdegang schilderte, seine „orgelbewegten Wurzeln", wie er von sich selbst sagte (Busch 2011, S. 40ff.). Damit beschrieb er letztlich genau den Umgang der Kirchenmusikerinnen und Kirchenmusiker mit den Instrumenten der 1960er Jahren bzw. jene Zeitumstände, in welche die Instrumente hinein gebaut wurden. Busch beschrieb eine Orgellandschaft, die überwiegend von klanglich romantisch orientierten Instrumenten geprägt war. So erzählte er davon, dass er noch bis 1963 keine Gelegenheit hatte, an einer mechanischen Orgel zu üben.

Vielerorts standen ursprünglich in irgendeiner Form entweder pneumatische oder elektropneumatische Instrumente; Busch spricht von „pneumatischen Ruinen" (Busch 2011, S. 40ff.), die zum Teil bereits entweder vor oder nach den Kriegsjahren barockisiert worden waren oder noch wurden. Er berichtete von einer umgebauten Sauer-Orgel, worin sich eine Sifflöte 1' und eine Terzzimbel befanden, von deren schrillen Klängen er damals begeistert war. Er berichtete weiterhin von der – und das hängt ja unmittelbar zusammen – Orgelliteratur innerhalb seiner Ausbildung, geprägt von den „Kaller" und „Keller"-Schulen; mit dem Schwerpunkt der Literatur bei Bach und der süddeutschen, frühbarocken und norddeutschen Barockliteratur. Das 19. Jahrhundert war allenfalls mit Mendelssohn und Reger vertreten. Dann aber eben die – damals – aktuelle Literatur: Pepping, David, Distler, Micheelsen, etc. Busch gestand freizügig seine damalige Lust am Abschneiden, Umstellen des Pfeifenwerks, am Umdisponieren im neobarocken Sinne.

Es ist diese selten zu erlebende Offenheit, die sehr beeindruckt hat, letztendlich aber vortrefflich die Umstände jener Zeit darstellt, die viele der aktuell tätigen Kirchenmusiker, Orgelsachverständigen und Orgelbauer so oder wenigstens so ähnlich ebenfalls erlebt haben.

## Resümee

Es genügt aus denkmalpflegerischer Sicht nicht, die Substanz, also insbesondere das Pfeifenmaterial, aber auch die anderen klangbildenden Elemente wie Windanlage, Windladen etc. zu erhalten. Am Ende ist es vielmehr von sehr vielen Faktoren abhängig, den sogenannten

„Originalklang" wiederherzustellen. Letztendlich kann es immer nur eine Annäherung innerhalb unserer heutigen Vorstellung von jener Zeit sein. Aus der heutigen Erfahrung mit den Vorgehensweisen unserer vorangegangenen Generationen und im Sinne einer nachhaltigen Herangehensweise betrachtet, sollten wir vorsichtig sein mit sogenannten Umgestaltungen, die immer auch unter den soziokulturellen Rahmenbedingungen der jeweiligen Zeit erfolgen. Mit Sicherheit werden die nachfolgenden Generationen unser Handeln wiederum anders und sicher auch kritisch bewerten. Noch immer werden Instrumente der 1960er Jahre umgebaut, verändert, in andere Länder günstig verkauft oder gar verschrottet. Allein es wächst ein zartes Pflänzchen in der Kirchenmusik, welches in der jüngeren Generation wieder die Teiltonregister schätzen lehrt. Vielleicht werden dann auch wieder Aluminiumtrakturen geschätzt, wenn in 50 Jahren die Aluminiumvorräte aufgebraucht sein werden.

## Literatur

Busch, Hermann Josef (2011): „Bewegte Instrumente". Deutscher Orgelbau der Nachkriegszeit, in: Ars Organi 2011, Heft 1, S. 40–43.

Gottwald, Kilian (2011): Zu: Ernst Zacharias, Voce umana und menschliche Stimme. Leserbrief, in: Ars Organi, Heft 3, S. 199.

Andreas Sieling

# Wissen – Übung – Praxis. Vielfalt in der Ausbildung für vielgestaltige Orgelkultur? Ein Plädoyer für integrierte Orgelkunst

Zu Beginn ihres Studiums frage ich unsere immer weniger werdenden Kirchenmusikstudierenden gerne, was denn für sie eine gute Orgel ausmacht. Natürlich sind die Antworten je nach Charakter des Befragten unterschiedlich, doch eine Tendenz lässt sich durchaus ablesen: „Eine gute Orgel ist ein Instrument, auf dem ich so spielen kann, dass es so richtig losgeht!" (Aspekt Lautstärke). Natürlich benötigt ein solches Instrument in den Augen der Erstsemester eine Voix céleste und – ganz wichtig (!) – eine Walze! Solche Antworten sind ganz erstaunlich, weil doch die Väter oder Großvätergeneration eben dieser so antwortenden Studenten eine Voix céleste und eine Walze für ein absolutes Ausschlusskriterium gehalten hätten: eine Orgel mit „Säuselstimmen" und Crescendowalze ist oder war für sie nämlich gar keine richtige Orgel.

Damit sind wir schon mitten in der Problematik: Warum fällt es so schwer zu akzeptieren, dass jede Zeit ihren ganz eigenen künstlerischen Ausdruck findet und dieser Ausdruck im Klang von Orgeln (und natürlich auch in der Gestaltung ihres Äußeren) seinen Niederschlag findet? Auch Instrumente unserer Vätergeneration, gebaut also in den 1950er oder 1960er Jahren, klingen bei guter Literaturwahl überzeugend. Hier, in diesem Kreise, sind wir uns darüber wohl ziemlich einig – aber: Wie sage ich es meinen Orgelschülern oder Studierenden? Wie vielfältig ist die Ausbildung im Orgelspiel heute an den Hochschulen? Hat dabei das Instrument und die Literatur der Neobarockzeit überhaupt eine Chance? Dieser Frage möchte ich im Folgenden gerne nachgehen.

Die Aufgabe der Lehrenden während der Ausbildung im Orgelliteraturspiel – egal ob im Anfängerunterricht oder im universitären Bereich – ist nicht nur die Vermittlung von technisch ‚richtigem', authentischem und historisch informiertem Spiel. Auch die hörende Erkundung von Instrumenten aller Epochen steht auf dem Lehrplan. In diesem Miteinander von speziellem Instrument und passender Literatur können Hör- und Spielweisen sensibilisiert und entwickelt werden. Wie sieht das in der Praxis aus?

Nebenbei gesagt können wir im Unterricht in den verschiedenen Disziplinen nicht mehr mit einer kirchlichen Sozialisation und einer breiten musikalischen Vorbildung unserer Studierenden rechnen. Es gibt viele, die z. B. noch nie das „Weihnachtsoratorium" von Bach gesungen haben; manche wissen nicht einmal, was sich hinter diesem Namen verbirgt. Viele Studierende – und das war allerdings schon immer so – waren noch nie in der Oper und werden wohl auch in Zukunft kein Opernhaus besuchen. Zahlreiche Studenten haben noch nie eine Bruckner- oder Mahler-Symphonie gehört und interessieren sich eigentlich auch gar nicht für Orchestermusik. Der Blick ist leider oft auf einen sehr kleinen Ausschnitt von Musik verengt.

Um dem entgegenzuwirken, gibt es im Bereich Chorleitung des Berliner Instituts für Kirchenmusik an der Universität der Künste eine Kooperation mit der Sing-Akademie zu Berlin. Im Rahmen der Veranstaltungsreihe „Oratorio" dirigieren die Studierenden zwei bis drei Mal im Semester ein größeres Oratorium zum Kennenlernen mit Chor, professionellen Solisten und Orchester: Im November 2011 stand das Brahms-Requiem auf dem Stundenplan, und im Dezember kommt, damit es wirklich jeder kennenlernt, das Weihnachtsoratorium von Johann Sebastian Bach an die Reihe. Jeder Student übernimmt dabei mindestens einen Satz. Mitglieder der Sing-Akademie stellen den Chor, aber auch Laien sind willkommen, um ihren Chorpart in dieser Art Mitsingkonzert vom Blatt zu singen. Zusätzlich werden die gespielten Kompositionen werkgeschichtlich erläutert.

Auf diese Art und Weise wird sichergestellt, dass unsere Studenten das klassische oratorische Repertoire und die praktische Arbeit mit Laiensängern kennenlernen. Durch diese Kooperation sowie durch die Zusammenarbeit mit dem Kammerorchester Prenzlau im Fach Orchesterleitung stehen unsere Studenten bereits vom ersten Semester an regelmäßig vor einem Orchester und nicht erst zu ihrer Abschlussprüfung. Darüber hinaus sind Hospitationen bei Proben des Rundfunkchors oder des RIAS-Kammerchores möglich, vereinzelt auch bei den Berliner Philharmonikern oder der Akademie für Alte Musik, Sir Simon Rattle, René Jacobs usw.

Zurück zum Bereich Orgelspiel: Oft ist es zu Beginn des Kirchenmusikstudiums nötig, den Studierenden eine Art Grundkurs im Bereich Artikulation und historisch informierter Aufführungspraxis anzubieten. Einerseits geschieht dies im Einzelunterricht mit dem jeweiligen Orgellehrer, aber auch – wenigstens am Institut für Kirchenmusik der UdK Berlin – im Seminar Aufführungspraxis (über 2 Semester). Gleichzeitig mit der Beschäftigung mit Alter Musik wird oft an Literatur aus der Romantik gearbeitet, um die unterschiedlichen Anschlagstechniken zu vermitteln, z. B. besondere Legato-Formen, oder aber auch um Unterschiede im Bereich der Agogik zu erarbeiten.

Im Laufe des Studiums wird das Repertoire mehr und mehr ausgeweitet, so dass sich ein Student am Ende des Studiums mit wenigstens folgenden Stilen intensiv auseinandergesetzt hat: Musik der Barockzeit aus Mitteldeutschland (Bach), Norddeutsche Orgelmusik, Süddeutsche Orgelmusik (Muffat, Knecht, Kerll usw.), deutsche Romantik (Ritter, Mendelssohn, Merkel, Liszt, Rheinberger, Reger, Karg-Elert), Musik aus Italien (Frescobaldi, Gabrieli, Martini, Pasquini, Scarlatti, aber auch Bossi), klassische französische Orgelmusik der Barockzeit, romantische französische Musik, symphonische französische Orgelmusik (Widor, Vierne, Duruflé, Dupré, Langlais), moderne französische Orgelmusik (Messiaen, Escaich, Florentz), aber auch ganz, ganz Alte Musik (Susanne van Soldt, Buxheimer Orgelbuch) oder – ganz im Trend: spanische Musik (Cabezón, Cabanilles, Arauxo, Bruna), zeitgenössische Musik: Sofia Gubaidulina, Petr Eben, John Cage, Jan Welmers, Mauricio Kagel usw.

Der Unterricht findet im optimalen Fall an einem authentischen Instrument statt, d. h. an Stilkopien. Norddeutsche Orgelmusik unterrichten wir z. B. an einer Orgel von Rowan West aus dem Jahr 2006/2007. Diese Orgel ist keine Rekonstruktion einer vorhandenen, sondern sie fasst die Erfahrungen des Orgelbauers mit historischen norddeutschen Instrumenten, ihrer Bauweise und ihrer Klanglichkeit, in einem neuen Instrument zusammen. Es handelt sich also in Analogie zur „historisch informierten Aufführungspraxis" um ein Instrument des

**Abb. 1** Berlin, Aula des Ökumenischen Instituts für Kirchenmusik der Universität der Künste Berlin, Schuke-Orgel

„historisch informierten stilistischen Orgelbaus". Italienische Barockmusik wird an einer historischen italienischen Orgel von 1740 unterrichtet. Weiter stehen eine strenge Kopie einer böhmischen Orgel (Hans van Rossum 2003) sowie eine Orgel mit mechanischer Kegellade der Gebrüder Dinse aus dem Jahr 1894 zur Verfügung.

Damit die hauseigenen Instrumente nicht die einzigen Maßstäbe der studentischen Ohren bleiben, werden herausragende Instrumente der Stadt oder des Umlandes in den Unterricht einbezogen. Orgelmusik von Bach wird bald an einer von der Hochschule initiierten, mitteldeutschen, historisch informierten Stilkopie von Rowan West unterrichtet werden. Symphonische französische Orgelmusik wird ab 2013 an einem Nachbau einer Cavaillé-Coll-Orgel unterrichtet, und für Reger und Karg-Elert gehen wir in den Berliner Dom. Soll es ein bisschen Carl Philipp Emanuel Bach sein? Dann geht's nach Karlshorst zur Orgel der Prinzessin Anna Amalie von Preußen, für die Carl Philipp Emanuel Bach seine Orgelsonaten schrieb. (Nebenbei gesagt glaube ich nicht, dass sich der Orgelbau heute in einer Sackgasse befindet und nur strenge oder freiere Stilkopien gebaut werden. Das zeigen herausragende, inspirierende Instrumente mit allen Möglichkeiten unserer Zeit, z. B. der Kunststation St. Peter in Köln oder die Orgelanlage des Kölner Doms.)

Zurück zum Unterricht: Mittlerweile ist der Luxus, zahlreiche authentische Unterrichtsinstrumente zur Verfügung zu haben, fast eine Selbstverständlichkeit an gut aufgestellten Instituten geworden. Ähnlich luxuriös geht es zum Beispiel in Stuttgart und Regensburg zu. Zusätzlich zum Unterricht in Berlin finden Studienreisen in bestimmte Regionen, in bestimmte Orgellandschaften statt. Darüber hinaus werden im Orgelunterricht und im obligatorischen Orgelmethodik-Unterricht Kenntnisse aus dem Bereich der Alexandertechnik und Feldenkrais einbezogen, um ‚gesundes', fließendes Spiel zu ermöglichen.

Im Folgenden habe ich meine Ansprüche an eine solche ganzheitliche Vermittlung des Orgelspiels zusammengetragen, die für meinen Doktorvater Hermann J. Busch ein zentraler Bestandteil der von ihm so bezeichneten „Integrierten Orgelforschung" war (vgl. hierzu Busch 1990; dieser Text ist der erste Grundsatztext Buschs zum Thema „Integrierte Orgelforschung").

## Integrierte Orgelkunst

Kriterienkatalog: „Handwerkzeug" für den Orgellehrer

- Literaturübersicht
- Geeignete Literatur für Schüler heraussuchen
- Übemethodik
- Methodisch-didaktisches Grundwissen
    - Kommunikationstheoretische Kenntnisse
    - Welche Aktionsformen gibt es?
    - Welche Lernfelder gibt es?
    - Welche Unterrichtsziele gibt es?
    - Welche Methoden gibt es?
    - Stundenplanung

- Physiologische Kenntnisse
  - Feldenkrais
  - Alexandertechnik
  - Entspannungstechniken
  - aber auch: Bewegungsabläufe, richtiger Sitz am Instrument, der Spielapparat
- Aufführungspraktisches Wissen
  - Quellenkunde
  - Historische Spieltechniken (barocke Taktakzentuierung – Artikulation – Ornamentik (Verzierungstechniken) – Registrierungen – Rhetorik – Affektenlehre – musikalische Klangrede – historische Applikaturen – Fingersatzsysteme und ihre Traditionen – inegales Spiel und rhythmische Konventionen
  - Historische Stimmungen
- Musikwissenschaftliche Kenntnisse
  - Quellen
  - Kompositionsgeschichte
  - Gattungsgeschichte
  - Rezeptionsgeschichte
- Orgelbauwissen
  - Instrumentenkundliches Wissen
  - Registrierungsmöglichkeiten der Literatur aus verschiedenen Spielbereichen
  - ‚Übersetzungs'-Fähigkeit
- Improvisationsfähigkeiten
- Soziale Fähigkeiten
  - Empathie
  - Begeisterungsfähigkeit
  - Kommunikationsfähigkeit
- Äußere, räumlich-örtliche Voraussetzungen

Bevor ich zu den Versäumnissen in der Ausbildung komme, möchte ich auch deutlich machen, was für ein Fortschritt diese Ausbildungsmöglichkeiten im Vergleich zu jenen vor nicht einmal 15 Jahren bedeuten. Sowohl die unterrichtete Literatur beschränkte sich damals auf einen sehr schmalen Ausschnitt (nämlich auf Buxtehude, Bach, Reger und eventuell Franck) als auch die Einbeziehung von Instrumenten im Unterricht. Es stand **eine** Unterrichtsorgel zur Verfügung. Orgelreisen waren die Ausnahme und nicht die Regel. Die Prüfungsordnungen sahen bis Ende der 1990er Jahre an fast allen deutschen Hochschulen noch Orgelwerke von Bach, Reger und zeitgenössische Orgelmusik vor. Diese Verengung ist wohl überall mittlerweile aufgehoben (unter Zeitgenossen verstand man oft Olivier Messiaen, in Berlin Joseph Ahrens und kaum anderes).

Wie würde wohl ein Student am Ende seiner Ausbildung auf die eingangs gestellte Testfrage antworten? Was macht für Sie eine gute Orgel aus? Was würden Sie antworten? Wäre jetzt die Antwort vielleicht folgende? „Erst wenn ich weiß, was ich spiele, kann ich sagen, was für mich und die Darstellung der Literatur die am besten geeignete Orgel ist".

Aber jetzt: zu den Lücken in der Ausbildung!

Wie schon erwähnt: Der Fortschritt ist unverkennbar. Aber braucht wirklich eine Gemeinde so speziell ausgebildete Organisten? Ich meine, ja. Durch diese vielseitige Ausbildung lernen die Organisten zahlreiche Bereiche der Orgelkunst kennen, indem sie sich spielend und forschend mit der jeweiligen Literatur und ihrem Umfeld auseinandersetzen. Auf diese Art professionell ausgebildet, ist der Kirchenmusiker in der Lage, die Breite der Literatur zu überschauen und sich selbst auf hohem Niveau Stücke zu erarbeiten, durch ernsthafte Vermittlung vorzutragen und dadurch Menschen von diesem Kulturgut zu überzeugen und zu begeistern. Auch wenn unsere Zuhörer sehr wahrscheinlich unsere Gedanken über Artikulationen, Fingersätze, Ornamentik, Registrierungen, musikalische Rhetorik, Agogik etc. nicht verstehen, können die Hörer aber sehr wohl wahrnehmen, ob eine Interpretation überzeugend ist und sie berührt.

Was ich als problematisch in der Ausbildung unserer Studierenden empfinde ist, dass ein ganzer Bereich der Orgelkultur so gut wie ausgeschlossen bleibt: die Musik und die Orgeln der 1950er und 1960er Jahre. Im Grunde erstreckt sich der fehlende Bereich auf die gesamte deutsche Literatur von etwa 1933 (dem Todesjahr Karg-Elerts) bis 1962. Radio Bremen übertrug in diesem Jahr drei spektakuläre Uraufführungen, in denen die Komponisten György Ligeti („Volumina"), Bengt Hambraeus („Interferenser") und Maurizio Kagel („Improvisation ajoutée") völlig neue Wege in der Behandlung der Orgel gingen.

Warum unterrichten wir eigentlich Dupré und Litaize oder Langlais, aber nicht Pepping und Distler oder Ahrens und David? Sind nicht zahlreiche Werke der genannten französischen Organisten ebenso von neobarocken Orgeln inspiriert? Aber das lässt sich ja prima ausblenden, da Dupré und Langlais an Cavaillé-Coll-Orgeln wirkten … Und doch haben gerade Langlais und zuvor auch Tournemire für eine neobarocke Erweiterung ihrer Orgel (in Ste-Clothilde, Paris) gesorgt.

Die Aula-Orgel im Berliner Institut für Kirchenmusik wurde 1960 von der Firma Karl Schuke als ‚Universalinstrument' gebaut und 1993 klanglich „überarbeitet". Wenn hier Unterricht stattfindet, dann heißt es immer, dass es hier „nicht so richtig" klingen würde. Das Instrument wird stets abgewertet und als Ersatz abgetan. Die besonderen klanglichen Qualitäten werden selten als solche überhaupt empfunden und erlebt. Ganz im Gegenteil: Häufig werden Nachkriegsinstrumente in Bausch und Bogen verdammt. Wenn wir als Pädagogen so arbeiten, dann ist es kein Wunder, dass ein von uns ausgebildeter neuer Stelleninhaber seiner Gemeinde mitteilt, dass die Orgel aus den 1960er Jahren gleich abgerissen werden könne und er zur Darstellung ‚seiner' Musik ein ‚authentisches' Instrument benötige.

Merkwürdig: Jahrhunderte lang war es doch eher so, dass sich Organisten mit den Orgeln fruchtbar auseinandersetzten und höchstens nach zahlreichen Dienstjahren Veränderungen wünschten. Heute wird oft schon kurz nach der Berufung eines neuen Kirchenmusikers der Wunsch nach Umbauten oder gar einem Neubau laut. Umbauten halte ich für gefährlich. Man darf sich darauf verlassen, dass sich die Orgelbauer etwas beim Bau des Instrumentes gedacht haben. Instrumente gehen eine klingende und optische Symbiose mit dem Kirchenraum ein. Wird nur ein einziges, kleines Element geändert, droht dem klanglichen Gleichgewicht Gefahr. Erhöhung des Winddrucks, vollere Intonation des 8′-Bereiches, Entschärfung der Klang-

**Abb. 2** Berlin, Orgelsaal im Ökumenischen Institut für Kirchenmusik der Universität der Künste Berlin, West-Orgel (norddeutsche Barockorgel)

kronen und vieles mehr sind die häufigsten Veränderungswünsche. Ich kann diese Bedürfnisse nach Veränderung als Musiker manchmal nachvollziehen, aber gleichzeitig mag ich ihnen nicht nachgeben, da stets ein Instrument in seiner gesamten Einheit in Gefahr ist.

Unser luxuriöses Schwelgen in authentischen Klängen hat meist mit der Realität in den Gemeinden wenig zu tun. Warum werden wir an einer neobarocken Orgel nicht quasi als ‚Übersetzer' tätig? Eine solche Übersetzungstätigkeit empfinde ich als außerordentlich inspirierend. Die Ergebnisse sind anders als man es zunächst erwartet, doch auch auf qualitätvollen neobarocken Instrumenten lässt sich hervorragend musizieren.

Durch die Auswirkungen des Zweiten Weltkrieges und dem anschließenden Wiederaufbau ist Berlin, wie viele andere Großstädte auch, (noch) gespickt mit Instrumenten der 1950er und 1960er Jahre. Warum beziehen wir nicht genau diese Instrumente in den Unterricht ein und vermitteln eine solche ‚Übersetzungstätigkeit'? Ein im Unterricht positiv vermittelter Umgang mit diesem Instrumententyp könnte ein erster Schritt zu mehr Akzeptanz und Verständnis sein. Warum spielen wir auf solchen Instrumenten nicht auch authentische Literatur, so wie wir auch jede Cliquot-Orgel oder Silbermann-Orgel mit ‚passender' Musik bedenken? Natürlich klingt ein Reger auch auf einer Cavaillé-Coll-Orgel spannend … und John Cage auf einer Silbermann-Orgel gespielt erhält eine völlig neue, interessante Beleuchtung, eine völlig neue Farbe. Aber bei ‚richtiger' Literaturwahl blüht der Klang dieser Instrumente in besonderer Weise auf. Und das gilt auch für neobarocke Instrumente …

Warum unterrichten wir die zu diesen Instrumenten gehörende Musik kaum? Braucht es noch mehr zeitlichen Abstand, um ihre Qualitäten zu erkennen? Ich fürchte, dass es bald kaum noch unveränderte Instrumente dieser Zeit geben wird. Und wir ahnen es schon: Die Studenten unserer Studenten werden uns bittere Vorwürfe machen, dass wir die Instrumente unserer Vätergeneration zerstört haben. Ob es dann wohl Stilkopien von neobarocken Instrumenten geben und die angesprochene Lücke in der Ausbildung geschlossen wird? Wird dann die ideale Wunschorgel sogar eine neobarocke sein? Wer weiß …

## Literatur

Busch, Hermann Josef (1990): Zur Orgelszene in der Bundesrepublik Deutschland seit etwa 1970, in: Eggebrecht, Hans-Heinrich (Hrsg.) (1990): Berliner Orgel-Colloquium, Bericht über das siebente Colloquium der Walcker-Stiftung für orgelwissenschaftliche Forschung […], Murrhardt: Musikwissenschaftliche Verlags-Gesellschaft, S. 65–75.

Philipp C. A. Klais

# Eine Frage der Fragen – oder: Der Charme der 1960er und die Verantwortung unserer Generation

„Vom Umgang mit den Großorgeln der Wirtschaftswunderzeit" – so der wunderbare Titel eines spannenden Symposions, welches vor nunmehr zehn Jahren in Karlsruhe stattgefunden hat. Es ergab sich die Frage: Passen diese Instrumente noch in unsere Zeit, was wollen wir mit ihnen anfangen? In der dünnen Luft des Zeitgeschmacks schwelte ein bisschen Mitleid mit den Organisten, die mit diesen Orgeln ‚geschlagen' waren.

Und dann, nachdem man einen ganzen Tag lang über das spannende Thema mit allen sich daraus ergebenden Konsequenzen gesprochen hatte, sich die eingesetzten, vermeintlich minderwertigen Materialien vor Augen geführt hatte, wurde abends eines dieser Instrumente, die Klais-Orgel der Christuskirche zu Karlsruhe, durch Carsten Wiebusch vorgeführt. Für mich persönlich, nein, ich hatte den Eindruck, für alle Teilnehmer dieses Symposions, hat diese Präsentation der Orgel dem gesamten vorangegangenen Tag ein ganz neues Gesicht gegeben: Carsten Wiebusch hat es vermocht, die Orgel so einfühlsam, so schön, so farbenreich vorzustellen, dass mir unmittelbar und unwiderruflich die Schönheit dieses Klanges bewusst geworden ist. Plötzlich wurde klar, dass es nicht darum gehen kann, diese Instrumente, diese Klänge aufzugeben. Vielmehr entstand der Wunsch, dieses Instrument in die Zukunft fortzuführen: Fortzuführen im Hinblick auf das bereits angelegte Konzept einer Universalorgel, die sich aus starken Einzelregisterpersönlichkeiten ‚singend' zusammenfügt.

Die Gehäusegestaltung der 1960er Jahre, entstanden in enger Abstimmung zwischen dem Architekten und dem Orgelbauer, sollte zum Zeitpunkt seiner Erbauung ein erster Schritt sein im Hinblick auf eine modernisierte Ausgestaltung des faszinierenden Kirchenraumes der evangelischen Christuskirche zu Karlsruhe.

Die Orgel ging mutig einen Schritt voraus, indes der Kirchenraum folgte nicht nach. So blieb das Gehäuse trotz seiner starken architektonischen Aussage ein Fremdkörper im Raum. Und so fiel die Entscheidung, das Klangdenkmal zu erhalten, die Gehäusearchitektur aber zu überformen.

Ganz bewusst haben wir uns für eine vielschichtige zeitgenössische Orgelgestaltung im wahrsten Sinne des Wortes entschieden, bei der unterschiedliche Layer die verschiedenen Schichtungen der Orgel, die zu einer Einheit zusammenwachsen, symbolisieren. Und für eine Gestaltung, bei der die Orgel über die großen, die Raumfarben widerspiegelnden Pfeifenflächen mit dem Raum verschmelzen kann.

Zu einem Familienkonflikt zwischen Vater und Sohn Klais ist es in Karlsruhe nie gekommen: Der Vater fand es von Beginn an spannend, die Klanglichkeit der 1960er Jahre durch eine nächste Generation weiterentwickelt zu sehen. Der Sohn wiederum war begeistert von

## Opus 1850 – Karlsruhe, Ev. Christuskirche

| | | |
|---|---|---|
| **I. HAUPTWERK A** | **C-a3** | |
| Principal | 16' | neu |
| Principal | 8' | teilw. neu |
| Hohlflöte | 8' | teilw. neu |
| Gemshorn | 8' | aus SW |
| Schwebung | 8' | aus SW |
| Octav | 4' | vorh. |
| Koppelflöte | 4' | vorh. |
| Quint | 2 2/3' | neu |
| Octav | 2' | vorh. |
| Cornett III-V | 2 2/3' | vorh. |
| Mixtur V | 1 1/3' | vorh. |
| Cymbel III | 1/3' | vorh. |
| Trompete | 16' | vorh. |
| Trompete | 8' | vorh. |
| | | |
| **I. HAUPTWERK B,** | **C-a3** | |
| Bordun | 16' | neu |
| Hornprincipal | 8' | neu |
| Sologambe | 8' | neu |
| Flaut harmonique | 8' | neu |
| Gedeckt | 8' | neu |
| Weitoctave | 4' | neu |
| Cornettmixtur III | 2 2/3' | neu |
| Tuba | 8' | neu |
| | | |
| **II. POSITIV** | **C-a3** | |
| Principal | 8' | neu |
| Rohrflöte | 8' | vorh. |
| Salicional | 8' | neu |
| Quintade | 8' | vorh. |
| Octav | 4' | vorh. |
| Holztraverse | 4' | teilw. neu |
| Dulciana | 4' | neu |
| Octav | 2' | vorh. |
| Waldflöte | 2' | vorh. |
| Sifflöte | 1' | vorh. |
| Sesquialter II | 2 2/3' | aus SW |
| Scharff IV–VI | 1' | vorh. |
| Holzdulcian | 16' | vorh. |
| Krummhorn | 8' | neu |
| Tremulant | | |
| | | |
| **III. SCHWELLWERK** | **C-a3** | |
| Pommer | 16' | vorh. (Quintade) |
| Holzprincipal | 8' | neu |
| Bordunalflöte | 8' | neu |
| Viola | 8' | neu |
| Principal | 4' | vorh. |
| Nachthorn | 4' | vorh. |
| Nasard | 2 2/3' | aus POS |
| Querflöte | 2' | vorh. |
| Terz | 1 3/5' | aus POS |
| Mixtur V | 2' | vorh. |
| Basson | 16' | vorh. |
| Trompete harm. | 8' | vorh. |
| Hautbois | 8' | vorh. |
| Clairon | 4' | vorh. |
| Tremulant | | |
| | | |
| **IV. KRONWERK** | **C-a3** | |
| Holzgedackt | 8' | vorh. |
| Rohrflöte | 4' | vorh. |
| Principal | 2' | vorh. |
| Larigot | 1 1/3' | vorh. |
| Oberton III | 2/9' | vorh. |
| Musette | 8' | aus POS |
| Tremulant | | |
| | | |
| **IV. ECHOWERK,** | **C-a3** | **Superoctave bis a4** |
| Salicet | 16' | neu |
| Geigenprincipal | 8' | neu |
| Lieblich Gedeckt | 8' | neu |
| Aeoline | 8' | neu |

**Abb. 1** Karlsruhe, Christuskirche: Disposition

| | | |
|---|---|---|
| Vox coelestis | 8' | neu |
| Violine | 4' | neu |
| Fernflöte | 4' | neu |
| Rohrschalmey | 8' | neu |
| Vox humana | 8' | aus BW |
| Tremulant | | |

## PEDAL

| | | |
|---|---|---|
| Untersatz | 32' | vorh. |
| Theorbe | 32' | akust. |
| Transmission EW | | |
| Principal | 16' | teilw. neu |
| Subbass | 16' | neu |
| Bordun | 16' | Transmission HW B |
| Violon | 16' | neu |
| Salicet | 16' | Transmission EW |
| Quint | 10 2/3' | teilw. neu |
| Octav | 8' | teilw. neu |
| Gedackt | 8' | neu |
| Cello | 8' | neu |
| Choralbass | 4' | vorh. |
| Bauernflöte | 2' | vorh. |
| Contrabasscornett III | 6 2/5' | neu |
| Basszink IV | 5 1/3' | vorh. |
| Hintersatz V | 2 2/3' | vorh. |
| Posaune | 16' | vorh. |
| Trompete | 8' | vorh. |
| Trompete | 4' | vorh. |

## SONDERREGISTER

Glockenspiel
Cymbelstern

## KOPPELN

I B–I ab (Aequallage)
I B–I Sub (HW)
I B–I Super
II–I (Pos)
III–I (SW)
III–I Sub
III–I Super
IV A–I (KW)
IV B–I (EW)
IV B–I Sub
IV B–I Super

I B–II
III–II
III–II Sub
III–II Super
IV A–II
IV B–II
IV B–II Sub
IV B–II Super

III–III Sub
III–III Super
IV B–III
IV B–III Sub
IV B–III Super

IV B–IV Sub
IV B–IV Super
IV B–IV ab (Aequallage)

I A–P
I B–P
IV B–P Sub

Sarussophon 16'
I B–P Super
I B–P Hyper
II–P
III–P
III–P Super
IV A–P
IV B–P
IV B–P Super

der Farbigkeit, von der Klarheit, von der Transparenz der Klänge der 1960er Jahre, die es in jedem Falle zu erhalten galt.

Das von Carsten Wiebusch und Dr. Martin Kares gemeinsam erarbeitete musikalische Konzept der fortgeführten Universalorgel aus den 1960er Jahren gibt dem Instrument Grundtönigkeit, Streicherklänge und eine unendlich spannende Aufgabenstellung: eine Herausforderung für alle Beteiligten, eine Aufgabe, die so viel Energie und Leidenschaft gefordert hat, dass nur eine Möglichkeit blieb: alle Energien konstruktiv zu lenken, um zu einem optimalen Ergebnis zu gelangen.

In der gleichen Stadt, nur einige hundert Meter entfernt, befindet sich ein weiteres Beispiel für ein solches Instrument: Die Orgel der katholischen Kirche St. Stephan. Als Karlsruhe zu Beginn des 18. Jahrhunderts als Residenzstadt der badischen Markgrafen gegründet wurde, entstand als evangelische Hauptkirche die Stadtkirche am Markt. Architekt – auf ihn geht auch das Gesamtkonzept der Stadtplanung zurück – war Carl Weinbrenner. Durch den Zuzug von Arbeitskräften vor allem aus dem Südschwarzwald und dem Breisgau wuchs die katholische Bevölkerung an, so dass Weinbrenner zudem mit dem Bau einer katholischen Kirche im Stadtzentrum beauftragt wurde. Das Ergebnis war St. Stephan, erbaut in der Grundform des Pantheon in Rom.

Nach verschiedenen Zwischenlösungen erhielt die Kirche die Silbermannorgel der in der Säkularisation aufgegebenen Abtei St. Blasien. Dieses Instrument ging mit der Kirche in den Bombennächten des Winters 1944/45 unter. Nach dem Krieg wurde die Kirche in vereinfachter Form wiederaufgebaut. Sowohl die Betonstruktur der Kuppel als auch das unverhüllte Ziegelmauerwerk blieben als Dokument des Wiederaufbaus sichtbar. Für diesen spannenden Kirchenraum erhielt die Werkstatt Klais 1958 den Auftrag für einen Orgelneubau. Zum damaligen Zeitpunkt lag die Werkstattleitung offiziell noch in den Händen von Hans Klais, dem Sohn des Werkstattgründers Johannes Klais. Die Ideen der nächsten Klais-Generation, also von Hans Gerd Klais, wie u. a. die Rückkehr zu mechanischen Schleifladen, hatten aber längst großen Einfluss auf das Arbeiten der Werkstatt genommen.

Das 1959 eingeweihte Instrument war eine der ersten großen Orgeln der Nachkriegszeit der Werkstatt Klais mit Schleifladen in Verbindung mit mechanischer Spieltraktur. In ihrer Klanglichkeit war die Orgel ein Werk mit Merkmalen der Orgelbewegung. Aus Kostengründen konnte 1959 nicht das Gesamtkonzept der Orgel umgesetzt werden.

Diese Beschränkung führte in den kommenden Jahrzehnten zu zahlreichen Erweiterungen des Instrumentes. Der auf diese Weise gewachsene Zustand war musikalisch reizvoll, technisch aber nicht ganz unproblematisch – nicht zuletzt wegen der aus der späteren Hinzufügung resultierenden Platzierung der ergänzten Register.

Nachdem 50 Jahre nach Erbauung der Orgel eine gründliche Überarbeitung der Orgel anstand, entschloss man sich, das Gesamtkonzept zu ‚reorganisieren' und die Orgel des Jahres 1959 unter Erhaltung einiger Veränderungen der vergangenen fünf Jahrzehnte für die Zukunft auszurichten. Das Konzept wurde in allen Details in enger Absprache und einem kreativen Prozess mit dem Kirchenmusiker von St. Stephan, Patrick Fritz Benzing, und dem Orgelsachverständigen des Erzbistums Freiburg, Prof. Michael Kaufmann, sorgfältig erarbeitet und abgestimmt.

Diese Neukonzeption unter Berücksichtigung und Erhaltung des Grundbestandes eröffnete die Möglichkeit, das klangliche Spektrum um Klangfarben zu erweitern, die 1959 aus Kosten-

**Abb. 2** Karlsruhe, Christuskirche: Orgel im Jahr 1967

**Abb. 3** Karlsruhe, Christuskirche: Orgel im Jahr 2012

gründen nicht realisiert wurden. Um die musikalischen Möglichkeiten dieser neuen Register zu multiplizieren, wurden sie auf Einzeltonladen gestellt. So können sie in unterschiedlichen Fußtonlagen von unterschiedlichen Klaviaturen gespielt werden. Darüber hinaus wurde der technische Aufbau der Orgel wieder darauf zurückgeführt, dass alle Register ‚in' der Orgel stringent und logisch platziert und klanglich optimal ausgerichtet ihren Aufstellungsort finden. Dies war durch die zahlreichen Zubauten zuletzt nicht mehr der Fall.

Ganz bewusst haben wir uns in Absprache mit allen Beteiligten entschieden, die Gehäusegestaltung in ihrer gewachsenen Form zu erhalten und durch eine Farbfassung die Fortführung der Orgel in die Zukunft auch äußerlich ablesbar zu machen.

Wichtig war uns, dem der Orgel von 1959 zugrunde liegenden Konzept mit Respekt zu begegnen, es weitgehend zu erhalten und durch Erweiterungen, die zu einem großen Teil bereits 1950er Jahren geplant, aber nicht ausgeführt wurden, die Orgelgeschichte fortzuschreiben. Basis dieses erweiterten Konzeptes ist die reifende Wertschätzung der Orgeln der Nachkriegszeit sowie der Erhalt der Originalsubstanz. Wir möchten mit dieser Vorgehensweise einen schöpferischen Lösungsansatz auf die Frage nach dem Umgang mit den Orgeln der Wirtschaftswunderzeit geben.

Wir alle träumen von der Idealsituation, ein unverändert überkommenes Instrument in technischer Perfektion behutsam ohne Eingriff in die Substanz zu restaurieren. Für die beiden oben

**Abb. 4** Karlsruhe, Christuskirche: Spieltisch 2012

dargestellten Projekte in Karlsruhe haben wir das Wort ‚Restaurierung' bewusst auch nicht nur ansatzweise eingefügt: Es ist hier wichtig, die Begrifflichkeiten klar zu definieren. Beide Projekte stellen in keiner Weise eine Restaurierung dar.

Für den Umgang mit der Orgel des Kölner Domes haben wir in unserer Werkstatt das Wort ‚Reorganisation' geschaffen: Für uns beinhaltet es eine schöpferische Auseinandersetzung mit der historischen Substanz, die in weiten Teilen respektiert, aber nicht in ihrer Originalkomposition beibehalten wird. Ganz bewusst haben wir diesen Begriff eingesetzt, um ihn von der Restaurierung klar abzugrenzen.

Die jüngere Vergangenheit hat es nicht leicht, das gilt auch für die Orgelszene: Das Werk der Väter steht in der Kritik: Verarbeitung minderwertiger Materialien (dabei hatte sich der Orgelbauer im Hinblick auf die zunehmende Heizkultur in Kirchen für moderne, abgesperrte Holzmaterialien entschieden), ‚Industrieorgelbau' (dabei waren es Traditionswerkstätten mit einer unendlichen Fertigungstiefe, die wir heute leider bereit sind, aufs Spiel zu setzten), einfallslose Prospektgestaltung (= das Missverständnis, dass ein vermeintlich künstlerisch handwerklich barock kopierter Entwurf eine höhere künstlerische Wertigkeit besitzt), der Einsatz von Kunststoffen, deren Kurzlebigkeit nicht dazu beigetragen hat, den Ruf dieser Instrumente zu verbessern. Wir ideologisieren die Minderwertigkeit der 1960er und 1970er Jahre ohne zu bemerken, dass wir in die Tradition unserer Vorfahren treten, deren ‚Nichtverständnis' romantischer Orgelbauten uns noch heute die Köpfe schütteln lässt.

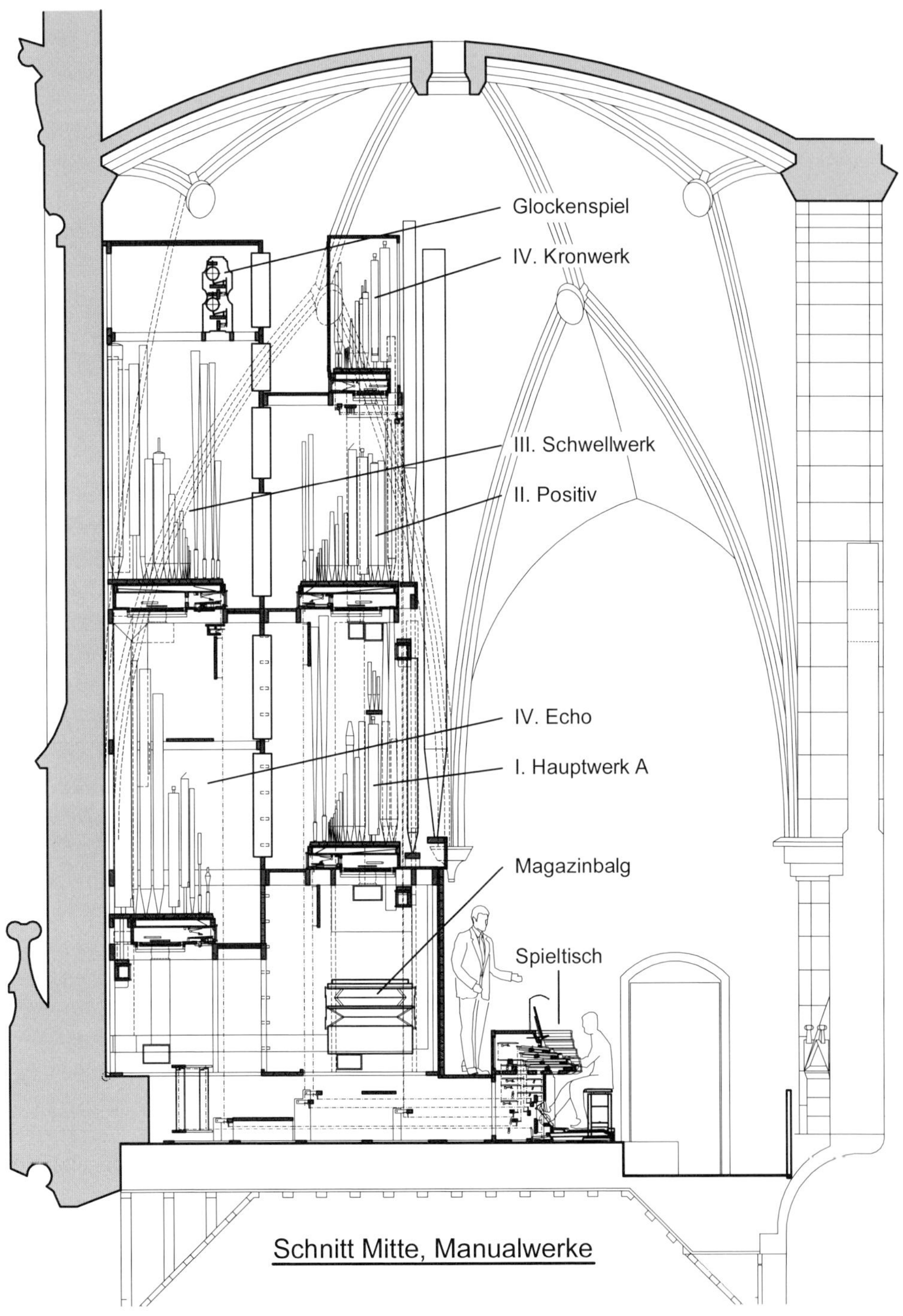


**Abb. 5** Karlsruhe, Christuskirche: Schnittzeichnung

**Abb. 6** Karlsruhe, St. Stephan: Schnittzeichnung

## Opus 1913 – Karlsruhe, St. Stephan

**I OBERWERK C-g3**

| | | |
|---|---|---|
| Principal | 8' | C-fs° neu, ab g° vorh. |
| Rohrgedackt | 8' | ehem. Rohrflöte |
| Quintade | 8' | C-H Transm. mit Rohrge., ehem. Quintatön HW |
| Octave | 4' | vorh. |
| Venezianerflöte | 4' | vorh. |
| Nasard | 2 2/3' | aus SW |
| Principal | 2' | vorh. |
| Terz | 1 3/5' | vorh. |
| Larigot | 1 1/3' | aus BW |
| Scharff IV | 1' | vorh. |
| Dulzian | 16' | aus HW |
| Cromorne | 8' | vorh. |
| Tremulant | | |

**II HAUPTWERK C-g3**

| | | |
|---|---|---|
| Principal | 16' | vorh. 1973 |
| Principal | 8' | vorh. 1973 |
| Viola da Gamba | 8' | vorh. |
| Gedackt | 8' | vorh. |
| Octave | 4' | vorh. 1973 |
| Koppelflöte | 4' | vorh. |
| Quinte | 2 2/3' | neu |
| Superoctave | 2' | vorh. 1973 |
| Mixtur IV-V | 2' | vorh. |
| Acuta IV | 2/3' | zurück auf original Zustand |
| Kornett V | 8' | vorh. |
| Trompete | 8' | aus SW |
| Spanische Trompete | 8' | zurück auf original Zustand |

**III SCHWELLWERK C-g3**

| | | |
|---|---|---|
| Gedacktpommer | 16' | vorh. |
| Principal amabile | 8' | neu |
| Holzflöte | 8' | vorh. |
| Gemshorn | 8' | vorh. |
| Viola | 8' | neu |
| Aeoline | 8' | neu |
| Vox coelestis | 8' | neu |
| Octave | 4' | vorh. |
| Flute octaviante | 4' | vorh. 1973 |
| Salicional | 4' | neu |
| Quinte | 2 2/3' | aus Sesquialter |
| Octavin | 2' | vorh. 1973 |
| Terz | 1 3/5' | aus Sesquialter |
| Mixtur V | 2' | zurück auf original Zustand |
| Fagott | 16' | vorh. |
| Trompete harm. | 8' | aus HW |
| Hautbois | 8' | vorh. 1988 |
| Tremulant | | |

**IV BRUSTWERKC-g3**

| | | |
|---|---|---|
| Holzgedackt | 8' | 2HT aufgerückt |
| Rohrflöte | 4' | aus SW |
| Waldflöte | 2' | vorh. |
| Septime | 1 1/7' | vorh. |
| Sifflet | 1' | aus OW |
| None | 8/9' | vorh. |
| Terzcymbel III | 1/3' | neu, zurück auf original Zustand |
| Vox humana | 8' | vorh. 1988 |
| Tremulant | | |

**AUXILIAIRE (auf allen Klaviaturen getrennt registrierbar)**

| | | |
|---|---|---|
| Violonbass | 32' | akustisch aus Kontrabass 16 und Quinte 10 2/3 |
| Bordun | 32' | akustisch aus Bordun 16 |
| Kontrabass | 16' | vorh., war eingelagert |
| Bordun | 16' | vorh. |

**Abb. 7** Karlsruhe, St. Stephan: Disposition

| | | |
|---|---|---|
| Quinte | 10 2/3' | vorh. |
| Hornprincipal | 8' | neu |
| Flöte | 8' | vorh. |
| Bordun | 8' | neu, Ergänzung zu Bordun 16 |
| Stentorgambe | 8' | neu, schwellbar |
| Stentorflöte | 8' | neu, schwellbar |
| Quinte | 5 1/3' | vorh. |
| Weitoctave | 4' | vorh. |
| Flöte | 4' | neu, Ergänzung zu Flöte 8 |
| Stentorgambe | 4' | neu, schwellbar, Ergänzung zu Stentorgambe 4 |
| Stentorflöte | 4' | neu, schwellbar, Ergänzung zu Stentorflöte 4 |
| Terz | 3 1/5' | neu, Ergänzung zu Terz 3 1/5 |
| Quinte | 2 2/3' | neu, Ergänzung zu Quinte 5 1/3 |
| Weitoctave | 2' | neu, Ergänzung zu Weitoctave 4 |
| Flöte | 2' | neu, Ergänzung zu Flöte 8 |
| Terz | 1 3/5' | neu, Ergänzung zu Terz 3 1/5 |
| Weitoctave | 1' | neu, Ergänzung zu Weitoctave 4 |
| Basszink IV | 5 1/3' | zusammengesetzt: 5 1/3, 4, 3 1/5, 2 2/7 (Flöte 4 ) |
| Trompete | 16' | vorh |
| Klarinette | 16' | neu, schwellbar |
| Tuba | 8' | neu, schwellbar |
| Trompete | 8' | neu. Ergänzung zu Trompete 16 |
| Klarinette | 8' | neu, schwellbar, Ergänzung zu Klarinette 16 |
| Tuba | 4' | neu, schwellbar, Ergänzung zu Tuba 8 |
| Trompete | 4' | neu. Ergänzung zu Trompete 16 |

### Glockenspiel Zimbelstern

| | | |
|---|---|---|
| PEDAL | C-f1 | |
| Gedacktpommer | 32' | akustisch aus SW |
| Principal | 16' | Prospekt neu |
| Subbass | 16' | vorh. |
| Gedacktpommer | 16' | Transmission SW |
| Octavbass | 8' | vorh. |
| Pommer | 8' | vorh. |
| Choralbass | 4' | vorh. |
| Nachthorn | 2' | vorh. |
| Pedalmixtur IV | 2 2/3' | zurück auf original Zustand |
| Kontrafagott | 32' | vorh. 1988 |
| Posaune | 16' | vorh. |
| Trompete | 8' | vorh. |
| Clarine | 4' | vorh. |

### Koppeln mechanisch

I–II
III–I

### Koppeln elektrisch

I–P
II–P
III–P
IV–P
II–I
III–I
IV–I
IV – II
III–II
I–II
IV–III

### Schwellerkoppel

Ich kann nur für unsere eigene Werkstatt sprechen: In jeder Zeit haben Orgelbauer versucht, die besten Instrumente zu schaffen. Jedes einzelne Orgelwerk verdient unabhängig von der Zeit, in der es entstand, den Respekt, sich mit ihm vorbehaltlos und verständnisvoll unter Einbeziehung der Zeitkomponenten auseinanderzusetzen. Diesen Respekt erwarten wir auch unseren heutigen Instrumenten gegenüber, wir pflegen ihn mit großem Pathos gegenüber der Barockorgel, mit zunehmendem Respekt auch gegenüber der Romantik.

Zerstören wir heute also nicht die Orgeldenkmäler von morgen, lassen wir uns von Ihrer Farbigkeit und Ihren Besonderheiten faszinieren und begeistern. Bewerten wir jedes Instrument individuell und nicht nach seinem Herkunftszeitpunkt: Nicht alles ist erhaltenswert, aber jede einzelne Orgel, jede einzelne Konstruktion, verdient es, sich individuell und sorgfältig mit ihr auseinanderzusetzen: Das sind wir unseren Vorfahren und insbesondere nachfolgenden Generationen schuldig, deren Möglichkeiten, sich mit Originalen zu beschäftigen, wir in unserer leider oftmals vermeintlich aus Qualitätsgründen rückwärtsorientierten Kopienidealwelt zunehmend einschränken.

Ein verantwortungsvoller Umgang mit den Orgelwerken der jüngeren und jüngsten Vergangenheit kann nicht mit einem Standard-Regulativ beantwortet werden: Er setzt die individuelle Beschäftigung mit jeder einzelnen Aufgabenstellung voraus, die individuelle Erarbeitung der Fragen, die an die Instrumente der Zeit, die an die Aufgabenstellung, die an den Umgang mit der historischen Substanz gestellt werden müssen. Es scheint, als fehlen uns für unsere jüngere Vergangenheit die Fragen, ohne die wir erst gar nicht zu den Antworten vordringen können. Nach unserem Verständnis ist die Erarbeitung des Umgangs mit den Orgeln unserer Vorfahren das Ergebnis eines verantwortungsvollen Frage-, Erörterungs- und Abstimmungsprozesses zwischen Orgelbauern, Orgelsachverständigen, Organisten und (als ganz wichtigem Partner) der Orgeldenkmalpflege – individuell für jedes Instrument unter Berücksichtigung aller Aspekte: Klang, Technik und Architektur. Ich freue mich auf viele weitere spannende Dialoge.

Marco Brandazza

# Bericht über das Symposium „Orgel Orgue Organo Organ 2011" – Zürich 8.–11. September 2011

## Einführung

Über zwei Jahre der Vorbereitung durch ein zehnköpfiges Team unter der Leitung von Prof. Beat Schäfer (Hochschule der Künste Zürich), vier volle Tage, 70 Referenten und Musizierende bei 41 Veranstaltungen (Konferenzen, Diskussionen und Konzerte samt mehreren Uraufführungen), mehr als 300 Teilnehmer aus ganz Europa (für die Chronik: aus der Schweiz 200, fast ausschließlich deutschsprachige, aus Deutschland 50, aus Österreich 8, Spanien 4, Polen 4, Italien 4, England 3, Rumänien 3, Schweden 2, Norwegen 2, Belgien 2, aus den Niederlanden 2 und aus elf anderen Ländern je ein Vertreter), ein außerordentlicher Nachklang in verschiedensten Presseorganen.

Diese, in recht trockener Kürze wiedergegebenen, rein nummerischen Angaben über das Symposium mögen aufzeigen, mit welch großem Aufwand eine solche Veranstaltung verbunden war und was sie, mindestens während der Durchführungstage, in Bewegung gesetzt hat.

Nach lediglich drei Monaten ist es eindeutig noch zu früh, eine klare Bilanz des Kongresses zu ziehen, und es ist sowieso schwierig, aus meinen persönlichen Erfahrungen einen nicht zu einseitigen oder sogar sehr subjektiven Bericht des Geschehens wiederzugeben. Chroniken des Treffens sind bereits erschienen oder werden bald publiziert, darum werde ich mich in meinem Vortrag auf einige Aspekte beschränken, um das Ganze besser beleuchten zu können. Mir scheint auch von Bedeutung zu sein, den steinigen Weg zu erläutern, der zum Kongress geführt hat. Dazu seien vorerst die Stichworte ‚Finanzierung' und ‚Zusammenarbeit mit der europäischen Organistenwelt' genannt.

Bevor ich aber zu berichten beginne, möchte hier ausdrücklich die Herren Beat Schäfer und Wolfgang Rehn dankend erwähnen, die freundlicherweise das Manuskript gelesen und mich in Form von Korrekturen, Anregungen und Ergänzungen unterstützt haben.

## Die Organisation des Kongresses

Die ersten Ideen kamen in der Arbeitsgemeinschaft für Schweizerische Orgeldenkmalpflege (AGSO) während der Generalversammlung dieses Vereins am 27. Oktober 2007 in Solothurn auf. Die mit den Jahren bedeutungslos gewordene Arbeitsgemeinschaft sollte mit einer solchen Initiative neue Aufgaben übernehmen und Perspektiven entwickeln, um die schweizerische Orgelwelt wieder zu beleben. Bei der am 15. Februar 2008 einberufenen außer-

**Abb. 1** Michael Eidenbenz, Direktor der Zürcher Hochschule der Künste, während seiner Begrüßung

ordentlichen Versammlung nahmen Bernhard Billeter, Rudolf Meier und Wolfgang Rehn den Auftrag entgegen, einen Orgelkongress zu planen. Als wichtige Kongressthemen wurden die Erarbeitung einer „Deklaration der Orgelrechte" sowie eine Stellungnahme zur Orgel besprochen, die offensichtlich am zunehmenden Druck durch die veränderten Gottesdienstformen der pluralistischen Gesellschaft leidet. Sie ahnten damals nicht, was sie in Bewegung setzen würden.

Zu diesen drei Promotoren gesellte sich sehr bald das französischsprachige AGSO-Mitglied François Comment, der sich aber leider bald aus familiären Gründen wieder verabschieden musste und im Juli 2008 durch Marco Brandazza ersetzt wurde.

Diese vierköpfige Arbeitsgruppe traf sich mehrmals, um Ziele und weitere Fragen des Kongresses zu definieren, andere Partner zu suchen und eine finanzielle Basis zu schaffen. Bald kam der Wunsch auf, die künftige Orgeltagung, eigentlich für das Jahr 2010 geplant, so zu erweitern, dass nicht nur der deutschsprachige Raum mit einbezogen würde, sondern so viele Kollegen wie möglich aus anderen europäischen Ländern dabei sein sollten. Es galt zu versuchen, der zukunftsbedrohten und resignierten europäischen Orgelwelt eine Art Spritze mit hoffnungsvoller Energie zu verabreichen. So waren bei den nachfolgenden Sitzungen praktisch immer auch Vertreter der Gesellschaft der Orgelfreunde, des OrganExpert Studienganges, des Verbands Deutscher Orgelsachverständiger und der Associazione Italiana Organari anwesend.

Parallel dazu wurde zur Unterstützung eine öffentliche Institution gesucht, vor allem für die organisatorischen und logistischen Arbeiten. Nach mehreren verschiedenen Kontakten zeigten sich die Hochschulen für Musik in Luzern und Zürich als mögliche Standorte an der Durch-

**Abb. 2** Kinder bauen Orgelpfeifen unter der Leitung von Lehrlingen der Firmen Kuhn und Goll

führung des Symposiums interessiert. Letztendlich entschied man sich für die Hochschule der Künste Zürich, nicht zuletzt dank eines extrem vorteilhaften Angebots des Rektors Prof. Michael Eidenbenz, welcher selbst diplomierter Organist ist. Als Unterstützung wurde Herr Simon Reich (Abteilung Dirigieren) zum Sekretär des Kongresses gewählt.

Aufgrund persönlicher Beziehungen der vier sozusagen Gründungsmitglieder kamen am 31. Oktober 2009 achtzehn bekannte Organisten-Persönlichkeiten aus ganz Europa in Zürich zusammen, um Gedanken über die aktuelle Orgelsituation auszutauschen und einen konkreten Plan für die Tagung zu entwerfen.

Dieser Tag brachte in vielerlei Hinsicht eine drastische Wende. Einerseits sanktionierte eine vorgängig einberufene Generalversammlung der AGSO mit großer Mehrheit die Auflösung desselben Vereins, verbunden mit dem Beschluss, das Vereinsvermögen der AGSO für das geplante Symposium zu verwenden. Andererseits wurde die von den verschiedenen Personen aus Dänemark, England, Italien, Niederlande, Norwegen, Österreich, Schweden usw. in sehr pessimistischen Worten beschriebene Lage der Orgel in den verschiedenen Ländern deutlich. Eine verbreitete Resignation war sehr deutlich spürbar und auch die Ablehnung, sich in ein solches Abenteuer, wie es ein internationales Symposium darstellt, verwickeln zu lassen.

Die ganze geleistete Arbeit schien zu scheitern, doch gegen Schluss des Treffens kam ein Aufruf von Jean Ferrard (Belgien), der die verschiedenen angesprochenen Gedanken etwa so zusammenfasste: „Ihr [er wandte sich an die Planungskommission, d. Verf.] wollt einen Kongress organisieren. So tut das doch gleich selber und widmet Euch dem Versuch, junge Leute für die Orgel zu gewinnen, denn nur einzelne an diesem Tisch hier sind jünger als 60 Jahre".

**Abb. 3** Markus Funck stellt die Resultate der Umfrage über die europäische Situation im Orgelwesen (Länderberichte) vor

Die Trägerrolle der aufgelösten AGSO wurde vollständig von der Zürcher Hochschule der Künste übernommen, die den Leiter der Kirchenmusikabteilung, Prof. Beat Schäfer, mit der Projektleitung des Symposiums und Simon Reich federführend für die Organisation mit der Freigabe eines entsprechenden Pensums für zwei Jahre, beauftragte. Das Vermögen der aufgelösten AGSO wurde vollumfänglich für die Durchführung der Tagung bestimmt und diente als Grundstock, um die Arbeiten beginnen zu können. Neben der Hochschule der Künste, die letztendlich den größten Teil der Ausgaben getragen hat, sollten weitere Sponsoren notwendig werden, die später aber gefunden wurden.

Von diesem Moment an wurde die schwierige und zeitintensive Organisation des Kongresses mit großer Kompetenz und Aufopferung in Angriff genommen und gemeistert, wobei die Resultate den Teilnehmern in Zürich klar vor Augen geführt wurden. Nicht, dass von nun an alles ganz einfach wurde, aber die Zürcher Hochschule konnte mit ganz anderer Autorität und damit auch mit ganz anderen Erfolgen, was Fragen von Finanzierung und Unterstützung betrifft, vor Politik und Wirtschaft auftreten. Eine elfköpfige Planungsgruppe wurde gegründet: Beat Schäfer (Projektleiter), Simon Reich (Sekretär), Tobias Willi und Markus Utz, von Seiten der Hochschule der Künste Zürich, die vier „Promotoren" Bernhard Billeter, Rudolf Meier, Wolfgang Rehn und Marco Brandazza, dieser Letztere als Vertreter der Hochschule Luzern, Markus Funk, Michael G. Kaufmann und Frank Mehlfeld für die Gesellschaft der Orgelfreunde, den Verband Deutscher Orgelsachverständiger und den OrganExpert-Studiengang.

Mittlerweile musste die Planungsgruppe aus organisatorischen Gründen den Tagungstermin auf September 2011 verlegen, und sie begann mit der schwierigen Aufgabe, ein interessantes und ansprechendes Programm zu entwerfen.

**Abb. 4** Vortrag von John Mander, Präsident der International Society of Organbuilder (ISO)

## Die Ziele und die Durchführung des Kongresses

Die von Jean Ferrard angesprochene Zielsetzung, die Orgel der jüngeren Generation nahe zu bringen, wurde zum Kernpunkt des Symposiums erklärt. Unter der Koordination von Tobias Willi wurden die Orgelprofessoren der vier schweizerischen Musikhochschulen zu einer engeren Zusammenarbeit berufen, damit ihre Studierenden zu wichtigen (wenn nicht zu den wichtigsten) Trägern des Kongresses würden. Während eines ganzen Studienjahres wurden verschiedenste gemeinsame Veranstaltungen organisiert, welche in einem internen Wettbewerb mit dem Thema „Orgelpräsentation für Kinder und Jugendliche" gipfelten. Eine eigens gebildete Kommission beurteilte diese Arbeiten, und das preisgekrönte Musiktheater wurde als öffentliche Aufführung während des Symposiums vorgestellt.

Weiter wurden Themen wie Orgelunterricht in Gemeindemusikschulen oder in eher ländlichen Gebieten behandelt, wobei deutlich zum Ausdruck kam, wie notwendig es ist, den Mut und die Mittel aufzubringen, mehr in den Nachwuchs zu investieren.

Nicht zu vergessen ist die Aufführung eines Werkes für Kinder, das in der Orgelkonzertliteratur seit Jahren einen festen Platz eingenommen hat: „Die Kirschin Elfriede" wurde von der Komponistin und Dozentin für Improvisation (Hochschulen Herford und Heidelberg) Christiane Michel-Ostertun und der Schauspielerin Eva Schneider aufgeführt. Beim nachfolgenden Gespräch mit Frau Michel-Ostertun kam zum Ausdruck, dass es das Ziel einer solchen Aufführung ist, möglichst viele Kinder einmal Kirchen- und Orgelluft atmen zu lassen. Es gilt, die Kinder in den Bann der Orgel zu ziehen. Dies geschieht dank gut erarbeiteter und angewandter orgeltechnischer Eigenarten wie der Improvisation, Registerklangfarben, Lautmalereien usw.

Zusätzlich wurden während der Tagung Orgelvorführungen sowie kostenloser Orgelunterricht für interessierte Kinder und Jugendliche in zahlreichen Zürcher Kirchen angeboten, und ein Spaziergang, eigens für das junge Publikum (9–12 Jahre), führte an die großen Instrumente im Stadtzentrum.

Obwohl auf die Vermittlung der Orgel an Kinder- und Jugendliche ein spezieller Akzent gesetzt wurde, war dies selbstverständlich nicht das einzige Thema des Kongresses. Wie von Anfang an formuliert, war der Versuch, die kulturelle, religiöse und musikalische Bedeutung der Orgel in möglichst breiten Kreisen unserer Gesellschaft zu unterstreichen und wieder ins Bewusstsein der Allgemeinheit zu rücken, ein weiteres Hauptziel des Symposiums. Viele Exponenten des öffentlichen Lebens aus Politik, Religion und Wirtschaft wurden persönlich oder schriftlich kontaktiert. Die meisten der angeschriebenen Personen versicherten ihre ideelle Unterstützung, konnten sich aber leider, aus welchen Gründen auch immer, nicht persönlich engagieren. Einzelne sagten wenigstens ihre Unterstützung dahingehend zu, dass sie der Nennung ihres Namens im Ehrenkomitee zustimmten.

Die bittere Kenntnisnahme, dass in den Kreisen, die über wichtige gesellschaftliche Belange entscheiden, die Anliegen, die die Orgelkultur betreffen, kaum eine Rolle spielen, war eine der ersten Enttäuschungen bei der Vorbereitungsphase. Dies bekräftigte aber den Willen, den Kongress nun erst recht durchzuführen. Im Eröffnungsreferat skizzierte Dr. Alois Koch, Organist, Musikwissenschaftler und ehemaliger Rektor der Hochschule Luzern, die Gründe deutlich: Es sei unbestritten, dass die Orgel aus unserem aktuellen kulturellen Leben verschwinde und die junge Generationen Kirche und Orgel höchstens museal wahrnehmen würden. Auch im Konzertsaalleben sei die Orgel einfach eine Kulisse für Sinfonie- oder Rockkonzerte. Historisch gesehen sei die Orgel schließlich auch in den christlichen Konfessionen nicht selten umstritten gewesen.

Darum sollte der Zürcher Kongress vor allem ein Impuls für Organisten und Orgelbauer sein, durch den Austausch von Erfahrungen voneinander lernen zu können. Dabei sollten aktuelle Erkenntnisse aus anderen Bereichen wahrgenommen und angewandt werden, wie zum Beispiel das Muss eines zeitkonformen Marketings. Zum Ende seiner Rede appellierte Dr. Koch, das Recht zu nutzen, Resolutionen zu erarbeiten, zu definieren und möglichst breit weiterzugeben, wie es andere kulturelle Gruppierungen heutzutage tun. Grundsätzlich sollte man die Tatsache nicht vergessen, dass die Orgel nie massentauglich gewesen sei und auch nie sein werde. Ihre „Exklusivität" (siehe die bekannten Zitate von Mozart und Berlioz, die die Orgel als königlich bzw. päpstlich bezeichneten) könne aber auch ein Vorteil sein, da dieses Instrument Besonderheiten besitze, die ermöglichen, „wahrhaft Unerhörtes zu suchen und zu schaffen, denn die künstlerische Neugierde bleibt unberechenbar …"

Ein dritter Schwerpunkt des Symposiums lag im Versuch, erstmals in der Geschichte einen Überblick über die Orgel- und Organisten-Situation in allen europäischen Staaten zu sammeln und alle Gemeinsamkeiten und Unterschiede zu vermitteln. Dafür wurden in jedem Land Personen gesucht, meistens Organisten oder Wissenschaftler, welche anhand eines speziell für den Kongress erarbeiteten Formulars und Fragebogens eine Standortbestimmung liefern konnten – es ging z. B. um Orgelbestände, Restaurierungspraxis, Orgelspiel allgemein und Organistenausbildung. Das Sammeln dieser Berichte und die erhebliche redaktionelle Arbeit

**Abb. 5** Diskussion über die Zukunft der Orgel in Europa

wurde Dr. Markus Funk anvertraut und von ihm mit bemerkenswertem Idealismus und großer Akribie ausgeführt. Das Resultat ist ein 230 Seiten starker Band mit 31 Beiträgen in deutscher und englischer Sprache, der jedem Teilnehmer bereits am Anfang des Kongresses übergeben wurde. Es sei hier nur kurz erwähnt, dass auch diese Arbeit nicht ohne Schwierigkeiten erfolgt ist, z. B. kamen einige versprochene Beiträge gar nicht oder viel zu spät. Manchmal musste man sehr kurzfristig andere Wege, sprich neue Autoren, suchen.

Diese Länderberichte sollen den Grundstein für eine genauere Statistik der Orgelsituation Europas legen und die Gelegenheit bieten, andere Realitäten zu verstehen und voneinander zu lernen. Selbstverständlich wurden auch andere brennende Themen der Orgelwelt mit Referaten und Podiumsdiskussionen beleuchtet; nur einige der behandelten Themen seien beispielhaft zitiert:

- die nicht immer befriedigende und reibungslose Zusammenarbeit zwischen Theologen und Organisten
- die Gefährdung der traditionellen Pfeifenorgel durch elektronische Imitate
- die Probleme sowie Aussichten für den Beruf des Orgelbauers heute
- die Auseinandersetzungen im Gebiet der Orgeldenkmalpflege und
- das Problem des Orgeltransfers zwischen West- und Osteuropa.

Bezüglich des letzten Punktes, der für diese Fachtagung in Fulda von Bedeutung ist, wurde ausdrücklich für eine bessere und loyale Zusammenarbeit zwischen der Denkmalpflege und der ‚Orgelwelt' plädiert. Besonders wurde darauf aufmerksam gemacht, dass viele Beträge, die von der Denkmalpflege für aufwändige und kostspielige Orgelrestaurierungen ausgegeben wurden, vielleicht teilweise hätten eingespart werden können, wenn ein Teil der staatlichen Subventionen in die jährliche Orgelpflege und zur Einhaltung von raumklimatischen Bedingungen investiert worden wären. Solche Maßnahmen können eine spätere, sehr aufwändige Re-Restaurierung möglicherweise vermeiden. Wünschenswert wäre es, wenn die öffentliche Förderung von Restaurierungen von solch entscheidenden Rahmenbedingungen (Klima des Raumes und Pflege der Instrumente) abhängig gemacht werden könnten.

Eine spezielle Erwähnung gebührt der Musik, die während des Kongresses auf- oder uraufgeführt wurde. Hier entschied sich die Planungskommission, ein so breites Spektrum wie möglich anzubieten. Vom ‚traditionellen' Orgelkonzert bis zur Mischungsfähigkeit der Orgel mit anderen, weniger etablierten Gruppierungen, wie zum Beispiel mit schweizerischen Volksinstrumenten wie Alphorn und Schwyzerörgeli (ein kleines Akkordeon), oder auch mit Musikrichtungen wie Jodel, Jazz, Rapp usw. war alles zu hören. Die Spitzenkomponisten der Hochschule Zürich (Matthias Steinauer, German Toro-Pérez, Burkhard Kinzler) bekamen eigens für den Kongress Kompositionsaufträge (darunter die Vertonung des Abschlussgottesdienstes), deren Uraufführung die Teilnehmer miterleben durften.

Tatsächlich konnte man während der Tagung mehrmals erleben, welch facettenreiche und noch nicht ausgeschöpfte Möglichkeiten das Musikinstrument Orgel in sich birgt. Wie OBM Wolfgang Rehn treffend ausgedrückt hat, hat die Orgel im kirchlichen Leben ihen traditio-

**Abb. 6** Die offizielle Übergabe der Zürcher Resolution an Vertreter der Kirchen, Kultur und Politik

nellen Platz stark einbüßen müssen; und wir sollten mit allen Mitteln versuchen, ihn wieder zurückzuerobern. Wie die Beispiele des Symposiums zeigen, kann dies nur auf höchstem Niveau geschehen. ‚Billige‘ musikalische Einsätze der Orgel fördern dies nicht. Wenn Menschen in allen möglichen Verbindungen mit qualitativ hochstehender Orgelmusik in Berührung kommen, wird auch der Personenkreis wieder wachsen, der sich für die Orgel interessiert und Zugang zur ‚klassischen‘ Orgelmusik findet.

Noch zu erwähnen sind wegen ihrer Bedeutung vor Ort zum einen die Integration der traditionellen Orgelnacht in St. Jakob in das Programm des Symposiums, so z. B. mit Orgelvorträgen im Halbstundentakt. Ebenfalls ist zu erwähnen die Durchführung eines Zürcher Orgelspaziergangs innerhalb der Tagung. Beginnend im ehrwürdigen und bis zum letzten Platz gefüllten Großmünster mit seiner berühmten Metzler-Orgel von 1960 wanderten hunderte von Menschen zuerst in die Predigerkirche, wo die dreimanualige Kuhn-Orgel von 1970 erklang, und dann in die Augustinerkirche, die ebenfalls mit einer Kuhn-Orgel, nun aber aus dem Jahre 1959 ausgestattet ist. Anschließend wurden im Fraumünster alle Teilnehmer klanglich von sechs Orgeln umhüllt: Neben der Hauptorgel von Genf Orgelbau (1953) und der Chororgel der Fa. Mühleisen (1971) standen vier Truhenorgeln im Kirchenraum. Durch sechs improvisierte Intonationen eingestimmt, sangen alle voller Inbrunst und Begeisterung den Choral „Nun jauchzt dem Herren alle Welt“ – eine Erfahrung, die für nicht Anwesende schwer zu beschreiben ist. Bemerkenswert war, dass alle Vorführungen dieses Orgelspaziergangs, denen jeweils eine kurze Einführung voranging, nicht von den jeweiligen Titularorganisten gespielt wurden, sondern von Studenten der vier schweizerischen Musikhochschulen.

## Die Resolution

Höhepunkt der Veranstaltung war die Verfassung einer Deklaration, die anschließend an den Kongress an weitere Kreise verbreitet wurde. Eine erste Version, entworfen von Bernhard Billeter und Rudolf Meier, wurde zuerst im Organisationskomitee besprochen und dann an 161 namhafte Organisten aus ganz Europa geschickt. Von den nur 24 Antworten mit Rückmeldungen und Anmerkungen wurden Korrekturen und Ergänzungen in den Text eingearbeitet. Die endgültige Fassung, bereits im Programmheft abgedruckt, wurde dem Symposiums-Plenum vorgestellt und von diesem verabschiedet.

Im abschließenden Festakt, am Samstag 10. September, wurde die Resolution der Presse und Vertretern der Kirchen und der Politik übergeben. Folgenden Personen wurde die Resolution feierlich überreicht: Generalvikar Josef Annen für die Katholische Kirche, Kirchenratspräsident Pfarrer Michel Müller-Zwygart für die Evangelisch-Reformierte Landeskirche des Kantons Zürich, René Karlen für die Präsidialabteilung der Stadt Zürich für die Politik, Prof. Michael Eidenbenz, Direktor des Musikdepartements der Zürcher Hochschule der Künste für die Ausbildungsstätten und Dr. Thomas Schacher stellvertretend für die Presse.

Der Festakt wurde von Bernard Foccroulle, dem namhaften belgischen Organisten und Theaterdirektor eingeleitet, der in einem sehr prägnanten Vortrag für den Aufbau einer europäischen Plattform für die Orgel plädierte. In einer immer mehr globalisierten Welt, in der verschiedene Kulturen, statt zusammen zu sprechen, sich eher bekämpfen, sollen alle eingeladen sein, mitzumachen. Es wird dringend eine erneuerte, bis heute noch nicht bekannte Kreativität benötigt. Die Zürcher Resolution, die sich als Ergänzung und Weiterführung der analogen Papiere der im September 2000 in Varaždin (Kroatien) veranstalteten Orgeltagung („Die Orgel als europäisches Kulturgut") und der Tagung der Gesellschaft der Orgelfreunde e.V. in Graz 2007 („Organum, quo vadis") versteht, will auf die großen kulturellen und geistigen Verluste aufmerksam machen, falls sich die negative Entwicklung in der Orgelwelt der letzten Jahren ungebremst fortsetzen sollte. Dazu will sie einen Weg vorschlagen, damit diesem Instrument mehr Sensibilisierung und Achtung verliehen wird. Alle Teilnehmer der Tagung wurden aufgefordert, mit ihrer Unterschrift und ihrem Tun für eine Wahrnehmung der Orgel in der nationalen und internationalen Öffentlichkeit einzutreten.

## Ausblick

Aus den Reaktionen und Rückmeldungen der am Symposium Anwesenden ist zu schließen:

Die Veranstaltung war sicher etwas Großartiges. Die regen Gespräche und das Austauschen von Gedanken am Rande der Referate, Konzerte und Diskussionen, die oft in einer sehr bunten Sprachenmischung durchgeführt wurden, zeigten den Wert eines solchen Treffens. Es zeigt auch den Pessimisten und Resignierten, dass nicht alles verloren ist und man trotz allem mit Hoffnung in die Zukunft schauen kann. Auch für das Organisationskomitee war erfreulich festzustellen, wie dieses lange und mit großer Mühe vorbereitete und dann, als Italiener wage ich es zu sagen, mit schweizerischer Genauigkeit durchgeführte Symposium ein Anlass geworden ist, der große nationale und internationale Resonanz erzeugt hat.

Es ist klar, dass ein einziger Kongress einen allgemein negativen Trend nicht alleine zu verändern vermag. Besonders schmerzlich war die Tatsache, dass zu viele Organisten-Kollegen, sogar aus der Stadt Zürich selbst, nicht ein minimales Interesse für das Symposium gezeigt haben. Der gemeinsame Versuch, die Probleme der Orgelwelt zu besprechen und mögliche Lösungen zu suchen, wurde offenbar nicht als eine Aufgabe betrachtet, die alle Kreise der Orgelwelt in gleicher Weise angeht. Dies steht im krassen Vergleich mit der Berufsgruppe der Orgelbauer, die kompakt und sehr aktiv in großer Zahl in Zürich anwesend war. Weiter musste das Organisationskomitee mit Ernüchterung feststellen, wie viele namhafte Vertreter der Orgelwelt ihre Teilnahme abhängig von einem Auftritt, einem Konzert oder Referat, machten. Wurde ihnen diese Möglichkeit gegeben, waren sie dann ausschließlich zu diesem Anlass in Zürich anwesend, um danach so schnell als möglich wieder zu verschwinden.

Auf die Kritik, die vereinzelt zu hören war, das lateinisch-sprachige Europa sei gar nicht oder zu beiläufig berücksichtigt worden, ist zu sagen: Viele angesprochene und angeschriebene Persönlichkeiten aus Italien, Frankreich, Spanien usw. haben leider nicht einmal wenigstens mit einer Absage auf die Einladung reagiert. Dies scheint abermals ein Beweis dafür zu sein, dass sich unsere Organistenwelt inmitten einer recht bedrohlichen sozialen sowie musikalischen Entwicklung nicht auf eine umfassende, offene und kooperative Zusammenarbeit einlassen will und nicht bewusst am gleichen Strick zieht. Das stimmt bedenklich!

Abb. 7 Beginn des Orgelspaziergangs im Zürcher Großmünster

Allerdings dürfen wir nicht vergessen, dass die Orgel in ihrer tausendjährigen Geschichte schon manches Tief erlebt und überlebt hat. Denken wir z. B. an die Zeiten der Reformation und der Französischen Revolution. Dass gerade in Zürich ein solches Symposium stattgefunden hat, könnte man als einen Fingerzeig ‚von oben‘ interpretieren: Gerade in der Stadt, in der für über 300 Jahre keine Orgeln erlaubt waren, haben sich im Jahre 2011 Persönlichkeiten aus ganz Europa versammelt, um über die Zukunft der Orgelkultur nachzudenken.

Erst wenn sich ein Großteil der Beteiligten der Orgelwelt auf die visionären Vorschläge der Resolution einlassen wird, wird man in Zukunft sagen können, dass der Zürcher Kongress „Orgel, Organo, Orgue, Organ 2011“ ein Erfolg in Sachen Verbreitung und Wertschätzung des Musikinstruments Orgel in der Gesellschaft des 21. Jahrhundert gewesen ist.

# Das Podiumsgespräch

Prof. Dr. Albert Gerhards
Dr. Stephan Goldschmidt
OBM Horst Hoffmann
Dr. Martin Kares
Dr. Ludger Sutthoff
*Moderation: Prof. DDr. Ulrich Theißen*

Ziel der Podiumsdiskussion war es, den thematischen Bogen, der durch die Referate gespannt worden war, nochmals aufzugreifen und die verschiedenen Impulse und Fragestellungen zusammenzuführen. Für den krankheitsbedingt nicht mehr anwesenden Kulturreferenten des Sekretariates der Deutschen Bischofskonferenz, Dr. J. J. Koch, sprang dankenswerter Weise Prof. Dr. A. Gerhards ein. Den Ausgangspunkt des Gesprächs bildete die eingangs der Tagung entfaltete Prämisse, Orgel und Orgelmusik als einen Teil der Vielfalt kirchenmusikalischer und damit kultureller Ausdrucksformen zu begreifen. Diese Prämisse sollte dazu dienen, Orgelkultur in einer gesamtgesellschaftlichen Perspektive zu verhandeln. Eine analoge Perspektive nahm der Kongress „Einheit durch Vielfalt" ein, der 2010 in Berlin stattfand. Prof. DDr. U. Theißen nahm in seiner Eingangsfrage zudem Bezug auf das Symposium „Orgel 2011" in Zürich, dessen Resolution ein von Sorge geprägtes Bild der Orgelkultur in Europa zeichnet: Wie beurteilen die Diskutanten die Lage, insbesondere in Deutschland?

Für die katholische Kirche relativierte **Prof. Dr. A. Gerhards** eine allzu „düstere Sicht der Lage" mit dem Hinweis, dass eine differenzierte Sicht eine breite und optimistischer stimmende Vielfalt an Erfahrungen, Wahrnehmungen und Bewertungen offenbare. So entdeckten Jugendliche durchaus wieder traditionelle kulturelle Elemente neu für sich. Es komme aber auch darauf an, entsprechende Angebote zu machen, wobei darauf zu achten sei, dass die „Orgeln auch noch besser positioniert werden". In all dem sei „Innovationskraft" erforderlich, nicht zuletzt verstärkt bei den Hauptverantwortlichen. **Dr. S. Goldschmidt** bestätigte für die evangelische Kirche zunächst, dass insbesondere bei alternativen Gottesdienstformaten für jüngere Zielgruppen der traditionelle geistliche Choral und dessen entsprechende Begleitung eher selten zu beobachten seien. Orgelmusik sei nicht mehr *per se* als Standard gesetzt. Aber auch Dr. Goldschmidt weitete die Perspektive zu einer gelasseneren Sicht, wonach eine Vielfalt im Bereich des Gottesdienstes mit Blick auf die Menschen, um die es der Kirche gehe, ihre guten Seiten habe. Vorstellbar sei indessen, dass neues geistliches Liedgut und Orgel häufiger zusammenfänden.

Die Sicht des deutschen Orgelbaues zeigte **OBM H. Hoffmann** auf. Er verwies einerseits auf einen massiven Rückgang an Orgelneubauten, andererseits aber auf eine Zunahme an Restaurierungen. Insgesamt seien aber viele Betriebe in wirtschaftlicher Bedrängnis. Für die Zukunft von Orgelbau und Orgelkultur stünden insofern auch die Kirchen in der Verantwortung. Besorgt sein müsse man in der Hinsicht, dass die Orgel immer häufiger quasi ausgeblendet werde, z. B. in den Medien. Andererseits gebe es aber auch positive Zeichen, wie etwa die Begeisterung von Menschen anderer Erdteile, für die Orgelmusik eine ganz besondere Botschaft beinhalte. Insgesamt stehe am Ende der Glaube, dass die „Orgel im Bewusstsein der Kirche und der Öffentlichkeit wieder den Platz bekommt, der ihr eigentlich zusteht".

Prof. Theißen ging in seiner Frage an **Dr. M. Kares** auf die Rolle der Orgelsachverständigen als Multiplikatoren ein, die für die künftige Entwicklung der Orgelkultur eine entscheidende Rolle spielen: Welches Selbstverständnis bringt der kirchenmusikalische Nachwuchs mit? Dr. Kares stellte fest, dass die Orgel bei denen, die Kirchenmusik studieren, positiv besetzt sei. Deren Ziel sei es nach wie vor, mit Orgelmusik Menschen zu begeistern und zu berühren. Und mit diesen Kirchenmusikern werde es auch in Zukunft „Orgelprojekte, Orgelneubauten, Orgelrestaurierungen geben, weil sie sich selbst dafür einsetzen, weil sie das Engagement mitbringen und die Energie, so ein Projekt zu bewegen". Dr. Kares belegte sein Statement mit Praxiserfahrungen, z. B. Orgelkonzertreihen mit wachsenden Besucherzahlen. Sie würden sich dadurch auszeichnen, dass sie die Menschen an die Musik bzw. an die Orgel heranführen – auch mit sehr kreativen Ansätzen, z. B. vorgeschalteter Talkshow oder didaktisch aufbereiteten Themen-Konzerten. Solche Ansätze seien geeignet, das Thema „Orgel" wieder „in die Gesellschaft" zu bringen. Die Vermittlung des Themas in den Kindergärten, in Schulen, in Volkshochschulen und über die Erwachsenenbildung habe großes Potential. Problematisch sei demgegenüber die Haltung mancher Orgelsachverständiger, insbesondere deren basisfernes Selbstverständnis und häufig einseitige Qualifikation. So gebe es „keine geregelte Aus- bzw. Fortbildungspflicht". Es gebe zurzeit ein „sehr heterogenes Bild", die Kirchenleitungen sollten die Sachberater verstärkt zu Aus- und Fortbildungsmaßnahmen verpflichten.

Die erste Fragerunde beschloss **Dr. L. Sutthoff** für die Denkmalpflege. Mit Verweis darauf, dass die Denkmalpflege ein öffentlicher Belang sei, zielte die Frage von Prof. Theißen auf den soziokulturellen Wandel und darauf, wie die Denkmalpflege mit diesem Wandel umgehe: Welche Relevanz habe so betrachtet das Orgelkulturerbe und seine Bewahrung? Dr. Sutthoff betonte, dass Orgeldenkmalpflege um der Menschen willen betrieben werde – so wie Denkmalpflege überhaupt. In der Tat habe man dabei die künftigen Generationen und die pluralistische Verfasstheit der Gesellschaft im Blick zu behalten. Nicht zuletzt bezogen auf die unterschiedlichen Akteure und Partner sei die Denkmalpflege „sehr pluralistisch aufgestellt". Das konkretisiere sich darin, dass „die Orgeldenkmäler komplex, möglichst mit dem klanglichen Erlebnis, mit dem Raumbild, mit allem was dazu gehört, […] überliefert werden – mit all ihren vielschichtigen Aussagen, die sie haben". Die Denkmalpfleger seien daher darauf angewiesen, die Sachkompetenz der Fachleute aus dem Orgelwesen einzubinden. Das diene im Übrigen auch dazu, andere, z. B. liturgische, Belange zu berücksichtigen. Am Ende komme es aber darauf an, dass die Denkmalpflege ihr fachliches Votum im Sinne des Orgelkulturerbes klar und unabhängig artikuliere und für den Erhalt einer Denkmalorgel eintrete.

Die zweite Gesprächsrunde widmete sich der Rolle der Orgelkultur im Spektrum der Vielfalt kultureller Ausdrucksformen. Welche Funktion könne ihr in diesem Spektrum zukommen und welche Schlüsse könnten daraus für den Umgang mit dem Orgelkulturerbe abgeleitet werden? **Prof. A. Gerhards** ging in seiner Antwort zunächst auf die Erscheinung des *crossover* ein, der für viele sogenannte E-Musiker inzwischen längst üblich sei. Für den Bereich der Orgel sei das sicher eine Perspektive, allerdings sei es auch eine Frage der Qualität. Es ginge z. B. darum, dass „auch einmal Bach von jungen Menschen gehört werden kann und damit natürlich auch Maßstäbe wiedererlangt werden". Es sei nicht zuletzt ein Kulturauftrag, dass Orgelkultur als eine Art „Gegenentwurf zu bestimmten Formen populärer Musik" besetzt würde; als Statement im Sinne genau jener Vielfalt, die individuelle Positionierung erlaube und einfordere. Positionierung in kultureller Hinsicht bedürfe indessen der kulturellen Bildung. Menschen müssten wieder vermehrt zu „elementaren Wahrnehmungen geführt werden [...]: also *„aisthesis"* im ganz konkreten Sinn". Hier bestünde auch eine Brücke zur Kirchenpädagogik, die Prof. Bubmann in seinem Vortrag angesprochen habe. Denkmalpädagogik, die sich an Kinder und selbst Kindergartenkinder richte, habe ein erhebliches Potenzial.

Die Orgel gelte – so Prof. Theißen in seiner anschließenden Frage – als das traditionelle Kircheninstrument. Andere Instrumente, insbesondere Musikgruppe oder Band, würden ihr häufiger abgrenzend gegenübergestellt als dass ein Miteinander gesucht werde. Mit Blick auf die Frage nach dem Raum für ein stärkeres Miteinander bekräftigte **Dr. S. Goldschmidt** zunächst, „dass die Orgel für den gottesdienstlichen Gebrauch [...] weitgehend unerlässlich" sei. Der Gemeindegesang habe in der Liturgie eine Schlüsselfunktion. Die Musik binde den Menschen in seiner Ganzheitlichkeit in das liturgische Geschehen ein und öffne seine Sinne gleichzeitig für das „ganz Andere [...] der himmlischen Welt". Populäre Elemente gehörten sicher dazu. Die Orgel habe aber auch hier ein passendes Potenzial. Die Kirchenmusiker sollten dieses *crossover* wagen, gerade auch im Zusammenspiel mit anderen Instrumenten. Die Welt der Orgel solle zudem allen Altersgruppen erschlossen werden, auch bereits Kindern in den Kindergärten bzw. Kindertagesstätten und den Grundschulen. Die Kinder dieser Altersgruppe hätten „tatsächlich ein Interesse, eine Begeisterung für die Orgel". Ein solcher Erstkontakt zu dem häufig verschlossenen und unerreichbaren Instrument könne eine anhaltende Begeisterung auslösen.

Im Zuge eines solchen orgel- bzw. denkmalpädagogischen Zugangs sind die Kirchenmusiker in besonderem Maße gefragt. Aber, so die Frage von Prof. Theißen, sind die Kirchenmusiker auch für den Stilpluralismus zu begeistern, der den Reiz der Orgelkultur insgesamt ausmache? Dem Bekenntnis zur Vielgestaltigkeit der Orgelkultur bzw. des Orgelkulturerbes stünde doch in der Praxis zurzeit der Umbau oder der Abriss vieler Instrumente der Nachkriegsjahrzehnte entgegen. **Dr. M. Kares** stellte in seiner Antwort zunächst fest, dass der Bestand einer Orgel, die Generationen überdauern soll, keinesfalls allein von der Person abhängig sei dürfe, die gerade an diesem Instrument tätig sei. Zugespitzt: „Zum Stilpluralismus im Orgelbau gehört der Spielpluralismus bei den Organisten". Den nachrückenden Kirchenmusikern sei dies durchaus bewusst. Schon heute werde eine große stilistische Bandbreite im Kirchenmusikstudium vermittelt. Man müsse aber auch die Gemeinden selbst in den Blick nehmen, die in sich heterogen geprägt seien und unterschiedliche musikalische Präferenzen hätten. Hilfreich seien Entwicklungen, wie das von Dr. Kares bereits vor 15 Jahren konzipierte Claviorganum, welches das Klangpotenzial einer ‚echten' einmanualigen Orgel um die spieltechnischen Möglichkeiten eines Digitalklaviers als aufgelegtes zweites Manual erweitere. Beide Instrumente können von einer Person am selben Arbeitsplatz bedient werden. Dieses Konzept habe Musiker in einigen traditionsarmen Gemeinden, die sonst keinen Zugang zur Orgel gefunden hätten, an die Orgel herangeführt, für sie interessiert und so die Basis für Weiteres gelegt.

Auf die Instrumente der Nachkriegsjahrzehnte zielte auch die Frage an **Dr. L. Sutthoff**, welchen Zeugniswert die Orgeln dieser Zeit hätten und wie deren Bewahrung aus Sicht der Denkmalpflege erfolgen könne. Als Konservator, der im rheinischen Teil von Nordrhein-Westfalen tätig ist, wies Dr. Sutthoff zunächst darauf hin, dass der Orgelbau dieser Phase die Orgellandschaft grundlegend kennzeichne. Bedingt durch die Kriegszerstörungen habe der Orgelbau gerade in der Wirtschaftswunderzeit einen Boom erlebt, nicht allein quantitativ sondern auch qualitativ. Charakteristisch für die so entstandene „Orgellandschaft" sei, dass der Grad der Veränderung dieser Orgeln „häufig sehr gering" sei: „Es gibt hier eine sehr komplexe und auch eine sehr authentische Erhaltung von Orgeln". Problematisch sei in diesem Zusammenhang die oftmals nicht geklärte Zukunft nicht mehr benötigter Kirchen, deren Inventar dann häufig zur Disposition steht. Eine bereits weit vorangeschrittene Inventarisierung der Kirchen und ihrer Ausstattung verschaffe jedoch einen grundlegenden Überblick. Ziel müsse sein, die Orgeln dieser Zeit als „akustisches Gedächtnis" zu bewahren, das ein unverwechselbares „sinnliches Erlebnis" ermögliche. Zentral sei, „dass der Grundgedanke der Orgel – nicht nur als Instrument, sondern auch als historisches Ausstattungsstück von Kirchen – [...] erhalten bleibt".

**OBM H. Hoffmann** bestätigte aus Sicht des Orgelbaus, dass natürlich auch eine Orgel der 1960/70er Jahre ein Klangdenkmal sein könne. Für jede Orgel, gleich welcher Epoche, könne gesagt werden, dass sie ein Gesamtkunstwerk sei – gerade auch hinsichtlich des gesamten Teams, das hinter dem Bau einer Orgel stehe. Die Intonation sei für dieses Gesamtkunstwerk ein wichtiger Aspekt. Anders formuliert: Wenn im Fall eines größeren Umbaus neu intoniert werde, könne man nicht mehr von einem Klangdenkmal sprechen, weil das ursprüngliche Klangbild nicht mehr erhalten sei. Die Intonation sei eben eine Manipulation, ein Eingriff in die Denkmalsubstanz. Die Denkmalpflege habe an dieser Stelle die Funktion eines wichtigen Korrektivs. Es sei daher zu wünschen, dass die Gesellschaft „auch Instrumente der 60er und der 70er Jahre als Klangdenkmal bzw. als Gesamtkunstwerk akzeptieren würde und sie wirklich so belassen würde, wie sie sind".

Während viele Orgeln der Nachkriegsjahrzehnte noch in ihrem bauzeitlichen Zustand sind, sind Orgelbauer, -sachverständige und -denkmalpfleger nicht weniger häufig mit den sogenannten „gewachsenen Zuständen" konfrontiert. Dann stelle sich die Frage nach der Priorität: Bewahrung des Kulturdenkmals mit seiner gesamten Geschichte oder Restaurierung eines Klangdenkmals unter der Prämisse seiner musikalisch-ästhetischen Eignung als Musikinstrument. **Dr. L. Sutthoff** bestätigte zunächst, dass der „Schutz des gewachsenen Zustandes ein Kernanliegen der Denkmalpflege" sei. Allerdings sei dieser idealen Forderung die Realität der Praxis gegenüberzustellen. Es müsse der Denkmalpflege immer um den „Einzelfall" gehen, für den die beste denkmalverträgliche Lösung gefunden werden müsse. Ein wesentlicher Begriff sei in diesem Zusammenhang auch die „Beseeltheit der Materie", weil Menschen der Vergangenheit und der Gegenwart „sich handwerklich verwirklicht haben, zugehört haben, Bereicherung erfahren haben". Es gelte also, mit der Substanz auch immer den Mensch zu sehen, der sich in seinen Artefakten ausdrücke. Hinzu käme, dass Orgeln Wirklichkeitsschichten unterschiedlicher Qualität besäßen, die dann visuell, klanglich oder haptisch zu erfassen seien. Orgeln rührten das „Gemüt der Menschen" an. Zu ergänzen sei aber auch: „selbst eine ‚ungeliebte Orgel', die nicht spielbar ist, kann ein Denkmal sein" – was nichts daran ändere, dass sich Denkmalpfleger Orgeln wünschen, die spielbar seien.

In einem weiteren Schritt richtete Prof. Theißen den Blick auf die Orgelsachverständigen, die als Berater der Gemeinden eine hohe Verantwortung für das Orgelkulturerbe trügen: Gebe es eine gemeinsame Haltung der Orgelsachverständigen oder werde im Einzelfall ein Votum der Denkmalpflege erwartet, zumal diese ja diesen Belang zu vertreten habe? **Dr. M. Kares** ging in seiner Antwort auf die unterschiedlichen Szenarien ein, die in der Praxis anzutreffen seien und immer auch eine menschliche bzw. psychologische Dimension hätten. Im Ergebnis müsse man konstatieren, dass es „keine einheitliche Linie im Orgelsachverständigenwesen" gebe. Entscheidungen seien von „Subjektivismus geprägt". Trotz aller Forschung, Wissensanhäufung und zahlreicher Präzedenzfälle sei vieles immer noch eine Ermessens- und Auslegungsfrage. Bezogen auf die Orgeln der „Wirtschaftswunderzeit" müsse es darum gehen, die Qualitäten des Instruments plausibel zu machen, die häufig durch einen vernachlässigten Zustand verdeckt seien. Eine Reparaturmaßnahme und Reinigung sei vielfach bereits ausreichend, um die Besonderheiten der Instrumente wieder zur Geltung zu bringen. Wissensvorsprung, musikalische, rhetorische und kommunikative Begabung eines Sachberaters entscheiden häufig über Leben oder Tod einer Orgel. Eine verantwortete Vermittlungsarbeit sei eine große Chance, auch eine zunächst „ungeliebte Orgel" den Akteuren vor Ort wieder neu nahezubringen.

Der Umgang mit historischen Instrumenten – gleich ob im bauzeitlichen Zustand oder bereits verändert – stellt indessen an die handwerklichen Fertigkeiten höchste Anforderungen. Das zeige u. a. die Ausbildung zum Restaurator im Orgelbauhandwerk. **OBM H. Hoffmann** wies zu Beginn seines Statements darauf hin, dass die Novellierung der Handwerksordnung im Jahr 2004 dazu geführt habe, dass das Orgel- und Harmoniumbauerhandwerk ein „zulassungsfreies Handwerk" sei. Für den Bau einer Orgel sei kein Meisterbrief erforderlich. Als Folge betrachtet OBM Hoffmann, dass die Zahl der Orgelbaulehrlinge an der Berufsfachschule in Ludwigsburg von 2006 bis 2011 um ungefähr 25% zurückgegangen sei. Die Zahl der Meisteranwärter sei um ein Drittel rückläufig. Eine Ursache liege darin, dass „der Orgelbau mit seinen 2.000 Beschäftigten keine Lobby hat". Das sei ein schwerwiegendes Problem, das am Ende die Qualität der Instrumente und damit ein traditionelles Gütekriterium des Orgelbaus in Deutschland beeinträchtige. Der Bund Deutscher Orgelbaumeister bemühe sich um die Zurücknahme dieser Regelung.

Ein aktuelles Problem sei zudem die neue Bleirichtlinie der EU (EU-Richtlinie 2011/65/EU[ROHS-II]). Sie besage, dass nur noch bis 2019 Orgeln mit Pfeifen aus Zinn-Blei-Legierungen gebaut werden dürfen. Hier gehe es letztlich um die Zukunft des Orgelbaus und eines Berufsstandes an sich. Die Einführung des Restaurators/der Restauratorin im Orgelbauhandwerk sei ebenfalls ein langwieriger Prozess gewesen – bis schließlich an der Oskar-Walcker-Schule in Ludwigsburg ein entsprechender Ausbildungsgang eingerichtet werden konnte. 12 bis 15 Meisterinnen und Meister nahmen jeweils an den bisherigen Kursen teil: „Es ist eine Spezialausbildung, die ganz einfach notwendig ist". Sie habe einen wichtigen Beitrag dazu geleistet, „dass man besser miteinander kommuniziert, und zwar auf Augenhöhe, […] um für die Orgel zu einer optimalen Lösung zu kommen".

Mit der Ausbildung zum Restaurator/zur Restauratorin wurde die letzte Runde eingeleitet, die sich der Denkmalvermittlung grundsätzlich widmen sollte. Der eingangs von Dr. Müller aufgewiesene Sinnhorizont konservatorischen Wirkens, nämlich ein auf kultureller Bildung fußendes Bewusstsein für die Bedeutung und die Relevanz des Kulturerbes, führte zu der Frage von Prof. Theißen, welche Schritte nun zu unternehmen seien, damit das im Rahmen der Fachtagung Diskutierte nicht wirkungslos verhalle: „Wie machen wir der Gesellschaft bewusst, was Denkmäler sind, was sie für uns im Rahmen des Kulturerbes, des Gesamtkulturerbes bedeuten?"

**Dr. L. Sutthoff** betonte zunächst den Wert üblicher denkmalpflegerischer Arbeit: Inventarisation, Denkmaltopographie, Publikationen etc. seien unverzichtbar. Ein weiteres, vorrangiges Anliegen müsse künftig aber sein, Orgelkunde bzw. Orgeldenkmalpflege vor allem den Kindern näherzubringen. Es gelte demnach, erstens den Weg in die Kindergärten und in die Schulen hinein zu finden. An diesen Orten könne sehr viel Begeisterung und Freude geschaffen werden, die dann auch Ergebnisse hervorrufen könne, nämlich die junge Generation an die Orgeldenkmale heranzuführen. Wichtig sei zweitens die Bildung eines effektiven bzw. der Ausbau eines vorhandenen Netzwerkes zur Orgeldenkmalpflege, das Lobbyarbeit betreibe. Ziel müsse auch sein, Bürgerinitiativen zu unterstützen. Drittens sei es dringend erforderlich, die Kontakte unter den Akteuren, d. h. den Denkmalpflegern, den Orgelsachverständigen und den Orgelbaufirmen zu verbessern. Frühere Bemühungen um einen Kontaktaufbau mit den Orgelbaufirmen, mit denen auch die Frage nach der Existenz eines Archivs verbunden gewesen war, seien bislang erfolglos geblieben. Dabei sei es für die Denkmalpflege durchaus wichtig, über Archive bzw. Archivgrundlagen Kenntnis zu haben, damit diese im Einzelfall nach wissenschaftlichen Standards ausgewertet werden könnten – so wie es „in allen Bereichen der Denkmalpflege ein Standardanliegen" sei. Denn nicht nur die Denkmalvermittlung, sondern alle Bereiche der Denkmalpflege bedürften fundierten Wissens. Hier wäre künftig mehr Offenheit und Entgegenkommen im Sinne der gemeinsamen Sache ein wichtiger Schritt.

Über das Projekt „Singen mit Kindern" berichtete **Dr. S. Goldschmidt** für die EKD. Der Chorverband und der Kirchenmusikerverband würden bei diesem Projekt unterstützt, das im Elementarbereich ansetze und den Kindern das Singen näherbringen soll – was eine „Hinführung zur Orgel, zur Orgelmusik" quasi beinhalte. Seitens der EKD werde aber zudem darauf gesetzt, dass „die Vermittlungsfähigkeiten von Kirchenmusikerinnen und Kirchenmusikern nochmal gestärkt werden". Es werde daran gearbeitet, eine zweite Ausbildungsphase für Kirchenmusikerinnen und Kirchenmusiker zu entwickeln. Sie habe den Vorteil, dass der Übergang der Nachwuchskirchenmusiker von der Hochschule in die Wirklichkeit der Gemeinden wesentlich besser gestaltet werden könne. Die Fähigkeiten zur Vermittlung könnten in einer solchen Ausbildungsphase speziell geschult werden.

Den Schlusspunkt dieser dritten Runde und damit des Podiums setzte **Dr. Kares** mit einem Ausblick auf die Ausbildung der Kirchenmusikerinnen und Kirchenmusiker. Er bestätigte die bereits angesprochenen Bereiche der Singschul- und Kinderchorarbeit. Hier sei in vielen Regionen großes Interesse zu verzeichnen. Wo es gelungen sei, hier die Brücke zur Begeisterung für die Orgel zu schlagen, wurde bereits viel erreicht. Auf diesem Weg und unter Einschluss von Kindergärten und Schulen bestünde ein großes Potenzial, „die Orgel wieder gesellschaftsfähiger zu machen".

Neben den Bildungsinitiativen sei es aber nicht weniger der Vernetzungsgedanke, der vielversprechend sei. Es sei beachtlich, wie viele Organisationen es in Deutschland gebe, die sich mit dem Thema Orgel beschäftigen – neben der Gesellschaft der Orgelfreunde (GDO), dem Bund Deutscher Orgelbaumeister (BDO) und der Vereinigung der Orgelsachverständigen Deutschlands (VOD). Beispiele seien die Fachschule in Ludwigsburg, das Fraunhofer-Institut in Stuttgart oder Stiftungen, wie z. B. die Stiftung „Orgelklang". Eine Vernetzung, um die Kräfte zu bündeln, sei daher absolut erforderlich; auch wenn es darum gehe, politisch wirksam zu sein, z. B. dahingehend, dass die von OBM Hoffmann kritisierte Entwicklung „niemals für uns Wirklichkeit werden darf". Ein konkretes Beispiel für den Vernetzungsgedanken sei der in 2011 erstmals durchgeführte Deutsche Orgeltag. Diese Initiative der VOD finde in Absprache mit der Deutschen Stiftung Denkmalschutz am Tag des offenen Denkmals statt und sei unter www.orgeltag.de im Internet zu finden. Dort könnten Veranstaltungen jeglicher Art gemeldet werden, seien es Konzerte, Führungen, Workshops oder offene Werkstätten. Multiplikatoren, wie Grundschullehrer oder Kindergärtnerinnen, erhalten an diesem Tag Informationen über Materialien und Ansprechpartner für Aktionen mit Klassen und Gruppen. Nach einer mehrjährigen Anlaufphase soll mit der Deutschen Stiftung Denkmalschutz ein Tag des offenen Denkmals mit dem Thema „Orgel" verabredet werden, gegebenenfalls mit einer Großveranstaltung in Berlin, zusammen mit europäischen Partnern wird die Weiterentwicklung zum „Europäischen Orgeltag" überlegt. Er schloss sein Statement mit dem Appell, dass „die Bewegung, die Orgel wieder stärker im öffentlichen Bewusstsein zu verankern", die Unterstützung all derer verdiene, die im Bereich der Orgelkultur tätig seien.

Zusammenfassung: Michael Christian Müller

# Tagungsprogramm

## Freitag, 09.12.2011

14.00 Uhr Grußworte
**Gunter Geiger** (Direktor Bonifatiushaus)
**Dr. Stephan Goldschmidt** (Oberkirchenrat der Evangelischen Kirche in Deutschland [EKD])
**Dr. Jakob Johannes Koch** (Kulturreferent im Sekretariat der Deutschen Bischofskonferenz)
**Dr. Roswitha Kaiser** (Landeskonservatorin, Landesamt für Denkmalpflege Hessen)

14.30 Uhr **Dr. Michael Christian Müller** (Forum „Bewahrung und Entwicklung des Orgelkulturerbes“ e. V., Vorsitzender, Hannover)
*Orgeln, Kulturen und Gesellschaft – Vielfalt als Zukunftsprinzip. Einführende Überlegungen zur Orgeldenkmalpflege vor dem Hintergrund der UNESCO-Verlautbarungen zu Schutz kultureller Vielfalt, Bildung und Nachhaltigkeit*

15.00 Uhr **Prof. Dr. Albert Gerhards** (Seminar für Liturgiewissenschaft, Katholisch-Theologische Fakultät der Rheinischen Friedrich-Wilhelms-Universität, Bonn)
*Liturgie – Kirchenmusik – Orgelkultur*

15.45 Uhr Pause

16.15 Uhr **Dr. Stephan Reinke** (Wilster)
*Orgel und kultureller Kontext. Die Orgel als Spiegel kultureller Positionierungen*

17.00 Uhr **Svenja Heuer M.A.** (Otto Friedrich-Universität Bamberg)
*Albert Schweitzer – Ganzheitlichkeit als Impuls*

17.45 Uhr **Prof. Dr. Peter Bubmann** (Abt. Religions- und Gemeindepädagogik des Instituts für Praktische Theologie an der Universität Nürnberg-Erlangen)
*Orgelkultur als Gegenstand religiöser Bildung(stheorie). Chancen und Erwartungen*

18.30 Uhr Abendessen

20.00 Uhr **Prof. Hans-Jürgen Kaiser** (Domorganist am Hohen Dom zu Fulda; Universitätsprofessur für Orgelimprovisation an der Hochschule für Musik der Johannes Gutenberg-Universität, Mainz)
*Orgel|Klang|Raum – Exkursion zu den Orgeln der Wehrkirche am Florenberg und der Liobakirche, Petersberg/Fulda*

## Samstag, 10.12.2011

07.30 Uhr Ökumenisches Morgenlob in der Kapelle des Bonifatiushauses

08.00 Uhr Frühstück

09.00 Uhr Begrüßung und Einführung

09.15 Uhr **Prof. Dr. Ursula Schädler-Saub** (Fakultät Erhaltung von Kulturgut, HAWK Hochschule Hildesheim/Holzminden/Göttingen)
*Zeitschichten – Geschichte der Restaurierung. Lehren für die Praxis*

10.00 Uhr **Dr. Bernhard Buchstab** (Landesamt für Denkmalpflege Hessen, Marburg)
*Konservierung von Klangdenkmalen?*

10.45 Uhr Pause

11.00 Uhr **Prof. Dr. Andreas Sieling** (Domorganist am Berliner Dom; Universität der Künste Berlin)
*Wissen – Übung – Praxis. Vielfalt in der Ausbildung für vielgestaltige Orgelkultur? Ein Plädoyer für Integrierte Orgelkunst*

11.45 Uhr **Philipp C. A. Klais** (Orgelbauer, Johannes Klais Orgelbau, Bonn)
*Der Charme der 60er und die Verantwortung unserer Generation*

12.30 Uhr Mittagessen

14.00 Uhr **Dr. Marco Brandazza** (Leiter des Orgeldokumentationszentrums an der Hochschule Luzern – Musik)
*Bericht über das Symposium „Orgel Orgue Organo Organ 2011", Zürich 8.–11. September 2011*

14.45 Uhr Abschlusspodium mit:
**Dr. Stephan Goldschmidt** (Oberkirchenrat der Evangelischen Kirche in Deutschland [EKD])
**OBM Horst Hoffmann** (Bund Deutscher Orgelbaumeister, Vorsitzender, Ostheim/Rhön)
**Dr. Martin Kares** (Vereinigung der Orgelsachverständigen, Vorstandsmitglied, Karlsruhe)
**Dr. Jakob Johannes Koch** (Kulturreferent im Sekretariat der Deutschen Bischofskonferenz), vertreten von **Prof. Dr. Albert Gerhards**
**Dr. Ludger Sutthoff** (LVR-Amt für Denkmalpflege im Rheinland, Abteilungsleiter Bau- und Kunstdenkmalpflege, Brauweiler)
Moderation: **Prof. DDr. Ulrich Theißen** (Universität Salzburg)

16.00 Uhr **Eva Dotterweich M.A.** (Otto Friedrich-Universität Bamberg; Forum „Bewahrung und Entwicklung des Orgelkulturerbes" e. V.)
*Resümee, Ausblick, Verabschiedung*

# Mitwirkende

**Dr. Marco Brandazza-Lüthy**, geb. in Mailand, Studium und Doktorat im Fach Geologie an der Universität Milano, Studium und Diplom an der Akademie für Kirchenmusik, Luzern, in den Fächern Chorleitung (bei Dr. Alois Koch) und Orgel, Konzertreifeprüfung in der Klasse von Monika Henking; Weiterbildung am Pont. Istituto Ambrosiano di Musica Sacra in Mailand bei Alberto Turco im gregorianischen und ambrosianischen Gesang; seit 1987 gemeinsam mit Ehefrau Eva Brandazza als Kirchenmusiker in der Zentralschweiz tätig, seit 1998 hauptamtlich in der Pfarrei St. Michael in Zug; neben der musikwissenschaftlichen Tätigkeit und der Leitung des Orgeldokumentationszentrums an der Hochschule Luzern – Musik, Konzerttätigkeit in der Schweiz sowie im Ausland, oft im Duo mit Eva Brandazza.

**Prof. Dr. Peter Bubmann**, geb. 1962 in Augsburg, 1982–1985 Studium der Kirchenmusik am Richard-Strauß-Konservatorium München, 1982–1989 Studium der ev. Theologie an der Ludwig-Maximilians-Universität München und an der Ruprecht-Karls-Universität Heidelberg, seit 1983 Komponist neuer geistlicher Lieder und populärer Kirchenmusik sowie Leiter der Studiogruppe ZEBAOTH, 1989 Erstes theologisches Examen in Ansbach, 1989–1992 Promotionsstudium in Heidelberg, 1993–2/1995 Wissenschaftlicher Mitarbeiter am Lehrstuhl für Ethik (Prof. Dr. Wolfgang Huber) des Wiss.-theol. Seminars der Universität Heidelberg, 1995 Promotion zum Dr. theol. in Heidelberg, 1995–1997 Vikar der Evang.-luth. Kirche in Bayern in Goldbach, 1997 Zweites theologisches Examen in Ansbach und Ordination zum Pfarrer der Evang.-luth. Kirche in Bayern, 1997–1999 Schulpfarrer am Wirsberggymnasium und an anderen Schulen in Würzburg, 1999–2002 Professor für Gemeindepädagogik, Ethik und musische Bildung an der Evangelischen Fachhochschule Nürnberg, Fachbereich Religionspädagogik und Kirchliche Bildungsarbeit, seit 2002 Professor für Praktische Theologie im Fachbereich Theologie der Universität Erlangen-Nürnberg (Schwerpunkt: Religions- und Gemeindepädagogik).

**Dr. Bernhard Buchstab**, nach Ausbildung zum Orgelbauer Studium der Kunstgeschichte und Musikwissenschaft an der Philipps-Universität Marburg; Bezirkskonservator am Landesamt für Denkmalpflege Hessen in der Außenstelle Marburg und Referent für Orgeldenkmalpflege in Hessen.

**Eva Dotterweich, M.A.**, geb. 1981, Studium der Kunstgeschichte, Europäischen Ethnologie und Denkmalpflege an der Otto-Friedrich-Universität Bamberg, derzeit Arbeit an der Dissertation zu Fragen der aktuellen Christophorus-Verehrung; Forschungsinteressen: religiöse Sachkulturen und Performanzen, zeitgenössische Kunst.

**Prof. Dr. Albert Gerhards**, geb. 1951, Studium in Innsbruck, Rom und Trier, 1976 Priesterweihe, Seelsorgetätigkeit, 1982 Promotion an der Theol. Fakultät Trier, 1984 Professor für Liturgiewissenschaft an der Kath.-Theol. Fakultät der Universität Bochum, seit 1989 an der

Kath.-Theol. Fakultät der Universität Bonn, stellv. Sprecher des Bonner Zentrums für Religion und Gesellschaft (ZERG); 1985–1996 Leiter der Arbeitsgruppe für kirchliche Architektur und sakrale Kunst der Deutschen Bischofskonferenz (AKASK), seit 1989 Mitglied des Ökumenischen Arbeitskreises evangelischer und katholischer Theologen, seit 2007 Berater der Unterkommission „Religiöse Beziehungen zum Judentum" der Deutschen Bischofskonferenz, Mitglied der Liturgie- und der Kunstkommission des Bistums Aachen, Mitglied des Wissenschaftlichen Komitees der Convegni Liturgici Internazionali der Gemeinschaft des Monastero di Bose/Piemont; Wissenschaftliche Schwerpunkte: Geschichte, Theologie und Praxis der Liturgie, Ökumene, Kirchenmusik, Kirche und Kunst, Judentum und Christentum; Mitherausgeber der Reihen „Praktische Theologie heute", „Bild-Raum-Feier. Studien zu Kirche und Kunst", „Ästhetik – Theologie – Liturgik" und „Studien des Bonner Zentrums für Religion und Gesellschaft". Bibliographie: www.ktf.uni-bonn.de/seminare/ lit/lit.htm.

**Dr. Stephan Goldschmidt**, geb. 1964 in Mannheim, nach dem Abitur 1983 und einem Freiwilligem sozialen Jahr 1984–1991 Theologiestudium in Basel, Tübingen, Marburg, 1992 Erstes Theologisches Examen, anschließend Promotionsprojekt; 1995–1997 Vikariat an der Universitätskirche Marburg, 1997 Ordination, 1997–2000 Mitarbeit am Ev. Predigerseminar Hofgeismar und am Ev.-Theologischen Fachbereich Marburg, 2000–2010 Gemeindepfarrer im Marburger Land und Kassel, seit 2010 Oberkirchenrat der EKD und Referent für Gottesdienst, Kirchenmusik und Liturgische Konferenz.

**Svenja Heuer M.A.**, geb. 1975, ausgebildete Orgelbauerin; Studium der Kunstgeschichte, Denkmalpflege und Europäischen Ethnologie an der Otto-Friedrich-Universität Bamberg; z. Zt. Dissertation zum Orgelbau im Kontext der „Orgelbewegung"; Schwerpunkt: Theorie der Orgeldenkmalpflege; Gründungsmitglied und seit 2008 2. Vorsitzende des Vereins Forum „Bewahrung und Entwicklung des Orgelkulturerbes" e. V.

**Horst Hoffmann**, 1960–1963 Orgelbauerlehre bei Otto Hoffmann, dort Werkstattleiter und Intonateur, Aufbau einer Restaurierungs- und Pfeifenwerkstatt, 1975 Meisterprüfung, 1985 Übernahme der väterlichen Werkstatt mit OBM Günter Hoffmann; seit 1997 Restaurator im Orgel- u. Harmoniumbauer-Handwerk; seit 1995 öffentlich bestellter u. vereidigter Sachverständiger für das Orgel- und Harmoniumbauer-Handwerk; ab 1974 Beiratsmitglied im Bund Deutscher Orgelbaumeister (BDO), ab 1986 Vorstandsmitglied, seit 2000 Vorsitzender des BDO; 1992 Gründungsmitglied des Thüringer Orgelsommer e. V., ab 1993 Aufbau und Einrichtung sowie 1. Vorsitzender des Orgelbaumuseums Schloß Hanstein in Ostheim.

**Prof. Hans-Jürgen Kaiser**, nach Studium der Schul- und Kirchenmusik sowie dem Konzertfach Orgel an den Hochschulen Mainz, Mannheim und Saarbrücken seit 1989 Domorganist am Hohen Dom zu Fulda; Orgelbeauftragter im Bistum Fulda und künstlerischer Leiter der Orgelkonzerte und Matineen am Fuldaer Dom; seit 1990 Lehrauftrag für Improvisation/Liturgisches Orgelspiel und Orgelliteraturspiel an der Johannes-Gutenberg-Universität Mainz, ab 1995 als Universitätsprofessor im Fach Orgelimprovisation; nach intensiver Beschäftigung mit französischer und deutscher barocker und romantischer Orgelmusik und dem Orgelwerk Bachs und Messiaens Erweiterung des Repertoires in Richtung alter Musik auf Grundlage der Beschäftigung mit dem historischen Orgelbau; Improvisation ist ein wesentlicher Teil der Konzertprogramme (historische Stile als auch zeitgenössische Improvisation bis hin zum Jazz); zahlreiche CD-Aufnahmen (Liszt/Reger/Bach/Eben), unter anderem an bedeutenden Orgeln und Denkmalorgeln (Schweriner Dom, Fritzlarer Dom, Fuldaer Dom), rege Konzerttätigkeit im In- und Ausland, verbunden mit Kursen für Orgelimprovisation; 2004 wurde er zum Vorsitzenden der Konferenz der Leiterinnen und Leiter der Ausbildungsstätten für katholische Kirchenmusik in Deutschland gewählt; er ist einer der beiden Hauptherausgeber des neuen ökumenischen Standardlehrwerks zur Kirchenmusik, *Basiswissen Kirchenmusik,* das 2009 erschienen ist.

**Dr. Martin Kares**, geb. 1959, Ausbildung zum und Berufstätigkeit als Orgelbauer und Musikinstrumentenrestaurator in München und Nürnberg, kirchenmusikalische C-Prüfung in Schlüchtern, Bachelor of Arts mit Hauptfach Orgel (USA), Architektur- und Kunstgeschichtsstudium, Magisterprüfung und Promotion mit Hauptfach Musikwissenschaft in Darmstadt und Marburg, Stipendiat des Brethren Colleges Abroad-Programmes des Deutschen Akademischen Austauschdienstes und der Deutschen Forschungsgemeinschaft; seit 1990 Leiter des Orgel- und Glockenprüfungsamtes der Ev. Landeskirche in Baden; 1992–2009 Vorsitzender der Vereinigung der Orgelsachverständigen Deutschlands, seit 2009 Mitglied im Beratungsausschuss für das deutsche Glockenwesen; 2009 Ernennung zum Kirchenrat; europaweite Gutachtertätigkeit; zahlreiche Publikationen.

**Philipp Caspar Andreas Klais**, geb. 1967 in Bonn, Ausbildung zum Orgelbauer in der väterlichen Werkstatt und bei einem französischen Orgelbauer, Mitarbeit in einem Bonner Architekturbüro, Vorlesungen und Seminare in den Fächern Kunstgeschichte und Städtebau an der Friedrich-Wilhelms-Universität zu Bonn; seit 1995 Leitung der Orgelbauwerkstatt Johannes Klais in Bonn; zur Zeit arbeitet die Werkstatt an der neuen Orgel für die St. Maximilianskirche in der Düsseldorfer Altstadt und der Schlosskirche in Bonn, es folgen Instrumente für die Hamburger Elbphilharmonie, die Kathedrale in León, den Dom in Kristiansand, für die St. Stephanskirche in Mainz und den neuen Konzertsaal in Buenos Aires; ein Arbeitsschwerpunkt liegt in der Restaurierung historischer Orgelwerke aller Epochen, einschließlich der jüngeren und jüngsten Vergangenheit.

**Dr. Jakob Johannes Koch**, geb. 1969, Studium der Katholischen Theologie und Musik (Absolvent der Meisterklasse Dietrich Fischer-Dieskau), Promotion in Liturgiewissenschaft; seit 2000 Kulturreferent im Sekretariat der Deutschen Bischofskonferenz in Bonn; Initiierung und Begleitung zahlreicher Projekte auf dem interdisziplinären Begegnungsfeld Kirche/Religion – Kunst – Ästhetik; Mitglied u. a. in der Deutschen UNESCO-Kommission und im Deutschen Nationalkomitee für Denkmalschutz (DNK).

**Dr. Michael Christian Müller**, geb. 1968, 1989–1995 Studium der Kunst-/ Architekturgeschichte, Psychologie und katholischen Theologie an der Universität Trier, 1995–1996 freier Mitarbeiter des Städtischen Museums Simeonstift, Trier, 1996–1999 Promotionsstudium an der Universität Trier, 2000–2003 wissenschaftlicher Volontär und Angestellter am Niedersächsischen Landesamt für Denkmalpflege, Hannover, u. a. in der Orgeldenkmalpflege, seit 2004 freiberufliche Tätigkeit als Fachberater im Bereich Denkmalpflege, Stadt-/Regionalentwicklung und kulturelle Bildung, Mitbegründer und Partner von Stadtkuratoren – Müller + Wollenweber GbR; historisch-kulturwissenschaftliche Forschung zum Beziehungsfeld Mensch, Kultur, Gesellschaft; Entwicklung und Leitung von interdisziplinären Bildungs-/ Kulturprojekten zu diesem Themenfeld; nebenberuflicher C-Kirchenmusiker, Sachverständiger für Orgeldenkmalpflege; Lehrauftrag an der Oskar-Walcker-Schule; Gründungsmitglied und Vorsitzender des Forum „Bewahrung und Entwicklung des Orgelkulturerbes" e. V.

**Dr. Stephan Reinke**, studierte Historische Musikwissenschaften und Erziehungswissenschaften an den Universitäten Hamburg und Paderborn sowie Evangelische Kirchenmusik an der Hochschule für Musik und Theater Hamburg, Magisterarbeit über die Orgelmusikästhetik Hugo Distlers, Promotion mit einer Arbeit zur Musik im Kasualgottesdienst; nach Tätigkeiten als Assistent der Geschäftsführenden Direktorin am Musikwissenschaftlichen Seminar Detmold/Paderborn und als Wissenschaftlicher Mitarbeiter in der Gemeinsamen Arbeitsstelle für gottesdienstliche Fragen der EKD derzeit beschäftigt als Regionalkantor für Popularmusik in Itzehoe; Lehraufträge an der Universität Paderborn und der Musikhochschule Lübeck, Referenten- und Dozententätigkeit in der liturgischen und kirchenmusikalischen Aus-, Fort- und Weiterbildung; Geschäftsführer im Musikausschuss der Liturgischen Konferenz; Forschungsschwerpunkte: (Kirchen-)Musikästhetik, musikalische Rezeptionsforschung und Musiksoziologie, musikalisches Unterhaltungstheater und musikalische Alltagskultur.

**Prof. Dr. Ursula Schädler-Saub**, Diplom-Restauratorin, Studium der Kunstgeschichte, Geschichte und Philosophie an den staatl. Universitäten in Mailand und Florenz, Studium der Restaurierung mit Spezialisierung Wandmalerei am Opificio delle Pietre Dure/Laboratori di Restauro della Fortezza da Basso in Florenz, Promotion an der TU Berlin; ab 1981 Restauratorin für Wandmalerei am Bayerischen Landesamt für Denkmalpflege (BLfD) München, ab 1986 Gebietsreferentin des BLfD in der praktischen Kunst- und Baudenkmalpflege für Mittelfranken, ab 1993 Professur für „Geschichte und Theorie der Restaurierung, Kunstgeschichte" an der Hochschule für angewandte Wissenschaft und Kunst, HAWK Hildesheim/Holzminden/ Göttingen; seit 1990 Mitglied des Deutschen Nationalkomitees von ICOMOS, seit 2000 Mitglied der Monitoring-Gruppe für die deutschen Welterbestätten, Mitglied des ICOMOS International Scientific Committee (ISC) for Wall Painting Conservation und des ICOMOS ISC for Theory and Philosophy of Conservation-Restoration, Mitglied von ICOM International Council of Museums; Mitwirkung an internationalen Forschungsprojekten über Restaurierungsgeschichte, Restaurierungstheorie, Denkmalpflege und Kunstgeschichte; zahlreiche Publikationen über Geschichte und Theorie der Restaurierung und der Denkmalpflege sowie über aktuelle Fragen der Erhaltung von Kunst- und Kulturgut.

**Prof. Dr. phil. Andreas Sieling**, studierte Orgel an der Robert-Schumann-Hochschule in Düsseldorf bei Prof. Hans-Dieter Möller und Kirchenmusik (A-Diplom) in Halle (Saale) sowie

Musikwissenschaft, Germanistik und Publizistik in Berlin, Promotion mit einer Arbeit über den Berliner Kirchenmusiker August Wilhelm Bach (1796–1869); seit 1999 Dozent für „Künstlerisches Orgelspiel“ sowie Aufführungspraxis, Orgelliteraturkunde, Orgelkunde und -methodik an der Universität der Künste Berlin, Ernennung zum Professor, seit 2005 als Domorganist an der Sauer-Orgel im Berliner Dom tätig; Konzertreisen führten ihn in viele europäische Länder, nach Russland, in die USA und nach Kanada; CD-, Rundfunk- und Filmaufnahmen (z. B. ARD, ZDF, Japanisches Fernsehen, Kinoproduktionen); Veröffentlichung wissenschaftlicher Arbeiten und Herausgabe unbekannter romantischer Musik des 19. Jahrhunderts; Dozent in Meisterkursen sowie Tätigkeit als Orgelsachverständiger und als Juror bei Wettbewerben.

**Dr. Ludger Sutthoff**, geb. 1958 in Offenbach am Main, Studium der Kunst-/ Architekturgeschichte (Hauptfach), Klassischen Archäologie (Nebenfach), Mittleren und Neueren Geschichte (Nebenfach) in Würzburg, Wien und Saarbrücken, 1989 Promotion (Thema der Dissertation: „Gotik im Barock. Zur Frage der Kontinuität des Stiles außerhalb seiner Epoche [...]“), 1990–1991 Wiss. Inventarisation des Denkmalbestandes der Stadt Alzey/Rheinhessen, 1991–1992 Brandenburgisches Landesamt für Denkmalpflege (Gebietsreferent in der Abt. Inventarisation), 1992–2002 Thüringisches Landesamt für Denkmalpflege (Gebietsreferent in der Abt. Inventarisation und Prakt. Denkmalpflege), seit 2002 Landschaftsverband Rheinland-Amt für Denkmalpflege im Rheinland, Leitung der Abteilung Bau- und Kunstdenkmalpflege (Praktische Denkmalpflege).

**Ao. Univ.-Prof. DDr. Ulrich Theißen**, geb. 1963 in Dortmund, Studium der Slawistik und der Musikwissenschaft an den Universitäten Würzburg und Salzburg, Dissertationsstipendium an der Universität Sofia und der Bulgarischen Akademie der Wissenschaften, 1991 Promotion in Slawistik, seit 1991 in Forschung und Lehre an der Universität Salzburg tätig, 2006 Habilitation und Ernennung zum außerordentlichen Professor für Slawistik, 2010 Promotion in Musikwissenschaft (Thema der Arbeit: „Studien zu Gegenwart und Geschichte der Bamberger Orgeln“), 2011 Gastforscher an den Universitäten Kraków/Krakau und Brno/Brünn; kirchenmusikalische Ausbildung in Bamberg und Salzburg (1986 kirchenmusikalische C-Prüfung, Orgel bei Prof. Franz Comploi), Tätigkeit als nebenberuflicher Organist und Chorleiter im Raum Salzburg und Berchtesgadener Land, Orgelinterpretations- und Improvisationskurse bei Edgar Krapp, Franz Lehrndorfer, Michael Radulescu, Luigi Ferdinando Tagliavini u. a., Konzerttätigkeit (häufig mit Werken aus den slawischen Musikkulturen) in Bayern, Österreich, Italien, Bulgarien und der Tschechischen Republik; Mitarbeit bei Orgelrenovierungs- und Restaurierungsprojekten; Publikationen zu slawistischen und musikwissenschaftlichen (instrumentengeschichtlichen) Themen.

# Teilnehmerinnen und Teilnehmer der Fachtagung

**Barthold**, Thomas (Orgelbauer, Mittelbach)
**Bender**, Norbert (Orgelbauer, Dillingen)
**Brandazza**, Dr. Marco (Orgeldokumentationszentrum, Hochschule Luzern – Musik, CH)
**Bubmann**, Prof. Dr. Peter (Universität Erlangen)
**Buchstab**, Dr. Bernhard (Landesamt für Denkmalpflege Hessen, Marburg)
**Bunke-Njengué**, Kersten (Messe Leipzig)
**Clausen**, Sven (Orgelbauer, Reinbek)
**Dörr**, Christoph (Orgelbauer, Lauffen)
**Dotterweich**, Eva M.A. (Kulturwissenschaftlerin, Frensdorf)
**Dunger**, Matthias (Landesdenkmalamt Berlin)
**Feld**, Gregor (Orgelbauer, Nordheim)
**Geiger**, Gunter (Bonifatiushaus, Fulda)
**Gerhards**, Prof. Dr. Albert (Universität Bonn)
**Gerke**, Harald (Stiftung Orgelklang, Hannover)
**Godemann**, Bernd (Orgelsachverständiger, Bistum Aachen, Geilenkirchen)
**Goldschmidt**, Dr. Stephan (Kirchenamt der EKD, Hannover)
**Gottwald**, Kilian (Orgelbauer, Amöneburg)
**Gourgé**, Wolfgang (Orgelsachverständiger, Stade)
**Hanke**, Christoph (Orgelbauer, Leonberg)
**Hartmann**, Heinrich (Diözesanbaumeister, Bistum Speyer)
**Heidl**, Claudia (Orgelbauerin, Marburg)
**Heineck**, Ingrid (Messe Leipzig)
**Heuer**, Svenja M.A. (Forum „Bewahrung und Entwicklung des Orgelkulturerbes“ e. V., Bamberg)
**Hoffmann**, Horst (Orgelbauer, Ostheim)
**Horlitz**, Oliver (Orgelsachverständiger, Evangelische Landeskirche Berlin-Brandenburg, Berlin)
**Hubertus**, Hanna (Münster)
**Jonkanski**, Dirk (Landesamt für Denkmalpflege Schleswig-Holstein, Kiel)
**Kaiser**, Prof. Hans-Jürgen (Domorganist, Fulda/Hochschule für Musik, Mainz)
**Kaiser**, Roswitha (Landesamt für Denkmalpflege Hessen, Wiesbaden)
**Kares**, Dr. Martin (Vereinigung der Orgelsachverständigen, Karlsruhe)
**Kirschner**, Harm (Orgelbauer, Weener)
**Klais**, Philipp C. A. (Orgelbauer, Bonn)
**Kleine**, Robert (Orgelbauer, Männedorf, CH)
**Koch**, Dr. Jakob Johannes (Sekretariat der Deutschen Bischofskonferenz, Bonn)
**Kocourek, Jiri** (Orgelbauer, Bautzen)
**Löbens**, Christopher (Regionalkantor, Burghaun)

**Müller**, Dr. Michael Christian (Forum „Bewahrung und Entwicklung des Orgelkulturerbes“ e. V., Hannover)
**Pollok**, Dr. Stephan (Köln)
**Preusler**, Dr. Burghard (Diözesanbaumeister, Bistum Fulda)
**Rehn**, Wolfgang (Orgelbauer, Männedorf, CH)
**Reinke**, Dr. Stephan (Wilster)
**Rühle**, Christoph (Orgelbauer, Moritzburg)
**Schädler-Saub**, Prof. Dr. Ursula (HAWK, Hildesheim)
**Schaubs**, Uta M.A., (Landesamt für Denkmalpflege Brandenburg, Zossen)
**Schlechta**, Peer (Orgelsachverständiger, Ev. Kirche Kurhessen-Waldeck, Kassel)
**Schley Reindlova**, Marketa (Poppenhausen-Kützberg)
**Schmidt-Ivo**, Gudrun (Wiesbaden)
**Schulz**, Eberhard (Orgelsachverständiger, Diözese Rottenburg-Stuttgart, Rosengarten)
**Schwantag**, Sibylle (Universität Siegen)
**Seip**, Dr. Achim (Orgelsachverständiger, Bistum Mainz, Mainz)
**Sieling**, Prof. Dr. Andreas (Domorganist, Berlin/Hochschule der Künste, Berlin)
**Stade**, Joachim (Orgelbauer, Waltershausen)
**Stumpf**, Michael (Orgelbauer, Bad Kissingen)
**Sutthoff**, Dr. Ludger (LVR-Amt für Denkmalpflege im Rheinland, Pulheim)
**Tschech**, Stephanie (Bayerisch Gmain)
**Theißen**, Prof. DDr. Ulrich (Bayerisch Gmain)
**Vleugels**, Hans-Georg (Orgelbauer, Hardheim)
**Wilhelm**, Thomas (Orgelsachverständiger, Ev. Kirche in Hessen und Nassau, Karben)
**Zeitz**, Stefan (Orgelsachverständiger, Pommersche Ev. Kirche, Greifswald)

# Bildnachweis

Beitrag von Ursula Schädler-Saub:

Abb. 5: Bildarchiv Bayerisches Landesamt für Denkmalpflege; Abb. 7: Stadtarchiv Hildesheim; Abb. 9: Bildarchiv Bayerisches Landesamt für Denkmalpflege; Abb. 11: Bildarchiv Bayerisches Landesamt für Denkmalpflege, Fotograf Achim Bunz; alle übrigen Abbildungen: Ursula Schädler-Saub

Beitrag Bernhard Buchstab:

Abbildung: Bernhard Buchstab

Beitrag Andres Sieling:

Alle Abbildungen: Helge Pfläging

Beitrag Philipp Klais:

Abb. 3 und 5: Norbert Latocha; alle übrigen Abbildungen: Orgelbau Klais, Bonn

Beitrag Marco Brandazza:

Abb. 1, 3, 4, 6 und 7: Raphael Gasser; Abb. 2: Gaspard Weissheimer; Abb. 5: Dominik Zietlow

Trotz intensiver Bemühungen war es nicht in allen Fällen möglich, die Rechteinhaber der Abbildungen ausfindig zu machen. Berechtigte Ansprüche werden selbstverständlich im Rahmen der üblichen Vereinbarungen abgegolten.